KB260951

강금실, 매혹의 카리스마

강금실, 매혹의 카리스마

강금실, 매혹의 카리스마

초판 1쇄 발행일 | 2004년 2월 9일
초판 4쇄 발행일 | 2006년 4월 20일

지은이 | 황성혜 · 조선희 외 8인
펴낸이 | 이숙경

펴낸곳　　이가서
주소　　　서울시 마포구 서교동 370-15　1F
전화 · 팩스　02-336-3502~3　02-336-3009
홈페이지　　www.leegaseo.com
등록번호　　제10-2539호

ISBN　89-90365-60-0　03810

가격은 뒤표지에 있습니다.
잘못된 책은 바꾸어 드립니다.

이가서
Leegaseo publishing

강금실,
매혹의 카리스마

이가서
Leegaseo publishing

■차 례■

강금실 법무장관은 노무현 정권이 들어선 이래 '일 잘하는 장관'이라는 평가와 함께 가장 대중적 인기를 모은 '스타 장관'으로 자리 잡았다. 2004년 1월 현재, 본인은 한사코 "정치 안 한다"고 하지만 정치권의 '러브콜'은 계속되고 있다. 민주당 추미애 의원과 한나라당 박근혜 의원과 함께 '첫 여성 대통령'을 현실화시킬 수 있는 트리오 중 한 명으로 꼽히고 있다.

그의 앞길엔 넘어야 할 산들이 많다

▌**강효리**에게 **쓴소리**하다— 법무장관 강금실, 능력보다 패션 · 자태로 떴다 _**황성혜**
▌**한국 여성 정치**의 **최전선**— 강금실로 가는 다섯 가지 코드 _**조선희**

법무장관 강금실, 능력보다 패션 · 자태로 떴다

황 성 혜_『주간조선』 기자

보라색 스타킹 · 폭탄주 · 팔짱 등 '비본질적 요소'에 인기 집중?

스타 아닌 장관으로 평가를

2003년 가장 뜬 사람으로 꼽히는 강금실 법무장관, 그에게 쏟아지는 대중의 박수와 갈채는 과연 정당한 것인가. 그 인기의 뒷면은 무엇인가.

'가장 신뢰받는 리더' 대 '스타 장관'

강금실 법무장관은 노무현 정권이 들어선 이래 '일 잘하는 장관'이라는 평가와 함께 가장 대중적 인기를 모은 '스타 장관'으로 자리 잡았다. 2004년 1월 현재, 본인은 한사코 "정치 안 한다"고 하지만 정치권의 '러브콜'은 계속되고 있다. 민주당 추미애 의원과 한나라당 박근혜 의원과 함께 '첫 여성 대통령'을 현실화시킬 수 있는 트리오 중

한 명으로 꼽히고 있다.

강금실 장관을 높이 평가하는 쪽의 평가를 종합해 보면 대략 이렇다. '원칙을 굽히지 않으면서도 예의 바르고, 소탈하면서도 여성스러운 태도', '기성 관료들과는 다른 참신함과 당당함', '탄탄한 실력', '패션 감각과 취미 생활을 즐길 줄 아는 유연성', '인권 문제에 대한 그의 자유주의적 진보주의', '권위주의에 맞서는 소신 개방형' 등이다.

지난 2003년 장관으로 임명된 뒤로, 강 장관은 각종 설문조사에서 공직 부문 인기 1위 자리를 차지했다. 지난 2003년 9월 16일 '한국리더십센터'가 '가장 신뢰받는 리더'를 물은 설문조사에서 네티즌 5,169명 중 1,108명이 강금실 법무부 장관을 지지, 정부 관료 부문에서 1위를 차지했다. LG텔레콤이 지난 2003년 12월 4일부터 31일까지 온라인상에서 벌인 "2004년을 이끌 '코리아 무버Mover'를 뽑아달라"는 제목의 설문 조사에서도, 그는 정치 부문 5위권에 들었다. 한 결혼정보회사가 20~30대 남성 직장인 회원들을 대상으로 '가장 모시고 싶은 여성 직장 상사'를 묻는 설문조사에선 전체 응답자의 24.7%가 그를 꼽았다.

그러나 '법무장관 강금실'에 대해 비판적으로 보는 쪽은 그가 공직자로서 평가받기보다는 비본질적인 요소로 평가받고 있다고 지적한다. 법무장관으로서 역할을 잘하고 있느냐에 대한 평가는 찾아보기가 어렵고, 대신 그의 주변적인 것들에 대한 언급만 요란하다는 것이다. 예컨대 큼지막한 귀고리, 보라색 스타킹, 금빛 니트셔츠, 진분홍빛 숄, 짙은 화장 등이 화제로 떠오른다. 그의 사소한 행동에 대해 언론은 지나칠 정도로 민감하게 반응하고, 결국 그렇게 여론이 다시 그를 치켜세운 측면도 있다고 지적된다.

'검찰총장과 보신탕에 폭탄주를 곁들이고 나오면서 팔짱을 꼈다', '전국 검찰청 검사장들과 점심 먹는 자리에 현악 4중주를 곁들였다', '감방 체험을 직접 장관이 해본다더라'는 등 그의 일거수 일투족이 인기스타나 연예인처럼 언론에 오르내렸다. 급기야 최근엔 인기가수 이효리와 닮은 구석이 있다며 '강효리'라는 신조어까지 등장했다. MBC의 인기 드라마 「대장금」에서의 장금과 비슷하다고 '강장금'이라고도 불린다.

강 장관 본인은 '강효리'라는 말에 대해 "금실이라는 이름보다 예쁘다"고 웃어 넘겼지만, 내심 이 별명을 달가워하진 않았다는 후문이다. 언론은 국정 수행능력이 아닌 이미지나 패션으로 그의 인기를 과대 포장한 면이 많고, 여론은 그를 '법무장관 강금실'이 아닌 '스타 강금실'로 자연스럽게 받아들였다.

스타 강금실에 대한 관심

'스타 강금실'에 대한 일반 대중들의 관심은 가히 무차별적이다. 파격적이고 권위적이지 않은 강 장관의 언행에 젊은 네티즌들은 환호하고, 여성이라고 하면 일단 색안경 낀 시선을 보냈던 남성들까지도 "실력 있고 자신감 넘치고, 부드럽고 예쁘기까지 하다"며 환영하는 분위기다.

지난 2003년 3월 대통령과 평검사와의 대화에서 표정 없고 당당했던 강 장관의 모습이 방송 전파를 탄 뒤, '강사모(강금실을 사랑하는 모임)'와 '강금실 법무장관을 좋아하는 사람들'이란 모임도 생겨났다. 10~20대 네티즌들은 '얼짱'이라면서 팬클럽에 그에 대한 찬사를 쏟아놓았다.

지난 2003년 9월 15일 서울대에서 강연을 한 후, 강 장관은 밀려드는 사인 공세 때문에 한동안 자리를 뜨지 못했다. 한 택시기사는 기자에게 "그 양반, 어쩐지 섹시하잖유"라며 그를 좋아하는 이유를 말했다. 남성잡지 GQ코리아의 이충걸 편집장은 "기개 있는 사람이 사라진 사회에서 눈치 안 보는 모습이 정말 화끈하고 통쾌하다"고 했다.

이른바 진보 진영에 속한다는 사람들은 국가보안법이나 한총련 문제, 송두율 교수 사건에서의 강 장관의 언행에 대해 "바지 두른 정치인 100명보다 낫다"며, 그의 소신 있는 행동에 찬사를 보냈다. 모 대학의 사회학과 교수는 "여성 정치인, 여성 장관이라고 하면 일단 엄숙함을 떠올리는데, 일단 능력을 검증받은 사람이 자신감 있고 솔직하면서 부드러워 보이니 인기를 모으지 않겠느냐"고 말했다.

아는 사람들이 말하는 인간 강금실

경기여고와 서울대 법대를 졸업한 강 장관은 1981년 23회 사법고시에 합격한 뒤, 1983년 서울지법 남부지원을 시작으로 14년간 판사 생활을 했다. 1996년 변호사 생활을 시작, 2000년 법무법인 '지평'의 대표 변호사를 맡았다. 이때부터 '최초의 여성 법무법인 대표'라는 꼬리표가 따라붙었다. 단시간 내에 법무법인 지평을 10위권 로펌으로 부상시켜 놓아 또 한 번 주변의 관심을 모았다. 법조계 안팎에선 '선하고 상식적인 법조인'으로 통해 왔다. 지금도 법원 내에서 여성 판사들은 "더도 덜도 말고 강금실 만큼만 일하라"는 말을 고참 선배들로부터 듣고 있다.

그렇다면 누구보다 강 장관과 가까운 사이였던 법조계 인사들이나 친구들 눈에는 '법무장관 강금실'이 어떻게 비치고 있을까.

그의 경기여고 동창들은 '강금실' 하면 수업 시간에 노래 부르라고 하면 얼른 교단에 서서 「단장의 미아리 고개」 등 트로트곡 몇 곡을 구성지게 부르던 그의 모습을 떠올린다. '여고생 강금실'은 아침 조회 때에 애국가 지휘를 하거나, 수학여행 가서 최신 팝송에 맞춰 몸을 흔들어댔다고 한다. 고교 시절엔 춤과 노래를 좋아하는 수재秀才 스타일로, 주변 친구들의 질투와 부러움을 사기도 했다.

업무를 보는 데 있어 파격적이고 거침없는 행동은 그의 예술적 재능이나 기질과 무관하지 않은 것 같다. 승무나 탈춤, 판소리 솜씨가 수준급이라는 그는 어렸을 적부터 남다른 끼를 내비쳤다. 그의 대학 동기들은 "예술적인 끼는 넘쳐났지만 사회 운동에 심취한 운동권 학생은 아니었고, 눈에도 잘 띄지 않았다"며 "그저 공부 잘하는 조용한 친구였다"고 말한다.

다만 '인간 강금실'은 늘 스스로 즐기려고 노력했다고 전해진다. 대학 시절 때에도 강 장관은 "즐기면서 살겠다"는 말을 곧잘 했다고 한다. 최근에도 그는 대통령의 재신임 발언 이후 열린 긴급 국무위원 간담회 때에 "즐겁게 살아야죠. 카르페 디엠(삶을 즐겨라)이란 말도 있지 않느냐"고 말하기도 했다.

강 장관의 한 대학 동기는 "친화력이 뛰어나고 인간적인 매력이 있는 것만큼은 분명하다"고 말했다. 그의 서울대 법대 동기생인 대전고법의 김영란 부장판사는 "신념이 강하지만 상대방의 마음을 움직여 실천하게 하는 독특한 힘을 갖고 있다"고 말했다. 대학 동기인 한 법조계 인사는 "원래 그릇이 크고 대찬 사람이었는데 요즘 장관 되고 나선 포퓰리즘에 빠져 변해가는 것 같아 실망스럽다"고도 말했다.

판사 시절의 그에 대해선 "짧은 스커트를 입고 출근해 주위 사람들을 당황스럽게 한 적도 있지만 판사로서는 손색없었다"고 전한다. 강 장관은 1993년 '사법 파동' 때에 '평판사 회의' 설립을 주도해 당시 대법원장에게 사법개혁 건의서를 전달했었다. 당시 그는 나서기보다는 원칙대로 조용히 추진하는 스타일이었다고 한다.

판사 시절, 당시 그의 남편이 국가보안법 위반으로 구속되자 직접 담당 검사에게 구속의 부당성을 지적하는 탄원서를 냈다는 일화는 유명하다. 당시 검사는 그에게 "판사 자격으로 내는 것이냐, 아니면 국보법 피의자 아무개의 처라고 해야 맞느냐?"고 크게 따졌다고 한다.

현재 강 장관이 대표로 있었던 법무법인 지평 쪽의 변호사들은 그에 관한 한 일절 입을 다물고 있다. 장관직을 마친 후라면 모를까, 현재로선 평가하기에도 이르고 행여 누를 끼칠 수 있다는 이유에서다. 다만 로펌 쪽 변호사들 사이에선 "법무법인 대표 시절에도 권위적이지 않고 개방된 태도로 사람들을 접했고, 그런 점이 신선하게 받아들여져 인기가 좋았다"고 알려져 있다.

여성계, 법무부 등의 평가

법무장관 강금실에 대한 여성계의 평가는 엇갈린다. 2003년 10월 말 국무회의를 통과한 호주제 폐지 법안의 입법화 과정에서 강 장관이 큰 역할을 했다는 평가가 있다. 그보다 앞선 지난 3월 여성계가 마련한 여성 장관들에 대한 축하 모임에서 그는 눈물을 글썽이며 "여성의 도움 없이는 이 자리에 설 수 없었다"고 고백하기도 했다. 반면 여성 정치계나 여성 언론계에선 "정치적인 쇼맨십의 승리", "고급스러운 내숭"이라며 그를 폄하하는 목소리도 새 나온다. 젊은 여성층이나 중장년 남성층과 달리 커리어우먼들 중엔 "도대체 왜 저 사람만 저렇게 뜨나", "그보다 묵묵히 일 잘하는 여성 장관들도 있는데"라며 못마땅한 기색을 표하는 이들도 적지 않다.

정부 관계자에 따르면 "강 장관의 대중적 인기가 그나마 내각의 체면을 세워주고 있지 않느냐"고 반문한다. 내각 전체가 국민들에게 외면당하고 있는 현실에서 그 이유가 어떻건 간에 '강금실 카드'가 갖는 영향력과 힘이 있다는 말이다.

반면 법무부에선 개혁 성향의 여성 장관을 환영하면서도 '스타 장관', '강효리' 등에 대해 부담스러워하는 눈치다. 최근 장관이 너무 스타처럼 거론되는 것에 대해 법무부 고위 간부들이 공보관실을 질책했다고 전해진다. 법무부의 정책이나 입장보다는 장관 개인에게 지나치게 관심이 집중돼 있다는 이유다. 법무부의 한 직원은 "장관은 공개된 장소에서 소주도 마시고 시골 다방 가서 차 마시는 것도 좋아한다"며, "인간적이긴 하지만 장관의 행보가 '우리의 얼굴'이라 여기기 때문에 당황스러울 때도 있다"고 말했다.

'법무장관 강금실'의 직무 수행 능력 평가

여기서 '법무장관 강금실'의 직무 수행 능력에 대한 평가는 어떤지 살펴보자.

최근 청와대 인사보좌관실에서 한 장관의 평가에 따르면, 강 장관은 외부 평가와 달리 내부 평가가 별로 좋게 나오지 않았다고 한다. "조직 장악력이 약하다"는 분석이 대표적이다. 강 장관의 개혁 정책을 대표할 수 있는 것으론 검찰 인사와 단일호봉제 및 검사장 직급 폐지를 통한 이른바 평생 검사제 정도가 꼽힌다. 법조계에선 그간 "사람으로선 훌륭해도 법무장관을 맡기에는 함량 미달", "낙제점은 아니고 그런 대로 잘하고 있다"는 의견들이 많았다. 높은 인기에 비해 큰 성과물도 없었고, 그렇다고 큰 실책 역시 없었다는 게 전반적인 평이다.

그는 국회에 출석해서 야당 의원들의 질타를 많이 받아왔다. 전직 법무장관인 한나라당 김기춘 의원은 대정부질의에서 "이 정부엔 장관은 없고 '특강 강사'만 있다는 야유를 들은 적 있느냐", "국민들은 인기 발언하는 장관은 원하지 않는다"고 강 장관에게 직격탄을 날렸다. 대통령의 두터운 신임을 받고 있는데다 대중적인 인기를 한몸에 얻고 있다는 인기세 때문에 강 장관이 곤혹을 치러야 하는 면도 없지 않았다.

국회 답변을 하면서 형평성을 잃은 게 많았다는 지적이 제기되기도 했다. 각종 정치자금 관련 검찰 수사에 관한 질문에서 야당 쪽은 문제점을 부각시키는 반면 대통령과 여권 인사에 관련해선 소극적으로 답변한다는 것이다.

지난 2003년 11월 14일 국회법사위에선 강 장관이 특검법이 통과할 때 "코미디네, 코미디야!" 하고 웃었던 장면이 한 방송 프로그램에 잡혀 거론됐다. 이 발언에 대해 한나라당 의원들이 강 장관을 신랄하게 질타하자, 그는 연방 "죄송합니다", "주의하겠습니다"라고 사과 발언을 했다. "잘못을 인정하는 모습이 새롭고 신선하다"는 반응과 "일 저질러놓고 사과만 하면 다 해결되느냐"는 반응이 엇갈렸다.

강 장관은 정권 출범 초기 '검사와의 대화'에서 당찬 인상으로 높은 점수를 받았고, 이어 단행된 서열파괴 인사人事로 긍정적인 평가를 받기도 했다. 하지만 검찰 내부에선 "개혁도 좋지만 조직 특성을 전혀 고려하지 못했다"는 평을 들었다. 전 대검 고위 간부는 "조직 장악이 제대로 안 되는 상황에서 기회를 고르게 주겠다는 명분 아래 인사 결정권을 갖고 조직을 마구 뒤흔들었다"며 비판했다. 그는 또 "물론 장관으로 임명받을 당시, 본인이 업무나 인사 관련해 제대로 파악하지 못해서 청와대 입김에 따라 할 수밖에 없었을 것"이라고 덧붙였다.

인사와 관련, '법무장관 강금실'은 한때 형평성 시비와 관련해 비판을 받기도 했다. 법조 브로커 비리 사건에 연루된 혐의로 법무부 징계위에 회부된 검사 네 명 중 한 명인 모 검사에 관해 무혐의 결정이 내려진 뒤였다. 형평성 시비가 제기된 것은, 무혐의 결정이 내려진 해당 검사가 강 장관이 중용한 인물이었다는 말이 나오면서부터였다. 법무부에선 "철저하게 공정한 절차를 거친 결정으로 장관의 개인적인 친분으로 결정된 사안이 아니다"라고 거듭 밝혔다. 다만, 당시 대검 쪽에선 "계좌 추적까지 해서 자료를 올렸는데 무죄가 됐다"며 납득할 수 없다는 반응이 흘러나왔다.

솔직한 스타일에 대해 대중은 환호하지만 법원 내부에서는 마뜩치 않은 표정이다.

한 젊은 판사는 "법률 규정에 따른 법원의 판정에 대해 인기에 영합하는 발언을 하는 게 대체 법무장관의 몫이냐"며 강하게 비판했다. "검찰이 수사하고 있는 문제에 대해 개인적인 의견을 피력하는 것도 문제"라는 의견들이 나왔다.

지난 2003년 6월, 법원이 13세 조카를 성폭행한 혐의로 구속기소된 피고인을 석방하면서 강 장관과 법원이 공방을 벌이기도 했다. 강 장관은 "재판부가 성폭력 여성 피해자에 대한 특별한 배려 없이 남성 통념에 따라 하던 대로 한 것"이라고 비판했다. 법무장관이 재판을 언급하면서 법원의 가부장적 권위주의를 비판한 건 이례적인 일이었다. 여성계는 쌍수를 들고 반긴 반면, 법원 측은 "자세한 내용도 모르면서"라며 강한 불만을 토로했다.

국회 답변 자리나 기자 모임 등에서의 언행들에 대해서도 법무장관답지 못했다는 지적들이 따른다. 그는 송두율 씨 사법처리 논란과 관련, 지난 2003년 9월 24일 "설사 (북한 노동당 정치국원 후보) 김철수라 하더라도 처벌할 수 있겠느냐"는 발언을 했다가 뒤늦게 공개 사과했다. 한 대검 관계자는 "송두율 불구속 처리를 원하는 듯한 발언으로 수사에 영향을 미쳤고, 중립적이어야 할 법무장관이 너무 대통령 편을 드는 것 같은 인상을 주는 것도 장관으로서 결격 사유"라고 말했다.

최근 노동자 집단행동에 따른 손해배상 청구·가압류 완화를 뼈대로 한 강 장관 외 두 명 장관과의 합동 담화에 대해서는 노 대통령도 "노동자들이 분신으로 투쟁하는 시대는 지났다'는 제 메시지를 분명히 전달하지 못했다"며 크게 질타했다고 한다.

'검찰 수사권 독립'만큼은 점수

강 장관의 직무 수행 능력에 관해 검찰의 수사권 독립만큼은 큰 점수를 줘야 한다는 게 전반적인 평이다. 인사권, 감찰권에 관해선 의견이 엇갈리지만, 적어도 장관이 일일이 검찰에 전화해 확인하고 챙기는 과거 상황은 없어졌다는 것.

그 밖에 법무부 내 의전과 절차가 가벼워진 점을 놓고 '강 장관의 작품'이라며 점수를 얻고 있다. 과거와 달리 요즘 과천 정부종합청사 법무부에 가면 노랑색 결재 서류철이 생겨났다. 결재 처리가 급한 것은 노랑색 판, 급하지 않은 것은 파랑색 판을 써서 업무의 효율성을 기했다. 직접 장관실을 찾는 '대면對面 보고'도 대폭 줄어들었고 장관급 회의라도 간단한 회의 때엔 일절 국민의례를 생략하고 있다. 각 과별 직원들과 장관이 함께 하는 회식이나 토론회 수가 늘어난 점도 눈에 띄는 변화다.

그의 언행과 사고는 엄격하고 꽉 막힌 것 같은 공직 사회의 이전 리더들이 보여줬던 모습들과는 확실히 다르게 비쳐졌다. "골프도 조깅처럼 여러 운동 중 하나인데 굳이 금지까지 할 필요가 있겠느냐"(2003년 10월 국무위원 간담회), "데모를 그냥 하겠는가, 이유가 있으니 하는 것 아니겠는가"(2003년 11월 과격시위 대책 논의 장관회의) 같은 발언들은 유연한 사고라는 긍정적 평가를 받았다.

한 전직 법무장관은 "법무장관직이라는 게 워낙 보수적이고 큰 조직의 수장이며 하부 조직들이 잘 받쳐주기 때문에 큰 탈이 날 부서가 아니다"며, "때문에 외부에 드러난 언행에서의 실책만으로도 비판받을 소지가 충분하니 신중해야 한다"고 충고했다. 또 다른 전직 법무장관은 "법무장관은 준법자가 친근하게 여기고 범법자가 무서워하는 존재여야 한다"며 "정치적인 고려를 하기보다는 법을 엄격하게 지킨다는 점에 있어서 대통령보다도 앞장서야 한다"고 말했다. 또 "강 장관이 보수적인 조직을 부드럽게 만든 부분은 긍정적으로 본다"며, "다만 지탄을 받더라도 좀더 의연하게 대처하길 기대한다"고 말한 전직 법무장관도 있었다. 그는 "튀는 것은 솔직한 개인 성향일 수도 있겠지만 감정 개입 등을 최대한 자제한다면 더 큰 사람이 될 것"이라고 말했다.

강 장관 인기의 원인

강 장관은 본인의 인기 원인에 대해 최근 한 신문과의 인터뷰에서 "장관직을 수행하면서 장관이라는 이름에 함몰되면 아무 일도 할 수 없게 된다"며 "자리에 연연하지 않고 자유롭게 사고하는 게 긍정적인 평가를 받게 된 것 같다"고 말했다.

강 장관이 신선하게 받아들여지는 것은 단순히 법조계에서 나온 첫 여성 법무장관이라서만은 아니다. 그의 거침없음과 자유분방함이 더 큰 몫을 하는지 모른다. 고교 동창이나 측근들은 "여성스럽고 부드럽다기보다는 지나치게 솔직한 편"이라고 한다.

강 장관은 판사 시절, 집에 갈비 선물세트가 배달된 걸 알고는 노발대발하며 되돌려 보내고 "다시는 그런 일 없도록 하라"며 화를 낼지언정, 남의 시선을 개의치 않고 개인 운전사를 둔 차를 탔다. 장관이 된 뒤로도 그는 본인의 판단에 따라 움직이는 편이라고 알려져 있다. "다른 사람들이 어떠했기 때문에 이래야 한다"는 건 그에게 통하지 않았다는 것이다.

이런 그의 성향은 장관직을 맡은 뒤, 다양한 형태로 표출됐다. 전국의 검사 1,400명 전원에게 사적私的인 느낌의 이메일을 보냈는가 하면, 최근 보신탕집에서 송광수 검찰총장과 폭탄주를 기울인 뒤 "우리 사이에 오해는 없어요"라며 팔짱을 끼는 포즈까지 취했다. 대학생들 앞에서 "사법고시 준비할 때 한창 연애 중"이었다며 웃고, 초청 세미나 자리에서 "중매 서주면 어떻겠느냐"는 제의에 "일단 소개받고 나서 느낌이 확 오면"이라며 능청을 떨었다. 이같은 파격적인 자연스러움은 당당함 위에 탈권위적인 이미지까지 얹어놓았다. 물론 이를 놓고, 정치권의 계획된 '스타 만들기' 작업이라는 해석들이 따라붙기도 한다.

강 장관은 물론 그의 전 남편 김태경 씨와도 친분이 두터운 열린우리당의 김부겸 의원은 "판소리와 춤 솜씨가 뛰어난 걸 봐도 알 수 있듯이 매사에 열려 있는 사람"이라며 "법조인으로서의 한계를 뛰어넘어 충격을 있는 그대로 받아들이는 문화적 수용성이 탈권위 시대에 힘을 발하지 않았겠느냐"고 했다.

이렇게 강 장관의 인기는 시대와 맞아떨어진 면이 많다. 개혁과 젊음을 화두로 내세운 정부의 서열·권위 타파에 부합한 이미지다. 대학 동기생인 이승우 '시민을 위한 정책연구원' 원장은 "조직 생리를 잘 모르기 때문에 오히려 신선한 충격을 안겨줬고, 기존 질서를 타파하는 상징적 인물로서 그 역할을 충분히 해내고 있다"고 평했다.

검찰과의 갈등 해결 방식에서도 엿볼 수 있듯이 권력자로서의 강한 이미지를 내세우기보다는 소탈하고 친근한 누이의 느낌으로 접근했다는 것이다.

이전까지의 리더십이 기존 남성 중심의 질서 체계 위에서 만들어지고 영향력을 발휘했다면, 이제 부드럽고 탈권위적인 리더십의 시대가 힘을 발하는 세상이 도래했다. 여기에 그의 여성적이고 탈권위적인 리더십에 더욱 힘이 실린 측면도 있다. 본인 스스로 가진 엔터테이너(예능인)적인 기질은 또 젊은이들의 마음을 사는 데에 주효했다. 강 장관의 국정 업무에는 관심없는 신세대들은 그의 파격적이고 융통성 있어 보이는 일련의 언행들에 우선 박수를 보냈다. 진보 언론은 일방적으로 강 장관 감싸기에 나섰고 보수 언론들도 여론의 '강 효리 신드롬'에 편승한 면이 없지 않다.

보수적인 한국 사회의 마초이즘(남성 우월주의)은 그에 대해 관대한 태도로 이어지기도 했다. 다소 의외이긴 하지만 그의 용모, 목소리, 언행이 남성의 보호 본능을 자극한다는 시선들도 있다. 과거 여성 장관의 이미지가 딱딱하고 남성적이었다면, 그는 달랐다. 한 건축가는 "세상을 아는 여자 같다"면서 "소주 한잔 편안하게 기울일 수 있을 것 같다"고 말했다. 한 50대 정치인은 "강 장관이 이혼녀이면서 전남편이 진 빚을 갚았다는 점이 중장년층 남성들에게 감성적으로 어필하는 구석이 있다"고 말했다.

그 자신이 쌓아온 대중적 인기는 최고 권력자랄 수 있는 대통령의 신임과 만나 힘을 발휘한 면도 있다. 노 대통령은 여성 법무장관 임명을 한 이후부터, 끊임없이 강 장관에 대한 지지를 보여줬다. 노 대통령은 지난 2003년 10월 31일 제주도를 방문한 자리에서 "강 장관이 당차게 잘한다. 너무 잘해서 대통령도 요새 골치가 아프다", "똘똘한 장관을 배출한 제주도민께 감사한다"며 한껏 추켜세우기도 했다.

확실한 능력을 보여줘야 할 때

강 장관에게 쏟아지는 인기나 그를 둘러싼 평가 자체에 대해 마뜩치 않게 보는 목소리들도 있다. 장관을 맡은 지 1년도 되지 않았는데, 그를 두고 '너무 잘한다'고 했다가 또 '너무 못한다'는 식으로 몰아붙여서는 안 된다는 것이다. 사실 강 장관 본인이 어찌보면 강효리 신드롬의 희생양인지도 모른다. 장관이라는 자리도 어찌보면 정치인처럼 평가 받는 이때, 인기를 얻고 끊임없는 대중의 관심을 이끌어내는 것이 그의 또 다른 능력일 수도 있다.

다만 분명한 것은 강 장관을 한껏 칭송했다가 폄하하는 냄비 근성의 여론도 문제지만, 강 장관이 진정한 공직자로서 정치적인 역량을 키우기 위해선 일로 승부하고 독자적으로 커 나가야 한다는 것이다. 역대 정권에서 보듯 대통령의 후광後光을 입은 사람들은 대체로 오래가지 못했다. 만약 '법무장관 강금실'의 인기가 일부의 지적처럼 자생적인 게 아니라면 노무현 대통령의 국정 수행능력이 낮은 점수를 받고 있는 지금, 이것 역시 향후 본인의 능력과 관계없이 영향을 받을 수도 있다.

우상偶像이 없고 우상을 갈구하는 사회 분위기 속에서 그의 행보는 일단 톡 쏘는 청량제처럼 신선하게 느껴질 수 있다. 강금실 법무부 장관에 대한 말들은 끊임없이 이어졌지만, 2004년 1월 현재 여전히 그의 인기가 높은 것은 사실이다.

그 인기가 일시적 현상으로 끝나지 않으려면 '법무장관 강금실'의 확실한 능력을 보여줘야 한다. 사람들도 단기간에 이룬 그의 사회적인 성취와 대중적인 인기가 물거품이 되기를 원하지 않는다. 더군다나 그를 지켜보는 수많은 한국 여성들이 있다. 그들은 대한민국 법무부의 수장이자, 최고직에 오른 여성 선배인 그가 제대로 된 역할 모델이 되어줄 것을 희망한다. 전문성과 실력을 인정받은 그가 자기 '전공 분야'에서 평가받기를 바라는 것이다.

　　그러기 위해선 강 장관 개인의 절제와 노력, 공인으로서의 헌신이 더욱 중요한 때다. 국정 업무 능력 외의 것들로 칭찬 받고 비판 받으며 회자되기에는 시간이 아깝다. 한국 사회는 개혁의 진통으로 보기에는 너무나 많은 문제가 도사리고 있으며 여기에는 이념갈등, 법치주의 확립 등 법무장관 고유 영역 업무들이 다수 포함돼 있다. 아직 그의 앞길엔 넘어야 할 산들이 많다.

* 이 글은 『주간조선』 2003년 10월 2일(1772호), 2003년 12월 18일(1783호)에 실린 기사를 보완한 원고입니다.

황 성 혜_ 『주간조선』 기자

연세대 신문방송학과와 서강대 경제대학원(국제경제)을 졸업했다. 프랑스 루앙 ESC 유럽경영학 석사, 프랑스 파리12대학 정치커뮤니케이션 박사준비과정DEA을 밟고 있다. 1995년 1월 『조선일보』에 입사, 현재 『주간조선』 기자로 근무하고 있다.

강금실로 가는 다섯 가지 코드

조 선 희_ 소설가

첫 번째 코드 : 정치인 · 행정가

우선 강금실 장관은 '여성'인 건 맞지만 '정치인'은 아니며, 앞으로도 아닐 것이다. 그는 "장관도 정무직이지만 행정관료 쪽이지 정치인은 아니다. 국회 정치하고는 다르다. 앞으로도 정치 할 마음은 없다"고 잘라 말했다.

지난 5월 말 한 일간지의 여론조사에서 강금실 장관은 신당대표로 적합한 인물 4위로 꼽혔다. 정동영(21.2%), 한화갑(10.4%), 정대철(8.1%), 강금실(7.1%), 추미애(5.4%) 순이었다. 한 시사주간지가 각계 전문가들을 대상으로 실시한 여론조사에서도 강금실 장관은 '정치

분야 차세대 리더' 5위로 꼽혔다. 사람들은 이제 음식점이나 술집에서 안정환이나 박세리를 이야기하듯 강금실을 화제로 삼는다. 그의 옷차림이나 액세서리, 말투도 이야깃거리다.

여성 정치인으로서의 '스타성'을 따질 때 지금 강금실 장관을 능가할 만한 후보는 언뜻 떠오르지 않는다. '최초의 여성 법무부 장관' 만큼 센세이셔널한 커리어는 없다. 하지만 그 상표가 스타성의 전부는 아니다. 법무부 장관이란 직책은 스타성의 출발일 뿐이지 그것을 완성하는 건 강금실이라는 인물이다. 송강호가 「살인의 추억」의 주연 배우로 캐스팅됐다는 것만으로 명배우가 된 건 아니다. 그 자신이 걸출한 연기자이기 때문에 당대 최고의 배우 반열에 오르는 것이다.

그 자신이 인정하든 부인하든 상관없이, 여성 정치 세력화라는 주제 앞에서 그는 이미 어떤 여성 정치인보다도 더 정치인이고, 어떤 여성 운동가보다도 더 운동가이다. 그가 2003년 6월 현재 대한민국의 법무부 장관이라는 것은 이미 업적이다. 그 업적으로 그는 한국 사회에서 여성 지위 향상의 보폭을 10년쯤 앞당겼다. 가령 마거릿 대처가 10년 동안 영국 총리를 했다는 것이 영국민 전체에게 시몬느 보봐르의 『제2의 성』을 열 번씩 읽힌 것과 마찬가지의 효과였을 법한 것처럼 말이다.

여성계는 그에게 향후 정치판에서 여성들의 대표선수로 뛰어주었으면 하는 은근한 선망의 눈길을 던지고 있다. 한국으로 말할 것 같으면 국회나 고위 행정직의 여성비율에서 그저 이슬람국가들 덕분에 간신히 꼴찌를 면한 여성 인권 후진국인데, 그야말로 혜성과 같이 나타난 이 리더십을 호락호락 놔줄 수는 없는 것이다.

하지만 그의 입장은 단호하다. 적어도 지금은 그렇다.

"분명하게 선을 긋고 싶다. 정치 할 마음은 없다. 있는 그대로 살다 가야지, 인기를 발판 삼아 정치인으로 간다거나 그런 건 있을 수 없다. 나는 그냥 나로 살고 싶다. 장관 끝나면 빚이 남았으니 돈 버는 일을 해야 한다. 빚이 있다는 사실이 내 삶의 제일 큰 핑곗거리이기도 하다. 변호사 일로 돌아갈 것이고, '지평'에서 퇴직했으니 재입사 할 수도 있다. 개인적으로 지평에 있을 때가 제일 행복했던 것 같다. 빚 때문에 굉장히 고통스러웠지만 자유인으로서의 행복함은 있었다. 자유롭게 살고 싶다. 하기야 얼굴이 너무 팔려서 이미 틀렸지만……." 그는 "나는 재미있는 것 좋아하고 놀기 좋아하고 사적인 생활을 즐기는 사람이다"라고 말한다.

그는 DJ정권 때 몇 차례 정치권 입문 제의를 받은 것으로 알려졌다. 자신에게 제의가 왔을 때 대신 추미애 의원을 추천했던 것으로 알려졌다. 하지만 그는 이 일에 대해 언급을 피했다. 다만 "선거 때, 정당 쪽으로부터 도와달라는 요청을 받는 건 변호사들에게 흔히 있는 일이다. 그러므로 내가 무슨 제의를 받았다든가 해도 그게 특별히 의미 있는 건 아니다"라고만 말했다. 이번에 장관 제의를 수락한 이유에 대해, 그는 "내각 쪽이니까. 또 노무현 정부를 도와야 한다는 의무감이 지식인들 사이에 있었다. 처음엔 갈 수 있을까 생각했는데, 가야만 한다고 결론을 내렸다. 여성에게 요직 준다는 걸 거절할 수는 없다고 생각했다"라고 설명한다. 하지만 "아무리 그렇다 해도, 국회의원 하라면 안 했을 거다"라고 덧붙인다.

"가슴을 따뜻하게 해주는 사랑이 제일 중요하다고 생각한다. 모든 사람이 가슴 따뜻하게 살 수 있는 사회를 만들고 싶고, 그러자면 우리 사회가 고쳐야 할 게 많다." 이 말은 그가 법무부 장관직을 수락한 이유의 일부를 설명해 준다. 실제로 그는 법무부 장관으로서 구치소나 교도소, 난민 등 각종 인권문제들을 풀어나가는 데 특별한 관심을 보인다. 그는 굳이 '행정가'와 '정치가'를 구분하면서 '행정가'로서 자신의 정체성을 분명히 하려 하는데, 어쩌면 그는 의회정치 속으로 들어간다는 것이 가슴 따뜻하게 사는 사회를 만들기 위해 고칠 것을 고쳐나가는 데 별로 도움이 안 된다고 생각하는지도 모른다. 그런 면에서 의회정치가 비생산적이고 소모적으로 보였던 것인지도. 상대적으로 행정은 실용적인 영역이다.

하지만 분명한 것은, 강금실 장관은 판사로서 정치적으로 올바랐고 변호사로서 대단히 유능한 것으로 알려졌지만 '불행히도' 뛰어난 정치가의 자질 역시 두루 갖추고 있는 것으로 보인다는 점이다.

우선은 인간적인 매력과 친화력. 지난 6월 2일 조선호텔에서 여성신문 주최로 '강금실 장관과 여성계의 만남'이라는 행사가 열렸는데, 이날 강금실 장관을 보러 왔던 여성들은—물론 나를 포함해서—2시간 만에 그에게 완전히 매료됐다.

그는 공식적인 질문에는 한치 주저함도 없이 '준비된' 답변들을 착착 내놓았고, 사적인 질문에는 자신의 내면을 스스럼없이 드러내 보였다. 여흥 시간에 지정곡 「서른 즈음에」를 부른 뒤 앵콜 요청을 받아 「기차는 여덟시에 떠나네」를 부르겠다고 했지만, 반주자가 모른다고 하자 "아는 것 아무거나 치세요. 내가 부를게요"라고 말할 수 있는 사람이었다. 강금실이라는 인물의 매력은, 한없이 따분해질 수도 있는 공식행사의 경계를 허물어버렸다. 아마 사법연수원 강연 때나 다른 곳에서도 그랬을 것이다.

그 다음, 분명한 철학과 대의. 작금의 한국 정치가 철학이 빈곤한 정상배들로 인해 고질적인 후진성에서 벗어나지 못하고 있다면, 강금실 같은 인물은 정치 발전을 위한 유효적절한 처방이 될 수 있을 것이다. 아마도 삼류 정치인들과는 다른 차원의 비전을 보여줄 수 있을 것이다.

거기에다 명석함과 유능함, 리더십, 강인함, 변호사 출신다운 언변, 호감을 주는 인상과 감각 있는 차림새…… 이 모든 것들이 그가 선거정치에서 경쟁력 있는 후보임을 말해 준다.

나는 그가 대통령 임기만큼 5년을 꽉 채우고 법무부 장관직을 떠나기를 기대한다.

그럴 수도 있을 것이라 생각한다. 이 정부가 외부로부터 오는 선동과 비방, 내부의 혼란과 무기력, 그 협공으로부터 중심을 지킬 수 있다면 말이다.

나는 그가 법무부 장관직을 떠날 때 지평의 후배 변호사들에게로 다시 돌아간다 해도 좋아 보일 것 같다. 그에게 아주 편안하고 자연스러울 것이다. 하지만 역사가 제출한 새로운 숙제를 받아들고 또 다른 길로 간다 해도 좋을 것 같다. 그건 지켜보는 사람들에게 어떤 신선한 상상력의 자극을 선물할 것이다.

역사의 자장磁場 안에서 그처럼 강력한 자성磁性을 보유한 인물이 외부의 방해를 받지 않고 자신의 궤도를 지탱한다는 건 결코 쉽지 않다.

두 번째 코드 : 주변 사람들

강금실 변호사가 새 정부의 법무부 장관이 된 뒤 놀란 것은, 나와 이렇게 저렇게 아는 사람들 가운데 '강금실과 술자리를 같이 한 경력이 있다'는 인사들만 한 다스쯤 되더라는 사실이다. 내 주위사람들은 대체로 한국 사회의 주류에 있는 것처럼 보이지만 심정적으로 주류에 귀속되기를 거부하는 '경계선의' 인물들이 대부분인데, 잘나가는 변호사가—그것도 장차 법무부 장관이 될 사람이—그런 심정적 얼터너티브 그룹에 섞여 있었다는 것이 좀 믿어지지 않았다고 해야겠다.

하지만 그가 내 이웃의 이웃이었다는 사실 때문에 나도 왠지 그가 원래부터 알던 사람처럼 친근하게 느껴지기도 했다. 사실은 나도 예전에 딱 한 번 그를 본 적이 있는데, 4~5년쯤 전 인사동의 한 술집에서였다. 시인 김정환 씨가 어떤 사람 둘과 함께 들어오더니 우리 일행에 잠시 합석을 하면서 동행을 소개했는데, 내 기억에 그 중 한 사람이 강금실 변호사였다.

한 월간지 인터뷰에서 그는 친하게 지내는 사람들에 관한 질문에 이렇게 대답했다.

"민변에서는 이석태, 백승헌, 조용환 변호사 등과 친하지요. 이석태 변호사는 청와대 공직기강 비서관으로 가서 오히려 만나기 어렵게 되었습니다. 그리고 가끔 화가 이현 씨의 화실에서 모이는 친구들이 업무와 관계없이 친한 친구들이지요. 고종석, 이현, 황인숙, 김진석 그리고 김정환 선배."

이 글을 쓰기 위한 강금실 장관과의 인터뷰는 '업무와 관계없이 친한' 이 술친구들이 만나는 그 화실 한쪽에서 다소 비공식적인 형태로 이루어졌다. 화실은 약간 비밀 아지트 같은 분위기를 풍기고 있었고, 그래서 이 집단은 어딘가 비밀결사 같은 운명적 연대를 나누고 있는 것 같아 보였다. 글쎄, 그들이 동의하건 안하건 간에 내 눈에는 그렇게 비쳤다. 우리가 살아가는 동안, 어떤 영감과 자극과 휴식과 우정을 동시에 얻을 수 있는 그런 팀을 가질 수 있다면 행운인데, 그 팀이 그렇게 보였다는 이야기다. 한 사람은 소설가이자 신문 기자, 또 한 사람은 화가 그리고 시인, 철학 교수, 거기에다 변호사, 그리고 그들의 좌장격인 한 르네상스적 문화예술인.

강금실 장관은 메뉴가 풍부한 사람이다. 법률가가 인생의 메인디쉬main-dish이지만 식탁에 검은 법전들만 수북히 쌓여 있는 건 아니다. 예술과 문학과 철학, 그 다채로운 요리들이 그의 식탁에 푸짐하게 차려져 있다. 그런 그의 식탁에 그렇게 다양한 사람들이 둘러앉는 건 당연하다.

한 가지 놀라운 건, 이제 법무장관이 되어 그 직무의 부담에 가위눌릴 법도 한데, 치명적으로 중요한 일과들이 그의 다채로운 메뉴를 삼켜버렸을 법도 한데, 그에게는 아직 여분의 공간이 넉넉히 남아 있는 것 같아 보였다는 점이다. 과천 법무부 청사에서 하루 업무를 끝내고, 저녁식사 모임까지 치르고, 늦은 시각에 친구들의 아지트를 찾아와 약간의 술을 함께 할 정도의 여유를 누린다는 건, 쉽게 상상하기 힘든 일이다.

게다가 그는 전날 밤 잠을 못 잤다. 커피만 네 잔 마셨다고 했다.

다음 날에는 국회에서 대정부 질문이 그를 기다리고 있었다. 김문수 의원이 연일 노무현 대통령 주변의 부동산투기와 위장거래 의혹을 들고 나오고 있었다. 그래서 강금실 장관의 차에는 관련자료가 한보따리 실려 있었다. 그는 집에 돌아가서 잠을 좀 잔 뒤 새벽에 자료를 검토할 생각이라고 했다.

그가 아무리 커다란 에너지의 탱크를 보유하고 있다 해도, 그가 동시에 편집증적 일중독이었다면, 물불 안 가리는 출세주의자였다면, 또는 단순히 자기중심적인 스타일이었다면 그런 약속 정도는 접었을 것이다. 아니, 그런 관계들 자체를 접었을지도 모른다. 하지만 나는 그가 장관 아니라 대통령이 된다 해도 그런 사태는 오지 않을 것이라는 심증을 갖고 있다. 아래와 같은 일화로 보아도 말이다.

'여성계와의 만남' 행사는 강금실 장관의 오랜 친구인 최정순(웅진닷컴 이사) 씨가 사회를 보았는데, 최정순 씨는 여기서 강 장관과 관련된 일화 하나를 소개했다.

각기 서울대와 이화여대를 나왔지만 20년 넘게 알고 지낸 두 사람은 한때 같은 아파트에 이웃해 살았다고 한다. 최정순 씨가 남편의 병원비 때문에 병원을 들락날락하는 바람에 곤란을 많이 겪을 때, 강금실 씨가 결혼반지를 빼서 보태라고 줬다. 그때 돈으로 150만 원이 되더라고 한다. 최 씨는 그날 강 장관과 함께 행사 장소로 오면서 강 장관의 결혼반지에 대해 물었다. 강 장관은 돈이 필요해서 팔았는데 무슨 일에 썼는지는 기억나지 않는다고 했다. 그래서 최 씨가 자신의 남편 때문이었다고 말해 줬다고 한다.

이틀 뒤 강 장관을 따로 만났을 때 이 이야기를 물어보았다. "저 같으면 결혼반지를 빼서 줬으면 평생 못 잊을 텐데, 아니 잊기 싫을 텐데…… 그걸 잊은 걸 보니 그런 게 한 건이 아니었던 모양이구나, 했어요. 다른 사람들한테도 그렇게 평소에 많이 퍼주시나보죠?”

강 장관은 웃으면서 대수롭지 않게 대답했다. “제가 원래 남 주기 좋아하는 성격이긴 한데…… 돈에 무심해서 그런 거지요. 결혼반지 팔아먹은 기억은 나는데, 왜 팔았는지는 기억이 안 났어요. 결혼반지 파는 게 대단한 거라고 생각을 안 하니까.”

빚이 9억인데도 다 이유가 있는 것이다. 다른 사람과의 관계들처럼 남편과의 사이에서도 마찬가지였을 것이다. 얼마 전 ‘정부공직자 윤리위원회’가 새 정부 고위 공직자의 재산을 공개했을 때 강 장관은 집도 없고 차도 없고 빚만 9억 3천여 만 원이었다. 카드 빚과 마이너스통장과 더불어 재정적으로 복잡하게 살아가는 내 주변 사람들은 그 기사를 마치 광복절 특사나 자동차 범칙금 일괄 탕감 뉴스처럼 반가워했다.

“강금실이 역시 인물은 인물이야. 빚도 한두 푼이 아니잖아. 빚 때문에 골치 아파하는 게 나만이 아니었어. 강금실 좀 봐. 거기 비하면 나는 새 발의 피라니깐. 다들 어렵게, 복잡하게 사는 거야.”

뭐 이런 식으로 스스로를 위로하며 갑자기 얼굴에 야비한 생기를 띠는 것이었다.

신문 기사는 이러했다.

“강 장관의 억대 채무는 지난 2000년 이혼한 전 남편의 사업빚을 떠안은 바람에 생긴 것으로 알려졌다. 강 장관은 전 남편이 진 빚을 대신 갚기 위해 96년 판사직을 그만두고 변호사로 나섰지만 계속 불어난 남편 회사의 빚에 시달렸고 2000년 8월 이혼하면서 약 9억 원의 빚을 떠안았다. 강 장관은 입각 전 3년 동안 법무법인 지평의 대표로 활동하면서 번 돈을 고스란히 빚 갚는 데 쏟아부었고 최근에는 빚 때문에 언니와 함께 살던 언니 소유의 서울 삼성동 소재 빌라(시가 약 7억 원)를 6억 5천만 원에 내놓기도 했다. 강 장관은 '법무법인 퇴직 때 받은 퇴직 위로금 등 2억 9천만 원이 3월에 지급돼 2003년 5월 22일 현재 채무는 6억 4천만 원 정도'라고 말했다."

빚에 대해 물었더니 그는 이렇게 대답한다.

"빚 스트레스가 엄청 심했어요. 이혼 당시 9억이었는데 빚이 줄어들지 않으니까. 작년 말에는 개인 파산을 신청할까 생각도 했어요. 그런데 아무래도 법원에서 안 해줄 것 같더라구요. 매달 이자가 몇백만 원이에요. 내가 돈 계산을 잘 못해서 정확히 얼만지는 모르겠어요. 집이 안 팔리면 큰일 날 상황이에요. 어떻게 되겠죠, 뭐."

그는 "전에 로펌에 있을 때는 맨날 빚 걱정을 했는데, 여기 와서는 그거 생각할 겨를이 없어요. 그래서 마음이 오히려 편해요"라고 덧붙인다. 그 자신의 말대로 그는 정말 '낙천적'이다.

1984년 현직 판사인 그가 긴급조치 위반 구속 경력에다 이른바 '반체제서적'을 만들던 남자와 결혼한 것도 그렇다. 그는 부산지법에 판사로 내려가 있던 88년, 남편이 마르크스의 『자본론』을 번역출판한 뒤 국가보안법 위반 혐의로 구속되자 구속의 부당성을 주장하는 장문의 의견서를 재판부에 제출했었다.

전해지는 바에 따르면, 그는 점점 불어나는 빚의 악순환에서 벗어나기 위해 남편과 형식상 '평화이혼'을 했고, 형식적인 이혼이라고 했지만 점차 그 상태가 편안하고 자연스러워지면서 내용상의 이혼으로 발전했고, 지금은 남편과 그냥 친구처럼 지내고 있다고 한다.

내가 "어떻게 그 다종다기한 많은 사람들과 동시다발적으로 친하게 지낼 수 있는지"라고 물었을 때, 그는 이렇게 대답했다.

"술을 좋아하니까. 나는 별로 안 가리고 다 드러내고 지내는 성격이다. 그게 내가 처신할 수 있는 가장 편한 방식인지도 모르겠고 성격이라고도 할 수 있다. 안 솔직하면 불편하니까. 난 그게 더 좋은 것 같다. 그러면 서로 마음을 여는 사람이 생기고 가까워진다."

그런 게 조직사회 안에서도 가능했냐고 물어보았다.

"판사할 때도 마찬가지였다. 그래서 사람들하고 진짜로 친해졌다. 지금 특검보 하는 김종원 같은 경우는 아주 가까운, 막역한 사이다. 장관이 돼서는 드러내고 사는 게 상당히 위험부담이 있다. 특히 말 한마디도 조심해야 한다. 거기에 적응을 하려고 노력을 하는데⋯⋯ 어느 자리에 있든 자기 그대로이면 된다. 자기가 살고자 하는 삶을 직업에 따라 바꿀 필요는 없다. 좀더 신중하게 말하거나 하는 식으로 스타일은 좀 달라질 수 있다. 아직은 나도 공식적인 발언에 익숙하지는 않지만."

경기여고-서울법대-판사-로펌 대표. 이런 경력을 가진 '공인된 엘리트'라면—그만큼 잘났으면—다른 사람들이 좀 우습게 보일 법도 하건만, 그래서 별로 대단치 않은 사람들과 섞이지 않으려고 주위에 울타리를 칠 법도 하건만, 여하튼 그는 직책이 무엇이든 간에 늘 열린 공간 한가운데 있다.

일부 언론에서 '강금실과 추미애'를 라이벌로 짝지워서 이러쿵 저

러쿵 재단하는 경향은, 한편으론 선정적인 카피를 열망하는 대중매체의 관습에 따른 억지이기도 하고, 다른 한편으론 여성들을 서로 적으로 규정하려는 남성 집단의 '미필적고의'성 이간질 내지 분리지배 devide & rule이기도 하다. 나는 이런 식으로 여성 정치인을 다루는 태도들을 경멸한다.

다만, 두 사람의 스타일을 비교할 수는 있을 것 같다.

추미애 의원이 탱크라면 강금실 장관은 오픈카다. 추미애 의원은 대단한 폭발력을 내장하고 있음에 틀림없다. 웬만한 장애물은 눈썹 하나 까딱하지 않고 깔고 지나간다. 그가 40대 중반의 여성으로 집권당 최고위원까지 왔다는 점만으로도 입증되는 사실이다. 그가 무엇을 생각하고 장차 어디로 갈지는 그 자신만 안다. 왜냐하면 그는 탱크이기 때문이다. 그의 정체성은 탱크 속에 숨어 있다. 그는 자기 정체성 가운데 바깥에 드러내고 싶은 것만 드러낸다. 그처럼 자기 주변 관리를 엄격하게 하는 사람은 어쩌면 현직 국회의원 가운데 남녀를 통틀어도 더 없을 것이다. 그는 사람들과 어울리는 자리를 철저하게 가린다. 그는 또 자신에게 '여성'이라는 꼬리표가 달리는 것을 극도로 기피하며, 그래서 여성과 관련한 모든 매체나 단체의 접근을 일체 거부한다. 내 주변에는 그를 안다는 사람도 거의 없고, 그와 술을 마셔봤다는 사람도 없다. 국회의사당 주변에서 살다시피하는 정치부 기자들조차 대체로 그에 대해 개인적으론 잘 모른다는 반응이다.

반면 강금실 장관의 오픈카는 시원하게 바깥으로 트여 있다. 법무장관의 직책은, 열 겹의 방탄유리로도 완전히 방어할 수 없는 어떤 것이다. 특히 검찰 개혁을 '선포'한 노무현 정부의 법무장관이라면.

그는 법무장관 3개월의 경험을 토대로 지금쯤은 나름대로 보이지 않는 방어벽을 구축해 놓고 있을 것이다. 하지만 그는 기본적으로 자신을 가리기보다 드러내길 좋아하고, 군림하기보다 소통하기를 더 원하는 사람이다. 그 자신도 그 주변사람들도 의사소통에 불편함을 느끼지 못한다. 그의 친화력은 그의 성품에서 오는 것이기도 하고, 그의 세계관에서 오는 것이기도 하다. 그는 정치인이거나 법조인이거나 행정가이거나 그 이전에 그 모든 사회적 계급적 조건과 편견과 선입관으로부터 비교적 자유로운 한 인간이다. 그건 좀 드문 경우다.

세 번째 코드 : 법무부 장관

노무현 대통령도 취임 후 여러 차례 심적인 괴로움을 호소했다. 권력의 판타지를 누린다는 것이 어느 만큼 내면의 고통과 황폐함을 동반하는지 말해 준다. 더구나 최고의 권력이라면 그 내면의 고통과 황폐함은 권력의 판타지를 다 삼키고도 남을 정도일 것이다. 아마 남은 시간은, 권력의 문에 들어서는 순간의 판타지에 대한 기억만으로 버텨야 할지도 모른다.

그건 선택의 문제다. 정치 권력을 인생의 최고 목표로 삼기로 했다면 그 대가를 치를 준비도 되어 있어야 하는 것이다. 메피스토펠레스(mephistopheles; 독일의 파우스트 전설과 이 전설을 소재로 한 작품에 등장하는 악마의 이름)의 제안을 수락했다면 저당 잡힌 영혼에 대한 미련은 일찌감치 버려야 하는 건지도 모른다.

다만 우리가 그들 '괴로워하는 정치인들'에 대해 연민을 느끼게 되는 것은, 대통령 자신을 비롯해서 '노무현 정부'에 들어와 있는 몇몇은 '최선의 의도'가 빛나는 탈정치적 정치인들이라는 점 때문이다. 그들도 권력과 영혼을 놓고 악마와 거래했다고 할 수 있을까. 그렇게 쉽게 말할 수는 없을 것 같다. 정치 권력의 독성에 전염되고 정치 권력의 마성魔性에 유린되려면 우선 그 미끼를 덥석 물어야 할 것이다. 그들이 벌써 그 미끼를 물었는지 어쩐지는 단정할 수 없다. 다만 그들은 과거 '문민정부'나 '국민의 정부' 멤버들과도 좀 다르고, 더더욱 군사정권 시대의 사람들 또는 전형적인 정상배들과는 전혀 다른 개성의 소유자들임에 틀림없다.

강금실 장관은 장관 제의를 받고 많이 고민했지만 "더 이상 남을 게 없고 가질 것도 없고 잃을 것도 없고 미련도 없기 때문에" 수락했다고 말했다. 그래서 그는 그 중책 앞에서 놀랄 정도로 담담해 보인다. 그건 대단히 배짱 있어 보이기도 한다는 뜻이다.

그는 여러 자리에서 "한 달 하고 그만둬도 좋다는 생각으로 장관직을 수행한다"고 말했는데, 장관직에도 또는 그 이후에 대해서도 연연하지 않겠다는 생각이 그 배짱의 본질일 것이다. 하지만 새 정부가 뜬 지 3개월 남짓 지난 지금, 상황이 결코 그에게 편하게 돌아가고 있지는 않은 것 같다.

신문에는 연일 검찰수사에 관한 뉴스가 1면을 도배한다. 몇 가지 고정 메뉴가 번갈아가면서 대서특필된다. SK글로벌 사건은 DJ시절에 시작되어 이제 마무리 단계이지만, 대북 송금 특검과 나라종금 퇴출 로비 사건, 월드컵 휘장사업 로비 사건 등이 진행중이다. 대북 송금 특검에서는 DJ정권의 실세들이 대거 검찰 포토라인에 섰고 이기호 수석 등은 구속됐다. 나라종금 사건 역시 DJ의 측근들을 다시 한 번 훑었지만 노무현 대통령 측근인 염동연 안희정 씨의 사법처리 문제가 불거지면서 검찰과 청와대 사이의 신경전 양상을 띄기도 했다. 대북송금 특검 등에 대해 한나라당은 거듭 "성역 없이 수사하라"고 목소리를 높이지만, 바깥에서 보기에 이건 도리어 '성역에 대한 표적수사' 같아 보인다.

노무현 정권의 첫 3개월 남짓 동안, 보수세력의 히스테리가 동시다발로 터져 나오면서 이른바 '보수─혁신'의 갈등이 절정에 이르렀다. 마치 보수세력이 총궐기하는 양상이다. 한나라당, 메이저신문 '조·중·동', 검찰 내부의 인사불만세력, 그리고 정보기관 내부의 수구세력이 의기투합한 것처럼 보인다.

'국민의 정부' 5년 동안 보수세력은 3김 세대를 보내버리기 위해 치러야 할 마지막 통과의례이자, 40년 보수독재 밑에서 참고 지내온 불만세력에 대한 시한부 리콜 기간으로 간주하고 잠시 눈감아주기로 작정했을 것이다. 등기부등본을 떼어 봐도 틀림없이 조상 대대로 자기네 소유였던 땅인데, 5년간 남에게 임대할 수는 있을지언정 소유권이 바뀔 수는 없는 문제라고 굳게 믿고 있었을 것이다. 그런데 임대기간 5년도 끝났는데, 마침내 권토중래의 그날이 왔는데, 엉뚱한 작자가 땅임자라고 나타나버린 것이다. 앞으로 5년을 더 참고 지내야 하는데다 이제 장래를 기약할 수 없게 돼버렸다. 조상 대대로 물려받은 땅인데 이젠 땅 주인이 누군지도 헷갈리게 돼버렸다.

그러니 그들의 히스테리도 이해할 수 없는 건 아니다. 다만 정당하지 않을 뿐이다.

지금 검찰수사가 형평성을 잃은 것 아니냐고 물었을 때 그는 단호하게 그렇지 않다고 대답했다. "정권 교체기에 나타나는 일반적인 현상이다. 민주당이 정권을 담당했기 때문에 어쩔 수 없다. 고소 고발 사건에 대해 수사하는 것이지 검사가 알아서 인지수사하는 경우는 별로 없다. 그런데 검찰이 수사초점을 그렇게 잡아서가 아니라 로비의 흐름이 실세한테로 가니까 고소 고발된 사건들을 캐다 보면 민주당 쪽으로 연결될 수밖에 없다. 김대중 초기에는 한나라당이 수사를 많이 받았다. 김태정 검찰총장을 둘러싸고 보복수사라는 비판들도 있었다. 한국 사회 비리 구조가 정권을 자유롭지 못하게 만든다. 5년 후에도 이런 사태가 반복이 될지의 여부는 지금 정권이 얼마나 투명하게 하느냐에 달려 있다."

그는 다만 대북송금 특검에 대해서는 문제가 있다고 말했다. "대북송금 사건을 특검대상으로 삼는 것 자체를 문제라고 생각한다. 제일 좋았다면 국회에서 조사위원회를 꾸며서 조사했어야 할 문제다. 법으로 처리할 수 있는 성격의 사건이 아니다."

만일 검찰이 형평성을 잃고 있다면 법무장관이 할 수 있는 일이 있는가. 최종적으로 인사를 통해 책임을 묻는 것 외에 할 수 있는 일이 있는가. 검찰개혁의 핵심이 수사권 독립이고 그것이 노무현 대통령의 정치적 입장인 동시에 강금실 장관 임명의 명분이기도 한데, 검찰이 잘못 나간다고 할 때 노무현 정부로서는 속수무책 아닌가.

"법무부가 상급기관으로 지휘감독 기능이 있다. 수사가 잘되고 있는지를 감독하고 자유롭게 수사할 수 있게 보장하는 일이다. 과거에는 그런 지휘감독권이 종종 수사개입, 수사통제로 나타나기도 했다. 장관이 일선 검사에게 전화하는 일도 있었다. 간섭이나 잘못된 수사 개입이 아니면서 법에 입각한 지휘감독을 해야 한다. 지금 그렇게 가고 있는 과정이다. 요즘처럼 독립적으로 수사되는 건 처음이라고 본다. 간섭과 개입 없이 수사한다. 과거에는 법무부나 검찰이나 피차에 피해의식이 있었다. 검찰은 청와대나 법무부 장관을 통해 간섭을 받았고 법무부는 또 법무부대로 계속 검사 출신들이 장관을 하면서 인적 네트워킹이 많이 작용했다. 그래서 검찰은 위로부터 간섭의 차단을 원하는 거고, 법무부는 검찰에서 탈색을 좀 하겠다는 거다. 법무부는 법무부대로, 검찰은 검찰대로 제 기능을 하자는 거다. 그러니 서로간에 신뢰가 쌓여야 한다. 내가 와서 세 달이 됐는데 개입 안 한다는 점에 상당히 신뢰가 쌓인 것 같다.”

종전처럼 가도 안 되지만 법무부 장관이 시쳇말로 ‘핫바지’가 돼도 안 되는 것 아닌가.

“제대로 된 지휘감독권을 행사하는 것, 법적인 범위 내에서 정상적인 지휘감독권을 갖는 것. 그 모델을 만들어나가야 한다. 법무부에 와서 하나하나 법규화하고 시스템을 만드는 일이 내가 지금 해야 하는 일이다.”

검찰에 대해 정상적인 지휘감독권을 행사하는 모델을 만든다는 것, 그건 소망스럽긴 하지만 결코 쉬워 보이지는 않는다. 그것이 강금실 법무장관의 성패를 가름하는 시험대가 될 것이다. 그가 주어진 임기 동안 그 모델을 만들어놓으면 그것은 앞으로 하나의 전통과 관행으로 남을 것이다. 하지만 그 모델을 보여주지 못한다면 그는 실패한 장관이 되고 말 것이다.

그는 마치 자기 몸보다 무거운 배낭을 메고 고산의 희박한 공기 속으로 한발 한발 발걸음을 옮기는 산악인처럼 보인다. 발밑에는 수미터 간격으로 검은 크레바스(균열)가 입을 벌리고 있다. 우리는 그가 잘 훈련된 그리고 강인한 사람이라는 걸 믿지만, 높은 산 위에서라면 누구나 외부적인 변수들의 영향 아래 적나라하게 노출되며 더구나 수시로 자기 몸의 한계상황과도 싸워야 하는 법이다.

네 번째 코드 : 문화 충돌

"나는 이지적이고 빈틈없는 사람들이 전혀 자기 감각기관을 사용하지 않는데 놀랐다. 그들은 자기 눈앞에 있는 것을 보지 못하는 채, 귀에 들리는 소리를 듣지 못하는 채, 느끼면서도 촉감을 모르는 채, 먹으면서도 맛을 느끼지 못하는 채 살고 있었다. 사람들 중에는 자기의 신체 상태를 전혀 인지하지 못하는 채로 살고 있는 사람들도 있었다."

—칼 구스타프 융, 『인간과 상징』 중에서

우리가 흔히 영화와 관련해서 '페르소나persona'라는 말을 쓴다. 가령 로버트 드니로가 마틴 스콜세지 감독의 페르소나라고 할 때, 그건 로버트 드니로라는 배우가 마틴 스콜세지 감독이 만드는 영화에 단골로 주연을 맡으며 스콜세지가 말하고 싶어하는 어떤 인물을 대신 표현한다는 뜻이다.

하지만 심리학에서 이 용어를 쓸 때 그것은 쉽게 말해 한 사람의 '사회적 인격'이다. 칼 융에 따르면, 한 사람은 사회 속에서 자신에게 요구되는 역할을 가면처럼 뒤집어쓴다. 문화나 풍습이나 규범의 영향 아래서, 사람들은 자신에게 기대되는 태도와 행동양식을 갖추게 된다. 이것은 개인의 개성이나 스타일이긴 하지만 엄밀히 말해서 성격이라고 볼 수는 없다.

어떤 사람이 완전히 페르소나에 압도돼 있거나 자아를 페르소나와 완전히 동일시하거나 한 경우 우리는 흔히 '자아를 상실했다'거나 '자신의 본성을 잃은 채 살고 있다'고 표현한다. 철저히 페르소나의 지배 아래 있는, 그것이 자신의 모든 것이라고 믿고 있는 사람들이 가끔 인생의 허방에 빠져서 정신적 파탄을 맞는 경우가 있다. 자신의 정체성을 고스란히 책임지던 직책이나 지위나 직업을 잃었을 때, 안전한 줄로만 알았던 가정이 갑자기 깨어졌을 때, 그들은 자기 존재 자체가 휴지조각처럼 허공에서 갈갈이 찢어져서 흩어져버린다고 느끼게 된다.

그래서 누구나 예외없이 '내가 누구인지 말할 수 있는 자는 누구인가'라는 주제를 붙들고 씨름하게 되는 것인데, 내가 보기에, 사회적으로 많은 기득권을 누리는 사람일수록 페르소나의 껍질이 강고해지는 것 같다. 부와 권력과 명예를 누리는 사람이라면 그 자부심과 자만심의 울타리 바깥으로 나올 필요도 느끼지 못하며 단단하고도 안전한 삶의 기반 그 아래에서 무엇이 넘실거리는지 굳이 내려다볼 필요도 없다.

한국에서 법조인이, 특히 판검사들이 바로 그런 대표적인 유형이라 할 수 있다. 사시 패스는 그들의 발 밑을 받치는 안전판이고, 내부적으로는 결함 많은 인간일지라도 대외적으로는 법의 이름으로 권력을 집행하며, 자신의 상관 외에는 누구 앞에서도 자존심을 굽힐 필요가 없으며, 대우가 망하고 현대가 해체돼도 법원이나 검찰이 경영난으로 문을 닫는 날은 결코 오지 않을 테니 이렇게 안정된 직장이 어디 있겠는가. 그러니 그런 특별한 행운이 허락된 사람이, 그 근사한 페르소나를 굳이 마다할 이유도 없다.

이른바 '서열 파괴', '기수 파괴'의 파격과 함께 강금실이라는 젊은 여자가 법무부 장관에 임명된다고 했을 때 법조계가 일종의 패닉상태에 빠진 건 충분히 이해가 된다. 그 강고한 페르소나 속에서 안전하게 살아온 사람들에게 일찍이 이런 도전은 없었던 것이다. 거칠게 말해서 이건 '엿 먹이는 수작'으로 보였을 수도 있다.

사실 이 인사는 전통적인 문화와 관습의 맥락에서 볼 때 불합리하기 짝이 없었다.

내가 몸담았던 기자 사회라는 것도 기득권 의식이 있는 집단이라 내부질서가 권위주의적이다(구성원들에게 많은 보상을 돌려주고 자부심을 갖게 하는 조직일수록 군기가 세다. 물론 군대는 열외로 놓고). 만일 신문사에서 나보다 10년 후배, 아니 1년이나 2년 후배가 내 상관이 된다면 나는 참을 수 없어서 전직을 고민했을 것이다. 하물며 기자 사회보다 군기가 2배쯤 세고, 조직에 대한 자긍심이 5배쯤 강한 검찰 사회는 말할 나위도 없을 것이다.

강금실 장관이 청와대에서 임명장을 받고 과천 법무부 청사로 가서 취임식을 하는 장면은 그 불합리와 불편함의 완결편이었다. '기수계급' 상관없이 오직 능력과 소신으로 무장한 젊은 여성 장관이 단상에 섰고, 법무부 간부들이 열을 맞춰 선 채 '정렬!' 또는 '장관님께 경례!' 같은 구령에 따르면서 장관의 취임사를 들었다.

사실 나는 '기수 파괴론'에 대해 양가적 감정을 갖고 있다. 한국 사회에서 연공서열이란 건 구성원 상호간에 심리적으로 편안한 시스템이다. 최소한 지금처럼 나이나 계급에 따라 사람 사이에 관계하는 방식이 다 달라지는—말하자면 장관 앞에서는 고개를 깊이 숙여 인사를 하고 부동자세로 취임사를 듣는—그런 문화에서는 나이 서열을 무시한다는 것이 상당한 도발이다.

서구적인 문화에서라면 기수나 나이 계급 파괴의 인사는 자연스러울 것이다. 대통령에게 남녀노소 불문하고 누구나가 'Mr. President'와 'You'라는 두 개의 호칭을 사용해서 이야기할 수 있고, 내각 안에 들어와서 가까운 거리에서 지내게 되면 대통령을 그냥 간편하게 이름으로 부르고, 말이나 행동의 규범이 대체로 수평적인 문화에 기반해 있는 그런 사회에서라면, 윗사람이 아랫사람이 되고 연소자가 연장자의 윗자리에 가고 하는 식의 인사가 훨씬 자연스러울 것이다. 인사권자가 바뀐다는 것뿐, 문화적인 저항과 마찰은 상대적으로 적을 것이다.

하지만 이미, 강금실 장관 임명과 함께 사법부는 변화의 물살에 휘말려버렸다. 원하든 원치 않든 간에 과거의 조직문화를 청산하거나 대폭 개보수하지 않을 수 없는 시점에 왔다.

이런 사실들을 전제할 때, 강금실 장관은 두 가지 책임 앞에 서게 된다.

한 가지는, 그 모든 조직 내부의 불만을 무릅쓰고 그를 법무부 장관에 기용한 명분과 취지, 즉 '사법개혁'을 완수해야 한다는 것이다. 다른 한 가지는, 기수나 서열 파괴가 합리적이고 자연스럽게 수용될 수 있는 수평적이며 개방적인 문화를 만들어내야 한다는 것이다.

그 두 가지가 지금의 대한민국 사법부에 절대적으로 필요한 사항이라면, 역시 강금실은 법무장관 감으로 최고의 선택이었음이 틀림없다.

이미지는 논리보다 강력하다. 젊은 여성 장관은 그 존재 자체로 이미 개혁적이다. 그 자체로 이미, 고정관념으로 가득 찬 머리를 한번 세차게 후려친다. 사법부가 개혁돼야 하고 서열문화가 바뀌어야 하고 법조인들도 이제 생각을 바꿔야 한다고 논리적으로 장황하게 설명하는 것보다 그 효과가 훨씬 빠르고 강력하다.

게다가 그냥 젊은 여성이기만 한 게 아니다. 강금실이라는 인물은 감화와 변화의 막대한 에너지를 품고 있다. 그것은 조직을 부수지 않고 녹이는 힘이다.

그는 한국 사회의 특급 엘리트 코스가 그의 몸에 맞게 맞춰놓았을 법한 페르소나로부터 비교적 자유로운 사람이다. 20년의 법조계 생활을 통과하고도 그는, 고정된 틀에 가둬지지 않는 자연인으로의 체취와 싱싱한 인간미를 그대로 지니고 있다. 몸집은 자그마하지만, 그릇의 크기로 말한다면, 연륜과 함께 머리가 굳고 시야가 좁아지기 십상인 장삼이사의 판검사들과는 비교할 수 없다.

민변의 동료 김형태 변호사는 강금실 장관 임명을 환영하면서도 "혼자 들어가서 잘할 수 있을까" 하고 우려했다. 하지만 그의 동선을 따라 이미 일종의 문화혁명이 일어나고 있는 것으로 보인다. 그리고 그의 스타일은 그 역할에 정확히 적중하고 있는 것으로 보인다.

그는 대통령과 평검사의 대화에서나, 국회에서의 답변에서나, 논리적이고 강단이 있다. 직무수행에 있어 원칙을 쉽게 포기하고 양보할 사람은 아니다. 하지만 하급자들에게 충분한 예의를 갖추는 장관으로서 행동양식은 수직적인 법조문화를 바꿔놓기에 충분한 것이다. 그는 법무부 간부들에게 "~해주시면 어떻겠습니까" 하는 어법으로 지시를 하고, 비서를 통하지 않고 직접 전화를 하며, 핸드폰에 메시지를 남기기도 한다. 법무부 공무원들은 자주 "저 강금실인데요……"로 시작하는 전화를 받는다. 검찰총장이나 국장의 방으로 직접 찾아가 의논을 하고 일선 부서의 사무실을 자주 들른다. 신임 인사차 국회를 방문했을 때 자리를 피한 의원을 도서관까지 찾아가 인사했다는 얘기도 같은 맥락이다.

지난 대통령 선거는 세대간의 전쟁이었다. 구세대와 신세대의 갈등이 선거전의 열쇠였고 결국 신세대가 구세대를 이겼다. 구세대의 심리적 충격과 박탈감은 엄청난 것이었다. 구세대란 단순히 나이가 많은 사람들만을 이야기하는 것은 아니다. 구세대의 가치와 지배구조에 기대 있는 젊은 세대까지를 포괄하는 의미다. 새 정부가 출범하고 정치 권력이 신세대로 이동했음이 확연해지자 이들 '범' 구세대는 히스테리컬해졌다. 그들은 매일같이 노인네 잔소리를 늘어놓는다. "말조심 좀 해라. 고운 말을 써야지. 그리고 말이 너무 많구나. 말수를 좀 줄여라. 쯧쯧. 옷차림이 그게 뭐냐. 사람들 앞에 나갈 때는 옷을 단정히 차려입어야지."

유시민 씨가 보궐선거에 당선해서 국회에 나가 선서하던 날, 넥타이 정장 대신 캐주얼한 옷을 입었을 때, 그들은 마치 물가에 낚싯대를 걸쳐놓고 무료하게 앉아 있다가 갑자기 낚싯줄이 흔들리는 것을 본 낚시꾼처럼 들떴다. 하지만 유럽에선 '68세대'가 의회에 캐주얼한 옷차림으로 입성할 때 이미 다 치렀던 소동이다.

시간이 흐르면서 점차 문화 충돌의 양상이 분명해지고 있다. 과거의 어느 정부도 이 정도로 논쟁적이었던 적이 없었으며 동시에 어느 정부 각료도 강금실이나 이창동처럼 대중적 인기를 누린 적이 없다. 강금실과 이창동은 마치 '오빠부대'를 거느리는 '10대 아이돌 스타들'처럼 그들의 행동이나 말이 문화적 파급력을 갖는다. 노무현 정부는 산적한 국제·정치·사회적 과제들을 안고 있고 장차 가시적인 업적을 내놓아야 할 입장이지만 최소한 문화혁명을 주도하고 있다는 점에서는 이미 일정한 성과를 거두고 있다는 게 내 생각이다.

이창동 장관이 운전기사 달린 관용차 대신 매일 아침 산타페를 몰고 일산에서 광화문으로 출근한다는 뉴스는, 마치 광교 네거리에서 청계천 물이 찰랑거리며 흘러내려가는 소릴 듣는 기분으로 다가왔다. 개울 위를 뒤덮었던 철근 콘크리트가 걷어치워지고 개울이 개울답게 흐르는 것도 얼마나 긴 세월을 기다려야 했던가.

이 장관이 문화부 공무원들에게 보내는 글 역시 마찬가지였다. 행시를 통과한 인재들이 장관 차의 문을 열어주고 복도에서 장관을 만나면 허리를 90도로 꺾어 인사하고 그런 문화나 관습을 이제 그만두라고 말한 것도 신나는 일이다.

강금실 장관에 관해 말하라면, 위에 이야기한 행동양식도 그렇지만, 그가 법무장관에 임명됐다는 것이 이미 문화혁명 자체였다.

강금실 장관은 "권위주의화한 문화를 깨나가는 것이 개혁의 본질"이라고 말했다.

"모든 조직은 조직이 갖는 어떤 순결한 정신이 있다. 검찰이라면, 검찰조직이 갖는 순결한 정신이 있는데 그게 많이 훼손돼 왔다. 단순하고 순정한 것은 쉽게 오염될 수 있다. 하지만 내부에 와서 보니까 의외로 그게 살아 있는 검사들이 많다. 그들을 접하면서 어떤 '칼'의 순결성을 느꼈다. 그걸 살려주고 업무의 순결성을 회복하기를 바란다. 순결성은 자기방어 기재가 없는 것이고 권력의 해체이다. 그러려면 자기를 내놔야 한다. 온전히 내놓아야 한다."

강금실 장관은 자신의 기본 철학은 '권력의 해체'라고 말했다. "권력관계―계급이 있는 관계―그 속에서 사람들이 서로 투명하게 만나지 못하고, 있는 그대로 살지 못하고, 그런 우리들의 초상을 볼 때 슬프다."

강금실 장관은 지난해 지평의 대표 시절 한 매체에 김훈의 소설 『칼의 노래』에 관한 독후감을 실은 적이 있다. 그가 '칼의 순결성'을 말할 때는 그 맥락이다. 삶의 무의미함을 넘어, 정치의 비속함을 넘어, 남쪽 바다에 눈보라처럼 몰려드는 적을 맞아서 바다를 피로 물들이고 마지막엔 자신의 목숨마저 던지는 행위, 거기에 칼의 순결함이 있다. 그는 독후감을 이렇게 끝맺었다. "세상을 베어 삶의 순결성에 이르고자 하는 사람에게, 스스로 베이는 칼이 되고자 하는 사람에게 이 책을 드리고 싶다."

다섯 번째 코드 : 슬픔

그에게 간혹 '철의 여인'이라는 비유가 따르는데, 완전히 틀린 말은 아닐 것이다. 모든 철은 어떤 단단한 구조물이기 이전에 용광로 속에선 물이었다. 그것을 쇳물이라고 한다. 그것이 철의 성질이다. 고형固形과 유체流體가 그 본질에 섞여 있다.

정신분석학자 융의 방식으로 말한다면, 아니마Anima와 아니무스Animus가 균형을 이룬다고 할까. 아니마는 남성 속에 들어 있는 여성성, 아니무스는 여성 속에 들어 있는 남성성을 말한다(이런 식의 구분도 19세기적 여성관의 영향을 받은 것으로 보여서 저항감이 느껴지기도 하지만, 인간의 내면적인 성질을 설명하는 코드로 유효한 것도 사실이다).

여성의 경우, 몸의 특징은 연약함이며, 정서적 특징은 이타적이고 수용적인 에로스Eros다. 하지만 그 내부에 아니무스가 들어 있는데, 그것은 유전자에 숨어 있는 남성적 형질이고, 성장기에 스며든 아버지의 영향이며, 의미와 말씀의 화신이다. 여성 안에서 아니마와 아니무스가—즉 여성성과 남성성이—다시 말해 로고스와 에로스가 균형 있게 발달하면, 부드럽고 정감 넘치면서도 정신적으로 강인한 여성이 된다. 그게 바로 강금실 장관이었다고 한다면, 카메라맨이 피사체에 매혹돼 렌즈의 초점이 흐려지고 있다는 비난을 듣게 될까.

강 장관은 '여성계와의 대화' 행사에서 "내가 나만의 능력으로 이 자리에 온 것이 아니다. 여성들이 모두 함께 그렇게 기뻐해 줄지는 몰랐다"라고 말하는 대목에서 잠시 울먹였다. 그러고는 "내가 원래 감정에 약한 사람"이라고 덧붙였다.

냉정한 관객들에 둘러싸여 있거나 부당한 공격을 받을 때, 그는 절대 약한 모습을 보이지 않을 것이다. 하지만 주위에 어떤 공감과 연민과 연대의 인자들이 감쌀 때, 그는 금세 감응한다. 그리고 자기 내부에서 서성이는 슬픔을, 그건 별로 대단한 비밀도 아니라는 듯, 열어 보인다. 그는 연민이 많은 사람이다. 타인에 대해, 또 자기 자신에 대해.

내가 "슬픔에 잘 감염되시는 것 같아요"라고 말했더니, 그는 "사는 게 슬프지 않나요?"라고 되묻는다.

"돌아보면, 세상을 보는 눈이 생기는 나이에 가정환경도 편치가 않았고, 또 내가 나를 양보하지 못했던 것 같다. 계속 일등 하고 반장 하고 화려하게 살았는데도, 항상 사람들 만나면 내가 그 안에 있는 게 아니라 사람들 속에 내가 들어간다는 느낌이었다. 학교생활도 낯설고, 세상을 살아간다는 것도 익숙치 않고……. 그러니까 네트워킹 속에 흡수되면 그 마인드를 갖게 되는데, 나는 그걸 거부했던 것 같다."

그의 마음속에 어쩌면 설움을 잘 타는 어린 아이가 지금도 살고 있는지 모른다. 연약하고 무력하던 어린 시절의 그의 정서에 설움이 깊이 스며들었다면 언젠가 그 아이를 달래서 설움을 내다버리는 절차가 필요했을지도 모른다.

"작년엔 게이바에 많이 드나들었는데 거기서 해방감을 많이 느꼈다"고 했다. 그가 언젠가 동성애 인권운동가에 관한 글을 쓴 걸 보긴 했지만, 이 이야기는 좀 뜻밖이었다. 하지만 곧 이해할 수 있었다. 절반은 자청했고 절반은 강제당한 그들의 자유에, 그런 경계선상의 자유를 누리는 사람의 슬픔에, 그가 쉽게 감염되었던지도 모른다.

그가 대표를 맡았던 법무법인 지평은 2000년 4월 변호사 10여 명으로 출발해, 3년 만에 변호사 33명의 국내 10대 로펌의 하나로 도약했다. 그는 장관 취임 직전까지 5천 4백억 원짜리 금융업계 소송을 지휘했다. 민주사회를 위한 변호사모임(민변) 부회장이고, 국무총리 행정심판위원회 위원, 대통령자문 정책기획위원회 위원 등 바깥일도 한두 가지가 아니었다. 그는 말하자면 아주 잘나가는 변호사였다.

하지만 그는 동시에 『자본론』을 출판한 것 때문에 구속된 남편을 위해 탄원서를 쓰고, 전남편에게서 떠안은 빚을 청산하기 위해 집을 팔려고 내놓는가 하면, 한 화가의 작업실을 아지트 삼아 문화예술계의 친구들과 만나서 밤새 술을 마시고, 살풀이춤과 승무를 배워서 추고, 또 게이바에 드나들고, 사회적 약자들에 대해 끊임없이 관심을 갖고, 음란표현물 제작 배포 혐의로 구속된 『내게 거짓말을 해봐』의 작가 장정일을 위해 변론을 했다.

그는 주류이면서 비주류다. 메인스트림이면서 동시에 얼터너티브다. 법대생이면서 운동권 서클인 탈춤반에 나갔던 대학 때부터 이미 그랬다.

하지만 그에게선 그 상반된 두 개의 경향이 어느 만큼 통합돼 있다. 그는 주류 안에서 비주류를 실천한다. 머리와 가슴이 따로 노는, 입은 진보에 소속하나 손발은 보수에 묶여 있는, 밤에는 얼터너티브이나 낮에는 메인스트림인, 그런 지식인 부류와는 다르다.

검사와의 대화를 본 뒤 유시민 의원이 자신의 홈페이지에 올린 글 중의 일부다.

강금실 장관에 대한 기억 한 토막입니다. 1984년 제가 대학에 복학해서 후배들의 학생회 부활운동을 지원하고 있던 중에 후배들 몇이 학교 앞에서 시위를 하다가 경찰에 붙들려 갔습니다. 막 학원자율화 조처가 나온 터라 구속은 되지 않겠지만 구류 29일 정도는 받을 것으로 보고 사식 넣을 채비를 했습니다. 그런데 다음 날 그 후배들 셋이 모두 학교에 나타났습니다. 다음은 제가 그 후배들과 나누었던 대화입니다.

'어떻게 나왔냐?' '훈방되었어요. 새벽에 즉심판사가 와서 돌 던졌냐고 묻기에 안 던졌다고 했죠. 서류를 보더니 증거가 없으니 나가라고 하더라고요.' '그 판사 이름 뭐냐?' '기억 안 나요. 근데 여자예요.' '혹시 얼굴 동그랗고 생머리 길게 한 예쁜 여자 아니었니?' '맞아요.' '강씨 아니더냐?' '맞아요, 강씨.' '강금실 이지?' '맞아요, 강금실!' '너네 운수 대통한 줄 알아라.'

강금실 장관은 그런 사람입니다. 그 잘났다는 남자들이 독재 정권의 요구에 고분고분 응하면서 구속학생들에게 정찰제 징역형을 선고하던 시절에 강금실은 법관으로서 자기가 할 일을 정확하게 했던 사람입니다. 그래서 받은 불이익이 무엇인 줄 아십니까? 시국사범을 만날 일이 없는 가정법원으로 '좌천'된 것입니다. 386임을 자랑하는 대한민국 검사들 가운데 강금실의 법무장관 자격에 시비를 걸 권리를 가진 이는 하나도 없다는 것이 제 생각입니다.

강금실이라는 인물의 그릇을 말해 주는 에피소드다. 탁월한 재능과 사회적 성취, 그 한편에 다종다기한 개인적 고통과 시련을 다 담아내자면 그릇이 커지지 않고는 배길 수 없기도 했을 것이다.

한 사람의 인생에서는 가장 나쁜 것이 가장 좋은 것이 되기도 하고, 또 가장 좋은 것이 가장 나쁜 것이 되기도 한다. 가령 부모의 유산이 불행한 룸펜을 만들기도 하고, 재능을 너무 믿다 보면 일에 실패하기 쉬우며, 가진 것을 모두 잃었기 때문에 새로운 길을 개척할 수 있게 되며, 고난은 강인함을 가르쳐주기도 한다. 강금실 장관에게도 그렇다.

깊이 슬퍼할 수 있는 사람만이 다른 사람들에게 전망을 보여줄 수 있다. 슬픔이 연민의 재료이며 연민은 이해와 소통의 매개체이기 때문이다. 그것은 한 개인으로 하여금, 단단한 페르소나의 가면을 벗을 수 있게 하고, 계급의 유리벽을 넘어설 수 있게 하며, 그 모든 이해관계의 구조들을 넘어 전체를 볼 수 있게 해준다. 그의 정서 밑바닥에 출렁이는 슬픔은 그의 힘이다.

하지만 그에게는 슬픔과 함께 유쾌함이 균형을 이룬다. 아니마와 아니무스의 조화처럼 말이다. 그는 "나이 들다 보니 인생을 즐겁게 사는 것이 중요하다는 생각을 한다. 순간순간 즐기려 한다"고 말했다. 그럴 수 있을 것이다. 그는 즐겁게 살 수 있는 모든 조건을 갖추고 있다. 멋쟁이고, 말도 잘하고, 주위에 사람 많고, 술 좋아하고, 돈도 잘 벌고, 놀기 좋아하고, 노래도 잘 부르고, 춤도 잘 추고…….

그는 어느 날 갑자기 자신이 "세상에 드러나버렸다"고 했다. 그건 그 자신에게 한편으로 아찔하기도 하고 다른 한편으로 당황스럽기도 할 것이다. 하지만 대중에겐, 무료하고 짜증나는 '정치' 채널에 흥미진진한 프로그램 하나가 신설된 것과 같다.

그를 만나서 100매가 넘는 글을 쓰는 동안 나는 문득 이런 생각이 들었다. 노무현 정부가 강금실을 발탁한 게 아니라, 강금실이 노무현 정부를 발탁한 것이라고.

* 이 글은 『인물과사상』 2003년 가을호에 실린 기사입니다.

조 선 희_ 소설가

1960년 강릉에서 태어났으며, 고려대학교 독어독문학과를 졸업했다. 『연합통신』과 『한겨레신문』 문화부 기자로 근무했고, 『씨네21』 편집장을 역임했다. 저서로 장편소설 『열정과 불안』, 에세이 『정글에선 가끔 하이에나가 된다』가 있다.

강 장관은 유연한 사고를 바탕으로 대화와 토론을 통해 개혁의 맹아萌芽들을 하나씩 싹 틔워 시스템으로 구축하는 과제를 차근차근 수행해 왔다. 물론 강 장관이 지닌 '친화력과 집중력'이라는 남다른 자질은 자칫 개혁 지상주의라는 피로감 속에서 쉬 사라질 수 있는 불씨들을 살려내 생명력을 불어넣는 데 좋은 토양으로 작용했으리라.

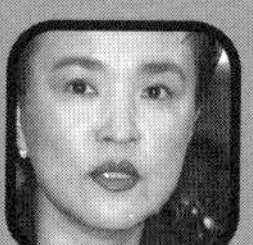

■ 최초의 여성 법무장관 ―

금녀禁女의 벽을 깨다

조 계 창 _ 『연합뉴스』 기자

1948년 8월 15일 대한민국 정부가 수립된 후 55년간 다른 부처도 마찬가지였겠지만 법무장관은 절대적인 금녀의 영역으로 존재했다. 참여정부가 아니었다면 여성 법무장관의 탄생은 앞으로 20년 이상 우리 역사에서는 없는 일이 됐을지도 모른다. 법무부와 검찰이 지금처럼 '역동적인' 내지는 '혼란스런' 변화를 겪었을 일은 더더욱 없었을 것이다. 그런 점에서 강 장관의 존재는 단순히 최초의 여성 법무장관이라는 상징적 이정표를 넘어서 좀더 복잡한 의미를 지닐 수밖에 없다. 그 의미가 긍정적이든 부정적이든 강 장관의 등장 이후 1년간 법무부와 검찰은 엄청난 변화를 겪어야 했기 때문이다.

강 장관은 작년 10월 23일 법무장관을 역임한 김기춘 의원으로부터 초대 법무장관과 검찰총장의 이름을 묻는 질문에 답변을 하지 못해 곤욕을 치른 경험도 있었다. 김 의원은 "검찰과 법무부의 역사를 먼저 알고 장관 임무에 충실하라"며 강 장관에게 핀잔을 줬다. 검찰 출신이라면 굳이 애쓰지 않아도 자연스럽게 알게 되는 사실이었지만 검찰 출신이 법무장관으로 임명되던 기존의 전통에서 바라보면 강 장관은 그만큼 이질적인 존재일 수밖에 없었다.

강 장관은 '강효리'라는 자신의 별명에 대해 "대장금 이영애 씨는 인기가 바로 직업과 연결이 되지만, 저는 그렇지 않다"며 우회적으로 불편함을 드러낸 적도 있었다. 결국 이 말은 대중적인 인기보다는 법무장관으로서 실력을 평가받고 싶다는 강 장관의 의지가 담긴 발언이 아니었을까.

하지만 강 장관의 지난 1년을 되돌아보는 일은 실로 지난한 작업이 될 수밖에 없다. 강 장관은 역대 어느 장관보다 법무부와 검찰에 크고 작은 변화를 도입했지만 엄밀히 말해서 이 같은 개혁은 좀더 시간을 두고 지켜봐야 객관적인 평가가 가능한 현재진행형이라는 점에서다.

'이단아' 강금실

작년 2월 참여정부 출범 이후 검찰 내부는 누가 법무장관으로 올 것인가를 놓고 평검사부터 검찰총장까지 촉각을 곤두세울 수밖에 없었다. 검찰 내부에서는 인수위 시절부터 "노 대통령이 검찰부터 손본다고 하더라"는 흉흉한 소문이 입에서 입을 통해 돌기도 했다. 그러니 검사들로서는 당연히 그런 '악역'을 맡을 법무장관으로 누가 올지 관심사일 수밖에 없었다.

하지만 작년 2월 중순 강 장관이 언론의 하마평에 오르내리기 시작하자 검찰 내부에서는 예상한 대로 격렬한 반응이 새 나오기 시작했다. 당시 김각영 검찰총장보다 사시 기수가 11년 아래로 서울지검 부장검사들과 동기인데다, 그것도 판사 출신인 강 장관을 법무장관으로 앉히겠다는 발상 자체가 한마디로 검찰에 대한 모욕이라는 것이었다.

필자는 당시 친분이 있던 평검사들로부터 강 장관의 하마평에 대한 다양한 반응을 들을 수 있었다. 그중에는 노골적인 얘기도 있었지만 대체로 절대 불가론이 주류였다. 기득권에서 비교적 자유로울 수 있는 평검사들이 이런 반응을 보일 정도였으니 머리가 굳어 있던 검찰 간부들의 내심이 어땠을지는 굳이 설명할 필요가 없을 것이다.

검찰개혁을 내건 참여정부에 대한 검찰의 반발은 작년 2월 중순 평검사 회의라는 형식을 통해 공식적으로 표출되기 시작했다. 99년 검찰을 강타한 '대전 법조비리사건' 직후, 전국 수석검사들이 이원성 당시 대검 차장이 참석한 가운데 검찰의 앞날을 놓고 난상토론을 벌인 적은 있었다. 하지만 서울지검을 비롯한 일선 검찰청에서 평검사들이 조직적으로 들고 일어난 것은 사상 처음 있는 일이었다.

처음에는 검찰 수뇌부의 의중이 반영된 토론회가 아니냐는 따가운 시선도 없지 않았지만, 이를 통해 평검사들은 검찰이 개혁 대상이 아니라 개혁을 이끌 주체라는 점을 대외에 분명히 알리고자 했다. 특히 평검사들은 대통령직 인수위와 민주사회를 위한 변호사모임(이하 민변) 등에서 제시한 검찰개혁안에 대해 경계심을 갖고 있었던데다 기수·서열 파괴로 상징되는 인사 방침에 대한 검찰 내부의 우려감까지 고조되면서 양측의 격돌은 불가피한 측면이 있었다.

강 장관을 배출한 민변은 검찰에 대한 문민통제에 대한 개혁안을 마련할 것을 촉구하면서 검찰을 압박하는 형국이었다. 민변은 평검사들이 제안한 특검제 수용, 검사 인사에 다면평가제 도입, 평검사들의 항변권 인정 등에 대해 긍정적인 평가를 내놓았다. 그러나 민변은 "현재 검찰조직에 과도하게 집중된 권한의 분산 방안과 검찰에 대한 국민적 통제방안이 개혁 논의에 포함되지 않았다"며 불만을 표출했다.

작년 3월 7일 검찰 내부 전산망인 '이프로스e-pros'에 올라온 검사의 글들은 이른바 검찰에 대한 문민 통제에 대한 검찰 내부의 반감을 상징적으로 보여주고 있다. 당시 법무부에 근무했던 한 평검사는 '독립된 검찰에서 일하고 싶다'는 제목의 글을 통해 "법무부의 문민화 정책에는 찬성하지만 저를 다음 인사에서 검찰로 돌려보내 달라. 무인 집단의 위계질서에 문민의 더러운 붓칠을 하지 말라"고 강력히 성토했다. 또 다른 평검사는 '법대로 장관, 멋대로 장관', '마녀사냥' 등 제목의 글에서 "검찰을 장악, 정치적 중립을 해치는 인사에 반대한다"며 강 장관을 직접 겨냥했다.

평검사들의 반발은 작년 3월 8일 서울지검에서 개최된 전국 평검사 회의를 통해 ■검찰총장 인선에 평검사 참여 ■검사 개인별 인사기준 공개 등 공정·투명한 인사 ■검찰인사위원회의 심의기구화 등

검찰의 정치적 중립 보장을 위한 제도적 개선 등을 대통령에게 직접
건의하자는 쪽으로 정리됐다.

인사권을 통해 수사권을 견제하겠다

평검사 집단행동과 서열 · 기수 파괴 인사

검찰은 막강한 수사권을 갖고 있지만, 인사에서는 아직 대통령의 결
재를 받아야 하는 신분이다. 만약 검찰이 인사와 예산에서도 자율성
을 갖출 수 있다면 법원에 못지않은 독립적인 권력기관으로서의 위
상을 갖게 된다.

　평검사들은 2003년 3월 9일 노 대통령과의 대화에서 법무장관이
갖고 있는 인사제청권을 검찰총장에게 넘길 것을 요구했다. 노 대통
령과 강 장관의 입장은 인사정책의 합리화라는 요구에 대해서는 공
감하고 있었지만, 인사제청권 이양은 수용할 수 없다는 입장이었다.
토론 분위기는 과열됐고, 급기야 대통령과 평검사들이 기싸움을 벌
이는 양상으로까지 변질되고 말았다.

　이날 토론회에 대해 시민단체들은 "검찰개혁의 기본 원칙에 대해
노 대통령과 평검사들의 입장이 같은 것을 확인했고, 국민적 공감대
도 훨씬 더 깊어진 것 같다"는 평가를 내렸다. 그러나 평검사들이 자
신들이 바라는 검찰 인사에 대해 구체적 대안을 설득력 있게 제시하
지 못해 생산적인 토론이 이뤄지지 못했다는 지적도 있었다. 이 때문
에 정치적 독립을 위한 기틀을 만들어내려던 평검사들의 집단 행동

은 막상 국민에게는 기득권을 지키는 데 급급한 모습으로 비춰질 수 있는 소지도 있었다. 이는 곧 '검사스럽다'는 신조어가 급속히 인터넷을 통해 확산되면서 검찰에 대한 여론의 반감을 고조시키는 자충수로 작용하고 말았다.

이날 토론을 통해 청와대는 검찰을 장악하겠다는 의도가 없으며 정치권과 연계고리를 끊겠다는 의지를 재확인하는 한편, 이제는 검찰을 권력자의 의중에 따라 장악하고 싶어도 할 수 없다는 점을 분명히 깨닫는 계기가 됐다. 문제를 수습해 보겠다고 나선 대통령의 개입은 역설적으로 양측의 이질감과 불신의 정도를 확인할 수 있는 상징적인 사건이 됐다.

강 장관은 이날 토론회에서 "검찰의 수사권 독립을 최대한 보장해 주되, 장관으로서 인사권을 가지고 수사권을 견제하는 역할을 맡겠다"고 재확인했다. 강 장관은 앞서 2003년 2월 27일 취임사에서도 "법무부는 검찰청의 상급기관으로서 인사권 등을 통하여 견제를 하겠으나, 수사권은 어디까지나 검찰총장 이하 검사들 각자에게 속한다는 선언이기도 합니다"라는 일성을 날린 바 있었다. 강 장관이 제시한 '견제와 균형'이라는 키워드는 이후 검찰개혁의 진로를 예고하는 방향타로 작용하게 되었다

이날 토론회 결과는 김각영 검찰총장의 전격 사퇴라는 예기치 못한 사태로 비화했다. 연이어 서열파괴 인사라는 후폭풍이 검찰 조직을 강하게 뒤흔들어 놓았다. 2003년 3월 11일 강 장관 취임 이후 단행된 첫 검찰 고위간부 인사에서는 주요 검사장급 보직을 점하고 있던 사시 13~15회 간부들이 고검장 승진에서 탈락하거나 한직으로

밀려났으며, 16회 검사장들이 고검장으로 대거 승진했다. 사시 13회인 송광수 검찰총장이 검찰총수에 등극했으며 사시 17회인 정상명 검사장이 검찰내 서열 3위로 꼽히는 법무차관에 전격 발탁됨으로써 '서열파괴'를 시도했다.

당연히 반발이 있었다. 부산고검장으로 밀려난 명노승 법무차관은 곧바로 사표를 제출하고 퇴임식에서 "기수를 파괴하는 밀실인사를 하려다 검사들의 반발을 야기했다"며 새 정부에 직격탄을 날리고 서둘러 검찰을 떠났다. 이후 검찰에서는 검사장 16명이 옷을 벗는 줄사퇴가 한동안 이어졌다. 이들 대부분은 퇴임사를 통해 너나없이 새 정부의 인사를 비판하는 말을 남기고 떠났다.

그렇지만 송광수 검찰총장과 안대희 중수부장의 발탁은 역설적으로 '서열파괴' 인사가 낳은 성과로 꼽히고 있다. 특히 안 중수부장의 등장은 검찰의 '환골탈태'를 예고하는 신호탄이었다.

안 중수부장은 2003년 3~4월 나라종금 재수사에 착수해 노 대통령의 측근인 염동연 씨를 구속하고 안희정 씨를 기소했다. 그는 노 대통령이 나중에 "나도 사실상 검찰수사를 받았다"고 할 정도로 최고 권력자 주변을 상대로 그야말로 성역 없는 수사를 벌였다. 안 중수부장은 연이어 불법 대선자금과 대통령 측근비리 수사를 통해 국민적 영웅으로 부상했다. 불과 6개월 전만 해도 '검사스럽다'는 말로 요약됐던 검찰에 대한 국민의 불신이 성원으로 바뀌는 극적인 드라마가 만들어진 것이다. 그 속에서 검찰 인사파동에 따른 후유증도 겉으로는 봉합되는 모습을 보였다.

하지만 검찰 인사를 둘러싼 알력은 언제든 발화 가능한 불씨였다.

특히 2003년 8월 강 장관이 검찰 중간간부 인사를 단행하자 검찰 내부에서는 송 검찰총장이 인사 협의에서 완전히 배제됐다는 소문이 나돌기 시작했다. 송 검찰총장은 인사에 앞서 대검 과장들에게 "서울지검 부장검사들의 이동은 소폭에 그칠 것"이라고 못 박았다. 그러나 강 장관은 "인사폭이 적을 경우 경향 교류와 근속 기간에 따른 순환 인사가 어렵다"는 검찰인사위원회의 의견을 받아들여 대폭적인 인사를 단행했다. 공식적으로는 송 검찰총장이 강 장관의 의견을 받아들여 양보한 것으로 되어 있었지만, 검찰 내부에서는 강 장관이 송 검찰총장을 배제하고 독단적으로 인사를 했다는 불만이 간헐적으로 새 나왔던 것이다.

서울지검―대검―법무부를 오가며 엘리트 코스를 밟아왔던 이른바 '귀족검사'들이 대거 지방으로 자리를 옮겼다. 경향 교류와 근속연수라는 원칙이 정확히 적용되면서 대검에서 송 검찰총장을 성실하게 보좌했던 일부 대검 과장들까지, 예전 같으면 서울지검 부장으로 입성해야 했지만 지방 공판부장과 형사부장으로 발령이 날 정도로 경향 교류 원칙이 정확히 적용됐다.

한편 오랜 기간 지방에 머물렀던 검사들이 서울과 수도권 지역으로 대거 자리를 옮기면서 검찰 내부에서는 희비가 극명하게 엇갈렸다. 실력을 검증받은 검사들이 서울과 지방에 골고루 분포하게 됨으로써 전반적인 검찰의 수사 능력을 향상시키고, 인사에 있어서도 공정한 기회를 보장함으로써 조직 내 사기를 높일 수 있다는 긍정적 평가도 나왔다.

이쯤에서 검찰 인사의 공정성과 객관성을 확보하기 위해 도입된 검찰인사위원회에 대해서 잠시 언급할 필요가 있겠다. 강 장관은 기존 검찰인사위원회 규정을 바꿔 2인으로 제한돼 있던 외부인사 참여를 2인 이상으로 늘리고, 부장검사급과 평검사급 대표의 참여를 제도적으로 보장했다. 특히 검찰인사위원장에 고검장급 검사를 임명하도록 한 규정을 바꿔 검찰 인사위원 중 1명을 위촉할 수 있도록 해 사실상 외부인사도 검찰인사위원장이 될 수 있는 길을 열었다. 실제로 강 장관은 외부인사인 김수장 변호사를 위원장으로 위촉했다. 위원회의 위상도 검사에 대한 인사제청권을 갖고 있는 장관에 대한 자문기구에서 심의기구로 승격시킴으로써 실질적인 권한을 확대한 것도 특징으로 꼽을 수 있다. 적어도 외형으로만 보면 외부 인사와 검찰 중간간부 이하의 참여를 제도적으로 보장했다.

강 장관은 검찰 인사와 감찰권 이관을 둘러싸고 송 검찰총장과의 갈등설이 불거졌던 작년 9월 4일, 과천에 있는 한 보신탕집에서 법무부와 대검 간부를 대동하고 만찬을 가졌다. 당시 양측은 법무부와 검찰이 한 번씩 돌아가면서 술추렴을 해오던 관행에 따른 것이라고 설명했다. 하지만 이날 분위기는 심상치 않게 돌아갔다. 무엇보다 평소 술을 한잔도 입에 대지 않는 것으로 전해졌던 송 검찰총장마저 얼굴이 불콰해질 정도로 취기가 오른 모습이 목격됐다. 회식 도중 두 사람이 심각한 표정으로 회식 자리에서 나와 독방에서 따로 독대를 갖는 모습이 눈에 띄기도 했다.

이날 강 장관은 술기운이 올랐는지 송 검찰총장과 팔짱을 끼고 다정다감한 모습을 연출했다. 두 사람이 팔짱을 낀 모습은 다음 날 조간신문에 대대적으로 실렸다. 어색해하는 검찰총장의 표정과 환하

게 웃고 있는 강 장관의 얼굴은 묘한 대조를 이뤘다

이날 모임에 대해 한 검사는 "검찰총장과의 인사 협의가 고작 보신탕집에서 할 수 있는 성질의 것이냐"며 비판적 시각을 드러내기도 했다. 검찰인사위원회도 사실상 검찰총장을 인사에서 배제하고 장관 혹은 청와대의 의중을 관철시키기 위한 요식에 그치고 있다는 불만도 있었다.

특히 검찰총장 인사협의권을 검찰청법 개정안에 명문화하는 문제를 놓고 법무부와 검찰은 겉으로는 드러나지 않았지만 물밑에서 갈등을 겪었다는 후문이다. 작년 10월 6일 송 검찰총장은 국회 법사위 국정감사에 출석해 검찰 인사와 관련해 의미심장한 발언을 했다. 그는 "법무장관과 검찰총장간 협의를 법률상 명문화하는 것이 필요하다"고 말했다. 송 검찰총장은 더 나아가 "인사에 불리하다고 생각하면 (검사들이) 소신 있게 수사를 못 한다"며 "검찰 수사의 중립성과 독립성은 의지도 중요하지만 인사의 객관화와 공정화도 중요하다"고 강조했다. 한마디로 송 검찰총장은 검찰 수사권 독립과 관련해 아주 근본적인 화두를 내던진 것이었다. 관점에 따라 이 같은 발언은 "인사권을 통해 수사권을 견제하겠다"는 강 장관의 방침에 에둘러 반대 의견을 피력한 것으로 해석될 수 있는 측면도 있다. 특히 당장 대통령 측근들을 이잡듯 뒤져가면서 칼을 휘둘렀던 대검 중수부 수사팀의 거취와 관련해서 아주 중요한 의미를 지닐 수밖에 없다. 검사에 대한 최종적인 인사권이 대통령에게 있는 만큼 최고 권력자의 심기를 건드린 검사들을 보호할 수 있는 장치가 있어야 한다는 뜻으로도 받아들여질 수 있기 때문이다.

한편 송 검찰총장은 법무부가 국회에 제출한 검찰청법 개정안에 법무장관과 검찰총장의 인사 협의 규정이 빠졌다는 소식을 전해 듣고 불쾌감을 드러냈던 것으로 전해졌다. 어쨌든 국회 법안심사 과정에서 법무장관이 인사에서 검찰총장의 의견을 듣도록 하는 문구가 추가된 검찰청법 개정안이 통과됐다.

강 장관은 작년 8월 러시아 방문 중 현지에서 국내 언론 특파원들을 만나 "내년 인사는 검사들의 사시 기수에 얽매이지 않는 파격적인 내용이 될 것"이라고 발언해 검찰을 또 한 번 긴장시켰다. 법무부는 뒤늦게 장관의 발언이 와전됐다고 해명했다. 하지만 강 장관 발언의 진의는 정작 다른 데 있었던 것으로 보인다. 나중에 강 장관은 '검찰총장-고등검사장-검사장-검사' 4단계로 구분되었던 검사 직급을 '검찰총장-검사'로 단순화했다. 직급 제한이 없어짐에 따라 직급과 서열에 따른 줄 세우기식 인사가 아니라 실력 있고 유능한 검사를 발탁해 주요 보직에 임명할 수 있는 길이 열렸다. 또 이를 뒷받침하기 위해 단일호봉제를 도입, 보직에 상관없이 근무 경력에 따라 정해진 급여를 받도록 했다.

검사 직급 폐지 및 단일호봉제 도입의 근본 취지는 검찰의 수직적 구조를 개선해 준사법기관으로서 검사의 지위를 유지하고 신분보장 강화로 평생검사제를 정착시킨다는 데 있었다. "검사들이 소신껏 수사에 임하고 국민을 대신하는 공익의 대표자로서 수사를 책임지고 해나가는 자부심으로 명예롭게 살 수 있도록 공직자인 검사 한 분 한 분에게 신분보장과 복지, 기타 모든 지원을 아끼지 않겠다"며 강 장관이 취임사에서 밝힌 약속이 그대로 지켜진 것이었다. 그간 검찰에서 동기들이 승진하거나 자신이 주요 보직에서 누락되었을 경우 자의반 타의반으로 용퇴하는 관행이 있었다. 이 때문에 검찰에서는 60세가 넘은 머리가 희끗한 검사를 찾아보기 어려운 실정이다.

한편으로는 검찰 내부의 인사 적체도 직급 폐지 및 단일호봉제 도입을 앞당긴 요인으로 작용했다. 합격자 정원 300명 시대를 연 사시 23회 이후 검사들은 승진과 주요 보직을 놓고 동기들과 무한경쟁을 벌여야 하는 운명에 처해 있다. 근소한 차이로 승진에서 누락된 경력 검사들이 대거 옷을 벗게 되면 검찰로서도 엄청난 인적 손실이 아닐 수 없기 때문이다. 또 사시 합격자 정원이 대폭 증가하면서 변호사 업계의 불투명한 전망도 평생검사제 도입의 필요성에 힘을 실어줬다.

감찰권 이관을 둘러싼 문제도 강 장관과 검찰 사이에 긴장감을 높이는 불씨가 되고 있다. 송 검찰총장은 "검찰도 자체적 감찰권을 가져야 한다"는 입장을 고수하고 있는 반면 법무부는 대검 감찰에 대한 지휘·감독 기능을 수행하고 필요할 경우 보충적으로 감찰권을 보유해야 한다는 방침을 정했다. '보충적 감찰권'이란 사실상 검찰에서 제대로 내부 감찰을 하지 못할 경우 법무부가 개입할 수도 있다는 의미다. 물론 여기에도 '견제와 균형'이라는 강 장관의 철학이 그대로 반영된 셈이다.

강 장관은 작년 11월 18일 교정, 보호, 출입국 등 산하기관 공무원에 대한 감찰 기능만 갖고 있는 법무부 감사관실을 검찰에 대한 감찰권도 갖는 감찰실로 확대 개편하겠다는 계획을 밝혔다. 하지만 송 검찰총장은 작년 12월 8일 기자들에게 "장관은 일반 사무에 대해서 검찰을 지휘·감독할 수 있고, 구체적인 사건은 총장만 지휘할 수 있다"며 법무부가 직접 대검 감찰부를 지휘하는 데 반대 입장을 밝혔다. 대신 검찰은 대검에 감찰위원회를 구성, 변호사 등 외부 인사를 참여시킨다는 보완책을 내놓았다. 대다수 검사들도 국정원, 경찰청, 국세청 등 다른 기관의 경우를 봐도 외부 기관이 내부 감찰에 관여한 전례가 없다며 반대하고 있어 강 장관의 대응이 주목된다.

검찰을 위한 검찰이냐, 국민을 위한 검찰이냐

검찰개혁을 보는 두 가지 시각

검찰 개혁을 바라보는 가장 보수적인 시각에는, 우리 사회에서 최고 엘리트 집단에 속하는 검찰은 충분히 자율적인데다 높은 도덕성을 갖추고 있기 때문에 조직 내부에 문제가 생기면 자발적 개혁을 통해 치유가 가능하다는 믿음이 근저에 깔려 있다. 또 검사들은 새로운 범죄 수요에 능동적으로 대처하면서 법과 정의를 바로 세우고 사회의 투명성을 높이는 데 선도적 역할을 하고 있다는 자부심이 강하다. 작년 2월 평검사들이 "우리는 개혁 대상이 아니다"며 외부에 의한 타율적 개혁에 반기를 들고 나선 것도 따지고 보면 이런 자긍심의 발로가 아니었을까 싶다. 검찰도 개혁의 가치와 필요성에는 충분한 공감대를 갖고 있었다. 실제로 필자와 친분이 있는 소장 검사들 가운데는 늘 끊임없이 선진 형사제도에 대한 정보를 수집하고 연구하면서 이를 우리 현실에 맞게 적용할 수 없을까 고민하는 사람들이 많았다.

하지만 사회 발전에 따라 국민의 의식수준이 높아지면서 검찰은 새로운 도전에 직면해 있다. 과거 '범죄를 벌주고 정의를 세우는 검찰'이라는 위상은 여전히 사회적 타당성을 지니고 있다. 하지만 국민에게 군림하는 검찰이라는 권위적 모습을 아직까지 완전히 털어내지 못했다는 지적도 있다. 국민을 훈계하고 벌주는 '사또 검찰'의 모습에만 머물러 시대의 흐름을 정확히 짚어내지 못할 경우에는 오히려 시대착오적, 반개혁적이라는 이미지로 비춰질 수도 있다는 것이다. 게다가 검찰은 과거 군사정권 시절 민주화 인사를 탄압하고 정권에 충성해 왔다는 비판을 받아왔다.

2003년 5월 16일 최병모 민변 회장은 법무연수원에서 열린 공안 검사 대상 강연에서 강사로 나서 "민청학련, 동백림사건, 인혁당 사건은 지금 기록을 보면 무죄가 선고될 수 있는 사안임에도 재심청구 절차가 너무 엄격해 피해자들의 명예회복이 이뤄지지 않고 있다"며 검찰의 과거 청산을 강조해 눈길을 끌었다.

최 회장은 여기서 더 나아가 "이들 사건의 경우에는 고문, 조작 주장이 수사와 공판 과정에서 일관되게 제기됐지만 검찰이 이를 적극적으로 받아들여 수사한 사례가 없었다. 결국 이 같은 과거 공안 검찰의 관행이 국민의 불신을 초래한 원인이 됐다"고 역설했다.

이는 수사기관을 지휘·감독하고 인권옹호에 앞장서야 할 검찰이 본연의 사명을 망각하고 막강한 권한을 무기로 내세워 권력에 충성해 왔던 과거의 '원죄'를 정확히 지적한 발언이었다.

검찰은 강력한 권력기관이다. 경찰 등 사법경찰관에 대한 수사지휘, 자체 인지수사, 공소제기는 물론 대규모 파업이나 학원 사태 등 공안사건이 발생하면 경찰, 노동부, 재경부, 교육부 등 관련부처 공무원들은 대검에 모여서 대책을 숙의한다. 인신구속과 석방은 물론이고 벌금 미납에 따른 노역장 유치까지, 검찰의 권한은 일일이 손가락으로 꼽기 힘들 정도다. '거악의 척결'이라는 말로 상징되는 자체 인지수사 권한은 오늘 검찰을 명실상부한 최고 사정기관으로 만든 원동력이 됐다.

검찰은 성역을 타파하고 사회의 투명성 제고를 요청하는 국민적 여망에 힘입어 더욱 강해지고 있는 추세다. 이제는 헌법에서 보장하고 있는 대통령 불소추특권에 대해 "현직 대통령이라도 조사는 가능하다"는 검찰의 발언이 어색하지 않은 분위기가 됐다. 검찰은 오히려 이런 권력의 견제라는 패러다임의 전환 속에서 반사이익을 얻어 권력과 위상이 높아진 유일한 조직이라 해도 과언이 아니다. 특히 대통령 측근비리 수사를 통해 최고 권력자인 대통령을 사실상 '기소중지자'로 만들 정도로 이제 검찰은 그 어느 때보다 권력의 최정점에 서 있다. 강 장관에 대한 평가에 인색한 검사들도 그가 검찰의 정치적 중립을 앞당기는 데 혁혁한 공을 세웠다는 점에서는 점수를 아끼지 않고 있다. 국회에 출석해 불법 대선자금 수사를 편파 수사라고 공격하는 야당 의원들의 공세를 몸으로 막아내는 강 장관의 모습은 검사들에게 감동을 주기에 충분했다.

바로 검찰이 권력의 눈치를 보지 않고 소신껏 수사할 수 있는 지점, 바로 그곳이 역설적으로 검찰 개혁의 출발점이 된다. 이에 대한 강 장관의 개혁 철학은 검사의 준사법기관화를 통해 검찰이 경찰 등 수사기관을 지휘·감독하고 인권옹호라는 본연의 임무로 돌아가야 한다는 것으로 요약될 수 있다. 특히 현재의 검찰은 수사기관을 지휘, 감독하며 공소를 제기하고 인권을 옹호한다는 본연의 기능보다 수사 중심으로 조직이 운영되고 있다는 지적에 주목할 필요가 있다. 통계상 전체 형사사건의 95% 가량은 경찰 등 일선 수사기관에서 담당하고 있지만 나머지 5%에 해당하는 특수·공안사건, 특히 사회적 이목이 쏠리는 대형 사건의 수사를 검찰이 담당하고 있는데다 고소·고발 사건까지 검찰에 폭주하고 있다는 점에서 '검찰＝수사'라는 등식이 낯설지 않게 된 것이다. 물론 검찰이 수사기관으로서 위상을 갖추게 된 배경에는 아무래도 경찰보다는 검찰이 낫다는 국민의 인식에 힘입은 것이겠지만, 역으로 사건이 검찰에 집중되면서 사건처리의 부실화를 초래했다는 비판도 있다. 또 사건이 폭주하는 만큼 검사들이 사건 당사자들의 얘기를 귀담아 듣고 설득하는 성의를 보이기가 힘든 여건이다. 이런 모습들이 쌓이다 보니 결국 검사들은 고압적이라는 부정적 이미지가 만들어진 것이다.

송 검찰총장은 역시 내정자 신분인 2003년 3월 28일 국회 청문회에 출석해 검찰의 대국민 신뢰상실의 원인에 대해 "대형사건을 잘못 처리했다기보다 일상적인 사건과 업무처리, 평소 국민에 대한 자세에서 오랫동안 누적돼온 불만이 특정 사건을 계기로 표출된 것"이라고 답변했다.

모든 개혁의 목표가 국민에게 골고루 편익을 제공하는 것이라고 정의한다면 송 검찰총장의 발언은 검찰이 가야 할 길을 정확히 통찰한 것이었다. 아직도 '유전무죄有錢無罪, 무전유죄無錢有罪'라는 피해의식에 사로잡혀 있는 국민에게 일상적인 사건에서 검찰의 공정한 사건 처리야말로 국민의 마음을 사로잡을 수 있는 첩경이라는 점을 짚어낸 말이었다.

국민은 대통령 측근이 구속되고 불법 대선자금을 수수한 정치인들이 속속 쇠고랑을 차는 역사적 현장을 지켜보면서 권력과 돈을 가진 자들도 법 앞에서는 만인이 평등하다는 평범한 진리가 통하는 미래 사회의 희망을 읽고 있기 때문이다.

이 때문에 강 장관은 검찰개혁의 방향으로 신중하고 공정한 사건 처리가 이뤄질 수 있는 쪽으로 검찰의 체질을 근본적으로 개선하는 쪽으로 방향을 잡았다. 그중 대표적으로 꼽을 수 있는 가시적 조치가 검사동일체 원칙 개선, 검사 직급 폐지, 단일호봉제 도입 등으로 요약되는 '개정 검찰청법'이었다.

검사동일체 원칙의 근본 취지는 검사마다 사건 처리 기준이 달라지는 자의적 검찰권 행사의 폐단을 막고 균일한 사법적 효과를 보장하기 위해 검찰총장 아래로 엄격한 상명하복 체계를 구성한 것이다. 하지만 상명하복 규정은 검사 개개인의 독립적인 검찰권 행사를 저해한다는 비판을 받아왔다. 권력층은 검찰 고위간부를 통해 사건 처리에 외압을 행사하고 이는 곧 상명하복이라는 형태로 사건 주임검사에게 그대로 관철돼온 폐단이 많았기 때문이다.

강 장관은 검사동일체 원칙을 규정한 검찰청법 제7조의 제목을 '검찰사무에 관한 지휘·감독'으로 바꿨다. 또 같은 조 1항에서 "검사는 검찰사무에 관하여 상사의 명령에 복종한다"는 내용을 "검사는 검찰사무에 관하여 소속 상급자의 지휘·감독을 받는다"로 개정했다. 특히 위법부당한 상사의 지시에 대해서는 이의제기권을 신설해

상사들이 부정한 청탁을 받고 사건 처리를 왜곡하는 것을 막을 수 있도록 이중의 장치를 마련했다.

강 장관은 역대 법무장관들에게도 현안이었던 검사동일체 원칙의 개선을 이뤄냈지만, 막상 검사들은 뜨뜻미지근한 반응이었다. 법무부의 한 검사는 "검찰 내에서 상사의 명령이라고 무조건 따르는 분위기는 이미 사라졌기 때문에 이번 조치로 인해 당장 크게 달라질 것은 없지만, 상징적 의미는 클 것이라고 본다"고 말한 게 비교적 호의적 평가에 속했다. 서울지검의 다른 평검사는 "지금도 부당한 상사의 명령에 복종해야 하는 폐단은 거의 없다고 본다"며 "굳이 의미를 두자면 상사의 명령에 대한 불복종이 곧바로 법규정을 위반한 것이 돼 검사 탄핵의 사유가 될 수 있는 현행 검찰청법 제7조가 갖는 경직된 느낌을 덜어준 정도"라고 말했다. 그렇지만 검사동일체 원칙의 개선은 검사 개개인이 준사법기관으로서 독립성을 갖고 직무를 수행하는 데 반드시 있어야 할 제도적 장치였다.

또 다른 측면에서 상명하복 규정의 폐지는 정치권의 사건 청탁을 들어주고 그 대가로 자신의 출세를 보장받거나 정치권 실력자에게 줄을 대는 정치검사의 출현을 막는 데도 큰 기여를 할 것으로 기대된다.

강 장관은 기존에 검찰총장-고등검사장-검사장-평검사 4단계로 구분돼 있던 수직적 직급 체계를 검찰총장-평검사로 단순화시키는 단일호봉제를 마련함으로써 평생검사제의 기틀을 마련했다. 이를 통해 검사들은 동기들이 승진하고 자신이 누락되면 옷을 벗었던 불합리한 관행에서 벗어나 정년까지 소신을 갖고 일할 수 있는 길이 열린 셈이다.

　법무부는 검사동일체 원칙과 단일호봉제 실시로 검사의 독립성과 신분을 보장하는 대신 법관 재임용심사제에 준해 7년마다 검사의 재임용 여부를 결정하는 검사적격심사제 도입을 2002년 12월 30일 확정했다. 검사적겸심사 기능을 검찰인사위나 검사적격심사위 등에 부여하고 심사결과 검사로서 직무수행이 어렵다고 인정돼 부적격 의결이 되는 경우 위원회가 해당 검사의 해임을 권고하고 법무장관은 대통령에게 면직 제청을 할 수 있도록 하는 방안이 검토되고 있다. 이를 통해 업무상 중대한 과실을 범하거나 비위사실이 드러난 부적격 검사들을 제도적으로 퇴출할 수 있는 보완장치가 마련된 셈이다.

　하지만 아직까지 사시 기수를 중심으로 보직에 따라 서열을 따지는 검찰 내부의 조직 문화가 완고하게 남아 있어 이 제도가 과연 근본 취지를 살려 제대로 정착할 수 있을지는 두고 볼 일이다. 특히 일부 검사들은 직급제도 폐지로 인해 이른바 '기수 파괴' 인사가 오히려 정상적인 인사패턴으로 자리잡지 않을까 내심 경계의 눈초리를 거두지 못하고 있는 실정이다. 또 검사적격심사제가 권력에 밉보인 검사들을 합법적인 형식을 갖춰 퇴출시킬 수 있는 제도로 악용될 수 있다는 우려의 목소리도 없지 않다. 이런 측면에서 검사들은 법무장관과 검찰총장의 인사 협의를 명문화한 개정 검찰청법은 밀실 인사를 견제하는 역할을 할 것으로 기대하고 있다. 또 강 장관의 취임과 동시에 다른 행정부 소속 부처와 함께 검찰에서도 실시 중인 다면평가제도는 인사의 객관성과 공정성을 높여 인사의 투명성과 예측가능성을 확보하는 데도 기여할 것으로 전망된다.

국민의 눈높이에 맞춘 검찰

지난 1월 2일 송광수 검찰총장은 대검 출입기자들과 가진 신년 기자 간담회에서 "시대 변화에 따라 검찰도 변화해야 하며 국민의 눈높이에 맞추기 위해 올해도 변함없이 검찰 개혁을 추진할 것"이라고 공언했다.

한때 국민에게 군림하는 권위적인 모습으로 비춰졌던 검찰은 바야흐로 폐쇄적인 분위기를 쇄신하고 외부인사의 참여를 보장하는 변화의 물결 속에 서 있다. 이제는 검찰총수가 "국민의 눈높이에 맞춰야 한다"고 말하는 장면이 낯설게 느껴지지 않을 정도로 검찰은 스스로를 열고 국민의 신뢰를 높이는 민주적 면모를 가진 기관으로 거듭나고 있는 중이다.

기소독점주의로 상징되는 검찰권은 항고심사회 제도가 신설되면서 견제를 받고 있다. 일본에서 시행 중인 검찰심사위원회를 본뜬 항고심사회는 항고 사건의 기소 여부를 결정하는 과정에서 주임검사 외에 법조인 등 전문적 지식을 갖춘 민간인의 참여를 보장하는 제도다. 특히 항고심사회 제도는 시민 참여를 통해 검찰의 기소독점주의에 대한 최초의 견제장치로서 역사적 의미를 갖고 있다.

여기에 법무부에서 개혁과제로 검토하고 있는 검찰의 불기소 사건에 대한 재정 신청 제도의 확대 역시 검찰의 자의적인 공소권 행사를 제어하는 양날의 칼로서 기능할 수 있을 전망이다.

한편 검찰의 의사 결정 과정에 외부 인사 참여를 보장한 것은 투명성을 높여 공정한 검찰권 행사가 가능하도록 문민적 통제가 이뤄질 수 있다는 장점이 있다. 검찰의 입장에서도 국민을 설득하고 동의를 구함으로써 검찰권 행사에 정당성을 확보하고 더불어 신뢰를 높일 수 있는 조건이 마련된 셈이다.

물론 이 같은 검찰의 변화들을 모두 '개혁장관'으로 불리는 강 장관의 공으로 돌릴 수만은 없다. 외부인사가 참여하는 항고심사회 도입은 강 장관이 법무장관으로 취임하기 직전 대검에서 발표한 개혁 방안이었으며, 재정 신청 확대나 피의자 인권 보장 방안 역시 검찰에서 자체적으로 연구를 진행해 온 과제였다. 대검 역시 그간 자체적으로 검찰제도에 대한 선진사례를 수집하고 연구하면서 우리 검찰의 조직과 권한이 비대해 있어 슬림화가 필요하다는 인식을 공유하고 있었다.

그럼에도 검찰은 형사소송법 개정과 같은 구체적 사례에서 기득권 유지에 집착하는 모습을 보여 여론의 반발을 산 바 있다. 2002년 10월 말 서울지검에서 발생한 피의자 사망 사건은 국민에게 밀실 고문수사가 여전히 살아 있다는 악몽을 떠올리게 만들었다. 검찰은 부랴부랴 인권보호수사준칙을 만들고 피의자 신문과정에 변호인 입회를 허용하겠다는 획기적 방안을 발표하기도 했다. 그러나 그해 연말 법무부에서 발표한 형사소송법 개정안 초안에는 변호인 입회를 허용하는 대신 참고인의 허위진술을 처벌하는 사법방해죄, 참고인 강제구인제, 특정범죄에 대한 구속기간 연장 등을 담고 있었다. 경찰이 99년부터 피의자 조사에 변호인이 참여할 수 있도록 허용하고 제도를 적극 홍보하고 있는 것과도 사뭇 다른 모습이었다. 결국 되로 내주고 말로 받겠다는 검찰의 시도는 민변등 변호사 단체와 시민단체 그리고 법원까지 반대 입장을 밝히면서 사실상 유야무야된 상태다.

이른바 '영장실질심사제'로 불리고 있는 구속 전 피의자 신문제도 확대를 둘러싼 논란도 마찬가지였다.

이 제도는 국회가 지난 97년 12월 "범죄수사 인력이 피의자 심문에 투입돼 부작용이 심각하다"는 검찰 의견을 전격 수용해 피의자가 원할 경우에만 영장심사를 받을 수 있도록 한 형사소송법 개정안을 통과시키면서 '영장주의의 후퇴'라는 반발에 직면했다. 피의자의 인권보다는 수사기관의 편의를 더 중시하는 검찰의 시각이 반영된 법개정이라는 지적도 있었다.

물론 이런 단적인 사례를 통해 검찰을 반인권적이라고 몰아세울 수는 없다. "신속하게 범죄자를 잡고 억울한 피해자의 눈물을 닦아주는 것은 인권 보장이 아니냐"는 검찰의 항변에도 일리가 있기 때문이다.

문제는 이 같은 법개정이 한국의 인권상황에 대한 국제적 관심을 환기시켰다는 점이다. 유엔 인권이사회는 99년 "한국 제도는 판사의 심리를 받지 않도록 회유할 수 있는 제도로서 국제인권규약 위반"이라며, 2003년 10월까지 개정 의견을 담은 보고서를 제출토록 권고했다. 이에 따라 법무부는 작년 8월 수사기관에 체포된 모든 피의자들이 판사의 심리를 받도록 의무화한 조항을 형사소송법 개정안에 포함시키기로 결정했다.

검사들에게 보낸 러브레터

검사들의 강력한 반발 속에서 입성했던 강 장관은 검사들과 직접 대화에 나서면서 이들을 포용하려는 노력을 게을리하지 않았다. 강 장관은 2003년 6월 30일 '이 글을 읽는 검사님께'라는 제목으로 검사들에게 이메일을 보냈다. 취임 후 4개월간 장관으로서 검사들과 부대끼면서 느낀 소회를 문학적 소양을 발휘해 정리한 것이었다.

그는 글 속에서 장관 취임 이전에 검찰에 대해서 갖고 있었던 고정관념을 솔직히 고백하고 검찰을 관할하는 주무 장관으로서 향후 자신의 역할을 담담한 어조로 밝혔다.

"……도대체 내가 갖고 있던 고정관념 속의 검사와는 너무 다른, 철저히 객관적이고 균형 잡힌 법률가의 세계관을 유지하는 검사님이 있었어요. 그것은 헌법과 법률을 실행하는 준사법기관으로서 검사의 출발점이겠지요. 지금 현실의 검찰조직에 닫힌 시각이 아니라, 교과서에 나오는 검사였어요. 아마도 내 고정관념 속의 검사는 검찰이라는 권력기관 속에서 편향된 권력으로 부풀어오른 이미지였던가 봅니다."

그는 특히 검사를 눈사람에 비유하면서 "아주 깨끗하고 아름답고 햇빛 속에서 순식간에 제 몸을 흔적 없이 다 녹여낼 수 있는, 자기를 비워버린 순정함 같은 것. 너무 많은 눈사람들이 검찰이 어려운 시기에 이르기까지, 그 안에서 영혼을 다치지 않고 살고 있었어요"라고 토로했다.

그의 고백은 다짐으로 끝을 맺었다. "저는 검사가 삶의 한 극점에 이른 순결성을 지닌 직업인이라고 지금은 생각하고 있습니다. (…) 이 순결성이라는 화두에 대하여 계속 반복하여 깊이 생각하고 있습니다. (…) 순결함이 너무 많은 상처를 받아온 역사에 대해서도 그 원인들에 대해서도 회복이라는 말을 드리는 것은 지금의 검찰 속에 그 순결함을 다치게 하거나 오염시킨 문화들이 아직도 여전히 남아 있다고 생각하기 때문입니다. 제가 할 수 있는 역할이 있다면 여러분의 순결성을 지켜주기 위해 헌신하는 것이 아닐까 그렇게 생각합니다."

강 장관은 2001년 8월 『대한변협신문』 34호에 기고한 소설가 김훈의 『칼의 노래』에 대한 독후감을 통해 "그(이순신)의 칼은 정치적 대안을 설정하지 않았으므로 그는 정치를 두려워하지 않았지만, 그가 정치에 두려움이 없었기 때문에 정치는 그를 두려워했다"고 말했다.

강 장관은 김훈이 '한없는 단순성과 순결한 칼'로 묘사했던 이순신 장군의 이미지를 검사들로부터 발견했던 것은 아닐까. 아무튼 검찰은 이후 불법 대선자금 수사와 대통령 측근비리 수사를 통해 국민의 검찰로 다시 태어나는 기틀을 마련했다.

강 장관은 이메일을 계기로 검사들과 직접 대화에 나섰다. 물론 검사들과의 직접 대화를 통해 소원한 관계도 풀고 자신이 글 속에서 밝힌 개혁 마인드에 대한 공감대를 확산하겠다는 의지가 담긴 적극적 행보였다.

강 장관은 대검 과장, 서울지검과 재경지청 간부들과 잇따라 회동을 가졌다. 분위기를 만들기 위해 폭탄주도 불사하는 강행군이었다. 강 장관은 이 자리를 빌어 검사들과 검찰 개혁의 방향을 놓고 허심탄

회한 대화를 가지려고 노력했다. 일선 검찰 간부들의 불만도 듣고, 장관 또한 그간 검찰에 느꼈던 소회도 털어놨다는 게 한 참석자의 전언이다.

강 장관의 이 같은 행보는 작년 7월 20일에는 법무연수원에서 1박 2일 일정으로 검사들과 합숙토론회를 가진 데서 절정을 이뤘다. 검찰 내부에서는 "검사들이 대학생도 아닌데 장관이 무슨 엠티냐"며 폄하하는 시각이 없지 않았다. 강 장관의 이 같은 탈권위 행보는 권위적인 조직문화에 익숙한 검찰에는 이질적인 모습으로 비춰질 수 있는 측면이 강했다. 하지만 강 장관 스스로가 먼저 검사들에게 다가서면서 검찰을 이해하려고 노력하는 모습만큼은 높이 평가돼야 하지 않을까.

강 장관이 판사이던 시절 그와 함께 제3차 사법파동에 참여했던 한 변호사는 "강 장관을 단적으로 표현하면 집중력과 친화력이 뛰어나다"고 평했다. 강 장관을 접해 본 사람들은 '살가운 성격', '차분하면서도 설득력 있는 언변', '유머와 위트', '인간에 대한 사랑과 이해'라는 긍정적 단어들을 열거하면서 그를 기억했다.

여기서 강 장관의 업무 스타일을 살펴보자. 강 장관은 스스로를 "손과 발이 느리고 생각을 많이 하는 성격"이라고 자평한다. 이런 성격은 의사결정 과정에 있어 실무진에 권한을 대폭 위임하는 형태로 나타나기도 한다. 강 장관은 법무부 과장들이 대면보고를 하기 위해 장관실에서 줄지어 기다리는 기존의 방식을 깨고 직접 실·국장 방을 찾아가 과장들을 배석시킨 가운데 업무보고를 받는 파격적 행보를 보이기도 했다. 대면보고에서는 실무 과장들의 설명을 듣는 데 치중할 수밖에 없어 핵심을 정확히 파악하고 결정을 내리기 어렵다는 판단에 따른 것이었다. 강 장관은 서면보고를 통해 미리 업무 현황을 파악하고 월 1회 정도 실·국별로 과장들을 모두 배석시킨 가운데 현안을 토론에 부쳐 미비점이 도출된 사항에 대해 보완을 지시하는 토론식 업무보고를 선보였다.

강 장관을 옆에서 지켜본 법무부 간부들은 그가 법조인으로서 균형감각을 갖춘 열린 사고를 지녔다는 평가를 내리기도 한다. 물론 강 장관이 똑똑하다는 데도 대체로 이견이 없다. 현안이 생기면 강 장관은 당장 어떤 결정을 내리기보다는 여러 의견을 들어본 뒤 꼼꼼히 득실을 따지며 심사숙고를 거듭한다는 얘기다. 이런 업무 스타일을 놓고 법무부의 한 간부는 "검찰 출신 법무장관이었다면 한번 결정된 사안을 밀어붙일 수 있는 카리스마의 덕을 입었을 것이다. 강 장관은 그게 없기 때문에 현안을 토론에 부쳐 각종 이견을 조정하면서 문제를 풀어나가는 방식을 사용한다"고 귀띔했다.

이런 측면에서 2003년 5월 20일 출범한 법무부 정책위원회는 강 장관의 업무 스타일에 잘 어울리는 자문기구였다. 강 장관은 정책위 출범에 앞서 직접 언론 브리핑을 통해 "정책위의 기본 출발점은 법무·검찰 내외부간의 상호 교류를 통해 합의점을 찾아가면서 개혁과제를 만들자는 것"이라고 설명했다. 강 장관은 정책위에 법무부가 회부하는 안건 외에도 자체적으로 개혁 방안을 제기할 수 있는 권한을 부여하겠다고 약속했다.

정책위는 안경환 서울법대 학장을 위원장으로 해서 판·검사는 물론 법학 교수, 언론인, 변호사, 민간단체NGO 인사로 진용을 꾸려 출발했다. 강 장관은 또 법무·검찰 개혁과제의 개발과 연구를 담당하는 실무조직으로 정책위를 뒷받침하는 정책기획단도 구성했다.

강 장관은 특히 예비판사 출신으로 민변 소속인 이병래 변호사와 양난주 성공회대 NGO대학원 연구원을 자신의 정책보좌관으로 임명하고 정책기획단에 합류시켰다. 양 보좌관은 런던 정경대학에서 사회정책 석사학위를 받고 진보적 성향인 월간 『사회평론 길』에서 기자로 근무한 경력을 갖고 있었다. 강 장관은 검사들이 주축이 된 정책기획단에 이들을 투입함으로써 실무적 차원에서도 외부의 시각이 반영되고 토론이 이뤄질 수 있는 분위기를 마련했다.

정책위는 장관 자문기구였지만 정책기획단에서 연구 검토한 각종 개혁과제를 토론하고 정책 채택 여부에 대한 의결 기능을 갖고 있어 실질적인 기능을 할 수 있는 토대를 갖고 있었다. 준법서약제 폐지, 보호감호제도 개선, 검사 상명하복 규정 폐지, 검사 직급폐지 및 단일호봉제 실시, 영장실질심사제도 확대 등 강 장관 재임시 업적으로 꼽힐 만한 개혁 조치들은 정책위의 의결을 거치고 이를 장관이 수용하는 형태로 만들어진 것이었다.

소수자와 인권에 대한 관심

느림보 강장관의 전광석화

이 땅에 사는 여성으로서 최초의 여성 법무장관이 생긴 덕을 톡톡히 볼 수 있었다면, 호주제 폐지를 규정한 민법 개정안의 국회 제출이 아닌가 싶다. 호주제 폐지는 강 장관이 2003년 2월 27일 취임 기자 회견에서 밝힌 약속 가운데 하나였다.

이날 취임식에 따라온 취재기자들은 강 장관이 검찰인사에 대해 어떤 복안을 갖고 있느냐를 캐는 데 모든 신경이 쏠려 있었다. 강 장관은 예상대로 검찰인사에 대한 질문공세가 계속 이어지자 내내 불편한 기색을 감추지 않았다. 기자들도 김이 빠져가던 무렵 한 기자가 취임사에서 언급된 사회적 약자에 대한 인권보장 방안을 물었다. 강 장관의 눈에 순간 번득이는 빛이 스쳐 지나갔다. 강 장관은 마치 기다렸다는 듯이 "소수자 인권보호가 인권문제 중 가장 중요하다. 적극적으로 정책을 만들어 시행할 것은 하겠다. 특히 호주제 폐지는 적극 검토해 보겠다"며 일사천리로 답변했다.

강 장관은 다음 날 첫 출근에 앞서 국립현충원을 참배하고 나오는 길에 기자들로부터 향후 법무부 운영방안에 대한 질문을 받자, "호주제 폐지 등 장기적으로 해결해야 할 현안이 산적해 있다"고 말했다. 강 장관이 취임 초기부터 호주제 폐지에 대한 강한 의지를 갖고 있었음을 보여주는 좋은 사례들이다.

강 장관은 2000년 1월 같은 민변 출신인 이석태 변호사와 '호주제 폐지를 위한 법적 접근'이라는 제목의 논문을 공저했다. 이 논문에서 강 장관은 "호주제가 지금까지 존속할 수 있었던 것은 일제시대 봉건적 유교 이데올로기와 일본 천황제 파시즘이 결합해 남한 사회에 정착한 이후 권위주의 정권이 이를 적극적으로 정권 유지에 부합하는 제도로 유지 고착시켰기 때문"이라는 주장을 폈다.

강 장관은 취임 직후 여성부 등과 공동으로 가족법개정특별분과위원회를 구성해 호주제 폐지 검토 작업에 착수했다. 강 장관은 특위의 논의 결과를 토대로 국회 입법이 지지부진한 틈을 타 정부안으로 호주제 폐지안을 입법 예고하는 추진력을 보여주었다. 비록 공청회 과정에서 유림 등을 포함한 반대 세력의 반발에 부딪히기는 했지만 호주제 폐지가 대세로 자리잡는 공론화의 전기를 마련하는 데 일단 성공했다는 평이다.

민법 개정안에서는 호주에 관한 규정을 폐지함에 따라 호주제를 전제로 한 입적 · 복적 · 일가창립 · 분가 규정 등이 자동적으로 삭제됐다. 특히 자녀의 복리를 위해 성과 본을 변경할 필요가 있을 때는 아버지, 어머니, 또는 자녀의 청구에 의해 법원의 허가를 받아 바꿀 수 있도록 했다. 쉽게 말해서 자녀를 데리고 있는 이혼 여성이 재혼할 경우 아버지와 자녀가 성이 다르기 때문에 발생하는 문제점을 없앴다.

아울러 강 장관은 가족법개정특위를 계속 가동해 유엔 아동권리위원회 권고사항이었던 여성의 혼인연령 상향조정, 아동권리협약에 근거해 이혼 가정 아동의 부모면접교섭권 보장 등을 올해 민법 개정안에 반영하는 방안도 추진 중이다.

피의자 · 수용자 인권 보장

작년 2002년 10월 말 서울지검에서 발생한 피의자 사망 사건은 선진국에서나 볼 수 있었던 피의자 신문 과정에서 변호인 입회를 보장하는 조치를 이끌어냈다. 하지만 피의자 체포·구속 후 48시간 이내에는 변호인 참여를 제한하고 있어 변호사들의 반발을 사기도 했다. 작년 10월 2일 법무부는 피의자 신문시 변호인 입회를 형사소송법 개정안에 명문화한다는 계획을 발표했다. 변호인 입회 시점에 제한을 두지 않고 초동수사 단계부터 변호인 입회를 허용하는 진일보한 것이었다. 또 변호인 참여 요청을 변호인뿐만 아니라 피의자 본인도 할 수 있도록 했다.

이른바 '영장실질심사제'로 불리고 있는 '구속전피의자신문제도'를 전면 확대한 것도 피의자 인권보장에 있어 진일보한 조치로 평가된다.

국회가 지난 97년 12월 "범죄수사 인력이 피의자 심문에 투입돼 부작용이 심각하다"는 검찰 의견을 전격 수용해 피의자가 원할 경우에만 영장심사를 받을 수 있도록 한 형사소송법 개정안을 통과시켜 '영장주의의 후퇴'라는 논란이 빚어진 바 있다.

법무부는 2003년 8월 1일부터 구속 피고인에 대해 무죄나 집행유예가 선고될 경우 즉시 법원에서 신병을 석방하는 제도를 시행하고 있다.

종전까지 피고인들이 무죄나 집행유예가 선고되더라도 다시 구치소로 돌아가서 검사의 지휘에 따라 석방되는 번거로운 절차를 밟았던 절차를 대폭 개선한 것이다. 국선변호인제도를 기소 이후에서 영장청구 시점에서도 가능하도록 시행 범위를 확대키로 한 것도 피의자 인권보장을 위한 획기적 조치로 평가받고 있다.

교정 행정에서도 변화가 있었다. 여성 재소자들은 직장 여성들이

한 달에 한 번 생리휴가를 받는 것처럼 한 달에 한 번씩 노역을 면제받는 보건휴역제도의 혜택을 보게 됐다. 강 장관은 교화 프로그램의 일환으로 '일상이 아름다운 음악'이라는 클래식 음악선집을 제작해 각 교정시설에 배포했다. 아침, 점심, 저녁에 3곡씩 4주간 들을 수 있는 분량이다.

법무부는 국가인권위원회의 권고를 대폭 수용, 행형 관련 규정을 바꿔 수용자에 대한 일부 계구 사용을 폐지하거나 운용 준칙을 대폭 개선하겠다는 조치를 2003년 12월 22일에 전격 발표했다. 그간 인권침해 소지가 지적됐던 가죽수갑을 벨트수갑으로 바꾸고 사슬 사용을 폐지하겠다는 내용이었다. 불과 두 달 전 국가인권위가 법무부에서 계구 사용 개선 권고를 수용하지 않았다고 공표했다는 점에서 전향적 자세로 받아들여졌다.

이는 강 장관이 법조계, 학계, 시민단체의 전문가들로 구성해 운영해온 교정 태스크포스의 논의를 거쳐 나온 결과라는 점에서 의미가 있다.

아울러 법무부는 수용자 징벌위원회에 2명 이상의 외부인사가 참여토록 하고 징벌방에 수용하는 금치 기간을 최대 2개월에서 1개월로 줄일 방침이다. 또한 연속해서 금치 처분을 내릴 수 없도록 했으며, 징벌실효제도를 도입해 일정 기간이 경과하면 징벌로 인한 불이익을 받지 않도록 하고, 징벌조사 기간 중의 처우 제한도 최소화하기로 했다.

강 장관이 이중처벌이라는 논란이 일고 있는 보호감호제에 '사형선고'를 내릴 수 있을지 여부에도 관심이 쏠리고 있다. 특히 올 1월 국가인권위원회가 보호감호제의 근거 법률인 사회보호법 폐지를 권고하면서 보호감호제 폐지론이 상당한 탄력을 받고 있기 때문이다. 법무부 정책위 내에서도 이 제도의 존치 여부를 놓고 첨예한 대립이 있는 것으로 전해지면서 최종 결론이 나올 때까지는 상당한 진통도 예상되고 있다.

강 장관은 대신 제도 자체를 대폭 개선하는 쪽으로 일단 가닥을 잡았다. 보호감호제 운영에 있어 불합리한 요소로 지적된 부분은 당장이라도 과감히 수술하겠다는 입장이다. 가출소 인원을 2002년 339명에서 강 장관 취임 후 약 1년간 1,115명으로 2배 이상 늘렸고, 피감호자들이 받을 근로보상금도 올해부터는 140% 인상한 것도 눈에 띄는 조치이다.

강 장관이 교정 분야와 보호감호제에 각별한 관심을 기울이고 있다는 사실은 문화예술계 인사들의 전폭적인 지지에서도 확인할 수 있다.

보컬그룹인 '사랑과 평화'는 자청해서 2003년 5월 19일 청송보호감호소에서 무료 콘서트를 열었다. 아울러 사랑과 평화는 "사회에 봉사하는 기회를 만들고 싶었던 취지가 받아들여져 기쁘다"면서, "향후에도 지속적으로 교도소를 돌며 공연을 하고 싶다"는 포부도 밝혔다. 강 장관이 교화 프로그램의 일환으로 교정시설에 보급했던 클래식 선곡집 '일상이 아름다운 음악'의 제작도 오랜 기간 라디오 DJ로도 활동했던 김정환 시인의 자발적 협조가 있었기에 가능했다는 후문이다.

진보와 보수 사이에서 줄타기

민변 부회장 출신이자 참여정부의 첫 법무장관인 강 장관의 행보 속에서 진보성은 어떻게 구현되고 있을까. 강 장관은 서울지법 북부지원 판사로 재직했던 지난 90년 헌법재판소가 국보법 제7조 5항 '찬양·고무, 이적표현물 제작·배포' 규정에 대해 합헌 결정을 내리자 같은 해 대한변협에서 발간하는 『인권과 정의』 10월호와 11월호에 반박 논문을 게재한 바 있다. 이 논문에서 강 장관은 "헌재가 찬양·고무죄와 이적표현물 제작 배포금지 규정 등이 지나치게 광범위하고 불명확하다고 인정하면서도 법의 공백, 국가적 불이익 등을 이유로 합헌 결정한 것은 기본권 보호기능을 져버린 것"이라고 주장했다.

적어도 이 논문만을 놓고 보면 강 장관은 국보법 완전 폐지까지는 몰라도 개정의 필요성에는 상당히 공감하고 있음을 엿볼 수 있다. 강 장관은 88년 부산지법 판사 재직 시절에 사회과학 출판사를 운영했던 전 남편 김태경 씨가 이적표현물 출판 등 혐의로 구속되자 법 적용의 부당성을 주장하는 탄원서를 검찰에 제출하기도 했다.

하지만 강 장관은 법무장관으로 취임한 이후 국보법 개폐 문제에 대한 명확한 입장 표명을 하지 않고 있다. 강 장관은 2003년 5월 사법연수원 초청 강연에서 국보법 개폐 여부에 대한 질문을 받자, "국가보안법이라는 이름 때문에 개정 또는 폐지하자고 하면 국가안보를 없애자고 하는 것처럼 들린다. 용어가 주는 고정 관념의 하나라고 본다"고 말하면서 직접적인 언급을 피하는 인상을 주기도 했다.

한총련 수배 해제 문제는 자칫하면 보수 세력에게 공격의 빌미를 제공할 수 있는 민감한 사안이었다. 제5기 한총련이 이적단체로 규정되면서 한총련에 가입한 대학의 단과대 학생회장 이상 학생회 간부들은 해마다 경찰로부터 소환통보를 받고, 이에 불응하면 자동적으로 수배가 돼 도피생활에 들어가는 악순환을 반복하고 있었다.

대다수 수배 학생들이 불안정한 생활 환경으로 건강이 악화되고, 학업 중단으로 인한 사회 복귀에도 어려움을 겪고 있다는 선처 여론도 광범위하게 확산되고 있었다. 그러나 강 장관은 절대 서두르지 않았다. 검찰 내부에서는 한총련이 과연 변할 수 있을지 일말의 의구심을 거두지 못하고 있었다. 아니나 다를까, 2003년 5월 18일 한총련 학생들은 광주 망월동 묘지에서 기념식장을 점거하는 '사고'를 치고 말았다. 이 사태로 인해 한총련 수배 해제에 대해 우호적이었던 여론은 급속도로 냉각됐다. 강 장관은 역시 19일 새벽 이례적으로 장관 명의로 성명을 내고 "5 · 18 기념 사태에 대한 엄정 처리하겠다"는 방침을 밝혔다.

강 장관은 작년 5월 21일 한총련 점거사태 해결을 위해 방문한 시민단체 관계자들에게 "지금까지 한총련 문제를 전향적으로 검토해오면서 조만간 가시적 조치를 취하려고 했으나, 이번 사태로 당분간 논의가 중단될 수밖에 없어 안타깝다"고 말했다.

하지만 그 시점에서도 물밑에서는 법무부와 검찰이 한총련 수배자 문제를 놓고 교감을 주고받고 있었다. 검찰로서도 장기 수배자가 늘어날 경우 그만큼 미제 사건이 많아지면서 부담이 될 수밖에 없다는 점을 고려해 나름대로 적극성을 보였다. 이 과정에서 강 장관도 인권

단체나 수배자 가족 등을 비공식적으로 접촉해 의견을 청취하고 법
무부의 입장을 설명하는 노력을 기울였다는 후문이다.

그리고 2003년 7월 25일 한총련 수배 해제 조치가 전격 발표됐다.
강 장관이 관심을 기울였던 현안이었던 만큼 법무부에서 강 장관이
직접 발표할 것이라는 예상을 깨고 대검에서 발표가 나왔다. 대검은
한총련 가입 혐의로 내사 중이거나 지명수배 중인 152명 가운데 79
명에 대해선 불구속 수사 방침을 밝혔다. 일단 검찰에 나와 조사를
받아야 된다는 단서가 붙긴 했지만, 별도 중대 범죄를 범한 사실이
없으면 수배를 해제하겠다는 사실상의 관용 조치였다.

송두율 교수 입국 사건

강 장관은 2003년 9월 24일 서울지검 출입기자와의 오찬에서 송두
율 독일 뮌스터대 교수에 대해 "설사 김철수라 하더라도, 북한에서
정치국원 이상의 사람이 오가는 마당에 처벌할 수 있겠느냐"는 견해
를 피력해 한나라당 등 보수세력에 공격의 빌미를 제공하고 말았다.

이날 발언은 자리의 분위기로 볼 때 사견의 피력으로 보는 것이 온
당했지만, 역시 법무장관으로서 한 말인지라 파장은 언론을 통해 일
파만파로 번져나갔다. 강 장관은 이어 10월 7일 형사정책연구원에서
대검, 법무부, 서울지검 공안담당 검사 20여 명이 참석한 가운데 '정
전 50년 한국전쟁의 성격'이라는 주제로 열린 화요강좌에 참석해
"송 교수의 입국은 결과적으로 우리 체제를 선택한 것으로 보인다"

는 취지의 발언을 한 것으로 전해지면서 또 한 번 논란의 중심에 서고 말았다.

이윽고 강 장관은 10월 10일 법무부에서 열린 국회 법사위의 국정감사에서 송 교수에 대한 자신의 발언이 적절치 못했음을 인정했다. 강 장관은 한나라당 김용균 의원이 강 장관의 송 교수 관련 발언이 부적절했다고 집요하게 지적하자, "시기적으로 적절치 못했다. 오해 소지가 있는 부분에 대해 이 자리에서 사과드린다"고 말했던 것이다.

필자는 균형감각을 지녔다고 평가 받는 강 장관이 송 교수 문제에 대해 다소 신중치 못하게 비춰질 수 있는 발언을 해야 했던 속사정이 있었는지 정확한 정보를 갖고 있지 않다. 검찰은 애당초 송 교수가 입국할 경우 구속 기소가 불가피하다는 방침이 확고했던 것으로 전해지고 있고, 송 교수 역시 노동당 입당 사실을 시인하면서 자신을 둘러싼 오랜 질곡을 끊기 위해 노력했지만 여론도 서서히 그에게서 등을 돌리는 상황이었다.

필자는 강 장관이 공안검사들을 앞에 두고 송 교수의 '선택'을 언급한 것은 이들에게 과거와 단절을 위한 '용서와 화해'가 필요하다는 메시지를 강조하기 위한 제스처가 아니었을까 생각한다.

그렇지만 대통령도 검찰의 수사를 받을 판에 적어도 검찰이 한번 정한 방침을 법무장관이라고 해서 되돌릴 수 있는 방법은 없었던 것이다.

이념에 대한 포용력

법무부는 2003년 7월 7일 국가보안법이나 집회와 시위에 관한 법률, 노동관계법 위반 등으로 복역 중인 시국, 공안, 노동사범에 대해 가석방 조건으로 준법서약을 받도록 한 이른바 준법서약제도를 전격 폐지한다고 발표했다.

98년 10월, DJ 정부에서 기존의 사상전향제를 대신해 도입한 준법서약제도 역시 그간 헌법이 보장하고 있는 '양심의 자유'에 대한 침해가 아니냐는 지적과 함께 실효성에 대한 의문을 인권단체에서 꾸준히 제기해왔다. 실제로 상당수 공안사범들은 준법서약제가 과거 사상전향제도의 연장선상에 있다는 이유로 서명을 거부하고, 폐지를 위해 교도소 내에서 단식 농성을 벌이기도 했던 인권 분야의 주요 현안이기도 했다.

무엇보다도 법무부는 특히 준법서약제도가 2002년 4월 헌재에서 합헌 결정을 받았음에도 이를 자발적으로 폐지해 국민통합과 민주주의 발전, 인권 신장을 위한 획기적 조치라는 긍정적인 평가를 받았다.

강 장관은 아울러 법무부 인권과 등 인권관련 부서에 근무하는 검사 및 직원들의 전문적 소양을 높이기 위해 국가인권위원회 상임위원, 국제인권법 전공교수, 인권변호사 등을 초빙해 국제인권강좌도 실시했다.

이런 측면에서 강 장관의 진보성은 법치주의의 근간을 훼손하지 않는 테두리에서 이념과 사상에 대한 사회적 포용력을 확대하고 사회적 약자에 대한 인권 의식을 제고하는 분야에서 두드러지고 있다고 볼 수 있다.

'전문행정 기구'로 거듭나는 법무부

강 장관은 2003년 3월 17일 장관 취임 이후 첫 청와대 업무보고에서 법무부를 전문행정기구로 개편하겠다는 구상을 밝혔다. 정부 부처에 대한 법률자문과 국가송무 등을 담당하는 법무실과 교정국, 출입국, 보호국 등 비검찰 분야는 민간인에 문호를 개방해 전문성을 높이겠다는 계획이 골자였다.

법무실과 보호국 등 법률전문가의 근무가 필수적인 분야에서는 검사에게 5년 근무 후 2년간 유학 옵션을 부여하는 방식으로 전문성을 높이고 행정고시 선발인원을 확대하거나 사법연수원 수료자 및 민간 전문가를 간부로 특채하겠다는 방침도 보고했다.

이런 조직 개편을 통해 법무부에 근무하는 검사 숫자를 줄이는 대신 일선 검찰청의 인력을 보강해 형사부 기능과 수사 기능을 전문화하는데 긍정적으로 기여할 것으로 기대된다.

강 장관은 취임사에서 "저는 법무부가 검찰과 관련된 부분 외에 기능면에서 국민과 멀어져 있었던 부분이 상당히 있었다고 봅니다. 국민의 인권, 특히 여성·아동·장애자 등 소수의 인권을 보호하는 어떤 정책들, 출입국관리사무소와 난민문제, 이주노동자 문제 등 너무나 할 일이 많습니다”며 새로운 방향을 제시했다. 법무부의 전문 행정기구화는 검찰의 수사권 독립과 함께 강 장관의 개혁을 상징하는 양대 코드였던 셈이다.

이같은 구상들은 이후 법무부 구조개혁에 차근차근 반영됐다. 법무부는 2003년 10월 초 조직을 슬림화하고 인권보호와 법률서비스 기능을 확충한다는 차원에서 법무실 산하에 있는 인권과와 송무과를 인권송무국으로 확대·통합하겠다는 조직 개편 방침을 내놓았다. 인권송무국 신설에는 ‘국가인권위의 위상에 따른 한계를 보완하기 위해서는 인권 주무부서인 법무부가 적극 나서야 한다’는 강 장관의 입장이 반영된 것으로 전해졌다. 아울러 송무과에서 국가소송 관련 업무를 담당했던 검사를 2명에서 1명으로 줄이고, 나머지 1명은 변호사로 충원하는 계획을 추진 중이다. 법무과, 국제법무과, 특수법령과 등 그간 검사들이 과장을 맡았던 보직을 개방직으로 하고, 법무과에서 검사들이 담당했던 국적 업무를 점차 출입국관리국으로 이관시킬 예정이다.

법무부는 출입국관리국장을 개방형 직위로 전환해 공모를 통해 이민희 변호사를 2003년 12월 4일 첫 민간인 출신 출입국관리국장으로 임명하면서 법무부 조직 개편이 서서히 윤곽을 드러내고 있다.

에필로그

강 장관이 법무장관으로 취임한 지 1년이 지났다. 경제정의실천시민

연합(이하 경실련)이 2003년 12월 12일 참여정부 내각에 대한 평가를 **발표했다.** 여기에서 강 장관은 5점 만점 기준으로 강철규 공정거래 **위원장**(3.65), 지은희 여성부 장관(3.61), 이창동 문화관광부 장관(3.49), 정세현 통일부 장관(3.33), 박봉흠 기획예산처 장관(3.20), 진대**제** 정보통신부 장관(3.09)에 이어 전체 평점 2.97로 7위에 랭크됐다. 경실련은 각 부처별 업무보고 내용 중 핵심정책 5~6개를 선정해 정책별로 1~5점까지 점수를 부여하고 개혁성, 추진력, 전문성, 공정성을 기준으로 업무수행능력을 평가했다.

강 장관이 검찰 출신도 아니고 취임 당시 검사들의 강력한 반발에 직면했었다는 점 등 여러 가지 불리한 여건을 고려하면 비교적 후한 평가였다고도 볼 수 있다. 하지만 청와대의 평가는 혹독했다. 『연합뉴스』는 2003년 12월 7일 청와대발 기사에서 "인사보좌관실이 나름의 기준에 따라 평가한 결과에 따르면 김진표 경제부총리와 강금실 법무장관은 내외부에서 평가가 상반된 것으로 나타났다"고 보도했다. 김 부총리는 부처 내 평가는 좋은데 외부 평가가 좋지 않고, 강 장관은 외부 평가는 좋은데 검찰 조직 내부의 평가는 좋지 않은 것으로 조사됐다고 청와대의 한 관계자가 전했다는 것이다. 한마디로 강 장관이 조직과 융합되지 않고 아직도 겉돌고 있다는 평가를 받았다는 것으로 정리된다.

필자 역시 강 장관의 업무수행능력에 대한 검사들의 속마음이 어떨지 궁금했다. 어쩌면 필자보다 강 장관 스스로가 더욱 궁금할 사안이었다. 하지만 필자가 접촉한 검사 대부분은 극도로 말을 아꼈다. "나는 장관을 평가할 위치가 안 된다"며 인터뷰를 거절하거나, "깊이 생각해 본 적이 없다"며 사양했다. 어떤 검사는 외교통상부 장관 경질 사태와 여경 전보 사건을 의식한 탓인지, 진반농반으로 "말 한마디 잘못했다 쫓겨나는 것 아니냐"는 걱정을 먼저 앞세웠다. 심지어 필자는 검사들과의 술자리에서 취재를 겸해 강 장관의 인사 정책을 화두로 꺼냈다가, 되레 한 검사로부터 "강 장관에게 너무 편향돼 있는 것 아니냐"며 핀잔을 들은 경험도 있었다.

일련의 사건을 통해 필자는 "외부 평가는 좋은데 검찰 조직 내부의 평가는 좋지 않다"는 청와대의 조사결과가 과히 틀린 내용이 아니라는 생각을 갖게 됐다. 물론 비검찰 분야에 종사하는 법무부 직원들은 출입국관리국장을 외부에서 영입한 조치에 대해 "자리가 하나 줄어 승진 길이 막혔다"는 불만을 털어놓기도 했다. 하지만 직위 개방이 시대적 추세이고 법무부에서만 이를 시행하고 있는 것도 아니어서 무작정 강 장관의 과過로만 돌리기에는 뭔가 부족했다. 교정공무원들은 수용자 인권 개선 조치들이 업무를 과중시키는 것이 아니냐는 우려를 내놓기도 했지만, 그들이 꿈에도 그리던 교정보호청의 실현이 목전에 와 있다.

이 같은 일련의 과정을 겪으면서 필자는 강 장관과 검사들, 혹은 검찰 사이에 외부에서는 쉽게 눈치챌 수 없는 '불신의 벽'이 아직 완전히 제거되지 못한 것이 아닌가 하는 생각을 떠올리게 됐다. 자애롭고 똑똑한 새엄마가 들어와 극진한 정성을 쏟아보지만 아이들은 여전히 마음을 열지 못하고 떨떠름한 표정을 짓고 있는 상황에 비유하면 지나친 것일까.

물론 긍정적인 징조도 있다. 불법 대선자금 수사와 대통령 측근비리 수사 과정에서 강 장관은 검찰로 향하는 정치적 외압을 막아주는 역할을 제법 훌륭하게 수행했다는 평가를 받고 있기 때문이다. 검찰이 지금처럼 독립적 위상을 갖게 된 데 강 장관의 기여가 컸다는 점에는 검사들도 대체로 고개를 끄덕이는 분위기다. 강 장관이 검사들과 직접 대화에 나선 일련의 행보들도 검사들에게는 '외부인'이라는 경계심을 누그러뜨리고 열린 사고의 소유자라는 인식을 서서히 확산시키는 계기가 됐다. 시간이 지날수록 강 장관의 개혁이 적어도 시대의 변화를 정확히 반영하고 있다는 평가가 나오고 있는 것도 다행스러운 점이다.

법무부와 검찰은 이제 각각 전문행정기구와 수사전문기관이라는 서로 다른 명찰을 달고 이원화를 모색하는 단계로 접어들었다. 수사권 독립이 확립되면서 이제 검사들은 검찰총장 아래 단일한 대오를 형성하게 됐다. 법무장관과 검찰총장의 인사협의가 법에 명문화되면서 인사의 불투명성이 제거되고 조직의 안정도 되찾아가고 있다. 강 장관은 2004년 2월 1일자 인사에서 상당 수준의 물갈이를 미리 예고했지만, 총선을 앞두고 대폭 인사는 바람직하지 않다는 송 검찰총장의 의견을 전격 수용한 것으로 전해졌다. 비록 강 장관의 후퇴라는 분석도 없진 않았지만 개정 검찰청법이 시행된 후 첫 인사협의 사례라는 점에서 나름대로 의미를 둘 수 있을 것이다.

여기에 법무부의 조직 개편이 끝나고 검사들의 인적 교류마저 최소 수준으로 줄어들면 법무부는 전문행정기구로, 검찰은 수사 · 공소유지 · 인권옹호를 전담하는 역할로 각자 발전해 나갈 것으로 예측된다.

검찰인사위원회, 다면평가, 검찰총장과 인사 협의 등 새로운 인사 시스템이 정착되면 정실인사, 밀실인사라는 비판도 크게 줄어들 것으로 보인다. 강 장관이 예고한 대로 검찰 역시 법원에 못지않은 '준사법기관'으로서 확고한 위상을 갖추게 되는 셈이다.

강 장관은 2004년에도 여전히 법무부의 전문행정기구화를 포함한 각종 개혁 구상을 차근차근 실현해 나가겠다는 의지를 갖고 있다. 강 장관은 2003년 7월 20일 SBS에 출연, "저 한 사람이 국회의원이 되는 것보다 검찰을 개혁하고 돕는 것이 국민에게 몇 배, 몇천 배 기여하는 길이란 믿음을 갖고 제가 가진 것을 모든 것을 쏟고 있는데, 다른 생각을 하는 것은 국민에 대한 도리가 아니다"고 말했다. 강 장관에게 법무장관이라는 자리는 정계 진출을 위해 대중적 지명도와 인기를 쌓는 발판이 아니라 법조인으로서 국민에게 봉사할 수 있는 기회였던 셈이다.

만약 강 장관이 총선 출마 등의 변수로 법무장관을 중도에서 사퇴하는 일이 벌어진다면 개혁의 장래는 어떻게 될까. 단적으로 말해 적어도 개혁의 후퇴는 없을 것이라는 게 필자의 생각이다. 호주제 폐지 등과 같은 대표적 여성 정책들은 강 장관이 있었기에 탄력을 받았던 측면이 있지만 사실 강 장관이 이뤄낸 개혁 조치들은 사실 장관으로 취임하기 전 이미 사회적 공감대가 형성됐던 것이 대부분이었다. 강 장관은 유연한 사고를 바탕으로 대화와 토론을 통해 개혁의 맹아萌芽들을 하나씩 싹 틔워 시스템으로 구축하는 과제를 차근차근 수행해 왔다. 물론 강 장관이 지닌 '친화력과 집중력'이라는 남다른 자질은 자칫 개혁 지상주의라는 피로감 속에서 쉬 사라질 수 있는 불씨들을 살려내 생명력을 불어넣는 데 좋은 토양으로 작용했으리라.

그럼에도 강 장관이 심혈을 기울여 도입한 법과 제도들은 어느 정도 시행착오를 거치면서 검증이 되고 평가를 받을 수밖에 없다는 점에서 전체적인 평가는 아직 시기상조가 아닌가 싶다. 개혁을 담아낼 하드웨어가 저절로 굴러갈 수 있는 소프트웨어의 형성 여부는 '포스트 강금실'에서도 개혁의 지속성 및 성패를 가늠할 수 있는 관건이 될 수밖에 없기 때문이다.

조 계 창_ 『연합뉴스』 기자

한양대 생물학과를 졸업했다. 1998년 12월 『연합뉴스』에 입사하여 호남취재본부에서 근무했으며, 2001년 5월부터 지금까지 『연합뉴스』 사회부(법조출입) 기자로 근무하고 있다.

▌**강금실**의 **문학 예술** 마인드 —

강금실을 '읽다'

박 철 화_ 문학평론가

내가 청탁을 받은 주제는 강금실 법무부 장관의 문화 예술에 대한 안목이다. 미리 밝히지만, 나는 강금실이란 사람을 만난 적이 없다. 그런 점에서 이 글의 적임자가 아닐는지도 모른다. 그러나 그를 모른다고도 할 수 없다. 새로운 정권이 출범한 뒤로 나는 강금실 장관 자신의 인터뷰는 물론이고, 그에 관한 가십 기사까지 거의 빼놓지 않고 읽어왔다. 알지도 못하는 사람을 두고 내가 왜 그렇게 열심히 읽었던 것일까? 나는 그 의문에 답을 해보고 싶었다. 조금은 생뚱맞은 청탁을 받아들인 이유는 바로 그것이다.

게다가 나는 남의 글을 읽는 일을 업으로 하고 있다. 내가 전혀 알지 못하는 작가에 대해서도 오로지 그의 작품만을 읽고서 글을 쓰는 경우는 흔하다. 이 경우도 마찬가지다. 나는 강금실 장관이 썼거나 말해 온 것을 가지고 그를 들여다볼 것이다. 때로 작품이 작가와 다르듯이, 그의 글이나 말이 자연인自然人 강금실과 다른 면도 있을 것이다. 그래도 어쨌든 그 말과 글이 자신의 것이 아니라고 부인하기는 어려울 것이다. 그 자신이 어쩔 수 없이 공인公人의 길에 들어서 있기에 말이다. 그러니 나는 오로지 공인 강금실이란 텍스트를 읽어 보겠다.

공인 강금실

우선 떠오르는 것은 장관으로서의 그의 면모다. 하긴 장관이 아니라면 내가 그에 대해 특별한 관심을 갖지 않았을 것이다. 물론 그 전에도 그의 이름은 들어서 알고 있었다. 지금은 남남이 되었지만 한때의 배우자가 출판사 '이론과 실천'의 대표라는 것부터 시작해서, 자신은 겸손하게 '초심 판사의 사고⒁'라고 표현하고 있지만 저 엄혹한 5공화국 시절 내 또래의 시국사범에게 무죄 훈방의 판결을 내린 것, 남편의 이적 출판물 발간에 따른 국가보안법 위반 사건에 현직 판사로서는 이례적으로 무죄를 주장하는 장문長文의 소견서를 적어낸 일 등을 통해 그는 이미 어떤 부류의 사람들에게는 꽤나 유명한 인사였다. 하지만 그게 뭐 어쨌다는 말인가?

출판사 대표의 부인? 지금은 영화판에 가 있는 내 절친한 대학 친구 하나는 이론과 실천에서 번역서를 냈는데, 계약금을 제하고는 인세를 전혀 받지 못하였다. 그리고도 그 출판사는 부도를 피하지 못하였다. 비록 안과 밖이 다르다고 하여도, 바깥 배우자의 깔끔하지 못한 일처리는 안사람에게도 누를 끼치는 법이다. 아니나 다를까 그 사건(?)의 여파로 그는 이혼이라는 개인적 아픔을 겪었고, 지금까지도 경제적 압박에 시달리는 것으로 알려져 있다. 그리고 시국사범의 무죄 훈방? 옷 벗고 나가도 변호사 생활하면 되는데, 그 정도 기개氣概조차 없는 법조인들의 소심함이 문제지, 특별히 그의 행동에 용기가 있었다는 생각이 들지는 않는다. 실제로 그는 법조인의 옷을 벗고 곧바로 한 법률 법인의 대표 자리에 올랐다. 마지막으로 현직 판사의 소견서? 남편이 '빵'에 들어가게 생겼는데, 상대가 국가보안법의 할애비쯤 된다 하더라도 그만한 일을 안 하는 부인은 없을 것이다. 민가협民家協의 용감무쌍한 어머니들을 떠올려보라. 하물며 법을 아는 판사라면 그것은 너무나 당연한 일이다.

하지만 그럼에도 불구하고 나는 강금실 장관에 대해 상당한 호기심을 갖고 있다. 게다가 그 호기심은 반감보다는 호감에 가깝다. 나와는 다른 정치적 입장에도 불구하고 말이다. 무엇보다도 구설수에 쉽게 오르지 않는 언변言辯의 깔끔함, 정치적으로 민감한 사안을 다루는 직무에도 불구하고 모나지 않은 일처리, 거기에 덧붙여 세련된 문화적 감성 등등의 요소는 그를 도저히 미워할 수 없게 만든다. 이 점은 근거 없는 도덕적 선민의식과 함께 아웃사이더의 변방 콤플렉스로 버무려진 현 정권의 고만고만한 인사들과 그를 두드러지게 구별 짓는 결정적인 요소다.

이미 눈치를 챘겠지만 나는 노무현 정권을 지지하지 않는다. 그것은 단 한 가지 이유만으로도 설명이 가능하다. 현 정권 스스로 선善을 자임한다는 것이다. 나에게는 사람을 판단하는 한 가지 기준이 있다. 나는 그것이 아무리 옳은 말이라 하더라도 눈에 핏발을 세우고 목청 높여 말하는 자를 믿지 않는다. 역사에 최선最善이란 없다는 믿음 때문이다. 역사가 늘 최선의 길을 걸어왔다면, 지금 인류가 이런 혼돈 속에 빠져 있지는 않을 것이다. 오히려 인류 역사의 가장 끔찍한 장면들은 스스로 선이라고 자임한 세력들에 의해 연출되었다. 볼셰비키 혁명이 그러하고, 나치의 유태인 학살이 그러하며, 제국주의 일본의 '대동아공영' 논리가 그러하였다. 안으로는 한국전쟁에서의 인민재판과 백색테러가 또한 그러했다. 그들은 한결같이 목에 힘을 주고 핏대를 올리며 스스로 진리이자 선임을 선언하였다. 그렇기에 자신들을 따르지 않는 모든 사람들은 악惡의 세력이거나, 아니면 적어도 계몽의 대상이 된다. 악일 경우에는 증오가, 계몽일 경우에는 우월감이 그들의 가슴속에 자리 잡고 있었다. 증오와 우월감으로 세상을 이끌어나간다는 것이 말이 되는가?

그런데 노무현 정부는 스스로 선을 자임하면서 국민들 사이의 증오를 부추겼다. 그리고 지금도 여전히 자신들을 지지하지 않는 사람들은 수구세력이자 개혁의 대상이라는 선전선동을 하고 있다. 하지만 내 생각에 개혁은 겸손한 사랑과 자부심으로만 가능한 것이다. 증오와 우월감은 다른 종류의 증오와 우월감을 독버섯처럼 자라게 만든다. 그것은 끊임없는 갈등과 싸움을 낳는 온상일 뿐이다. 그렇기에 나는 그들을 싫어한다.

한 소설가의 표현을 빌자면, 인간에게는 "차선次善과 최악最惡 사이의 선택"이 있을 뿐이다. '최선'은 영원한 빈자리다. 정치에서 권력이란 다수多數의 선택, 그 이상도 이하도 아니다. 권력은 다수가 자신들에게 부여한 임무를 수행해 나가는 것이다. 그런데 그 다수는 언제든 변화의 가능성을 갖고 있다. 배제된 소수少數 또한 다수의 가능성을 잉태하고 있는 것이다. 그래서 절대적 다수란 없다. 권력자일수록 더 겸손해야만 하는 것은 그러한 이유에서이다. 권력과 정치란 '임시臨時'라는 줄을 타는 위험한 곡예다. 언제든 줄을 내려와 어제의 경쟁자에게 기회를 내주어야만 한다. 그러니 '최악'만큼은 피해야 한다는 겸손함과 '차선'은 취하고 있다는 자부심으로 끝없이 다수의 동의와 지지를 얻으려는 노력이 정치다. 절대적 선과 악, 계몽과 무지無知의 문제가 아닌 것이다.

내가 노무현 정권을 싫어하면서도 강금실 장관에게 호감을 갖는 것은 적어도 그 자신 스스로 도덕과 선을 내세우는 장면을 보지 못하였기 때문이다. 그는 자신의 전문 영역인 법에 근거하여 움직이겠다는 말을 거듭해 왔고, 실제로 그 말에 어울리게 처신하고 있다. 그 결과 엘리트라는 배타적 집단의식과 '기수期數'의 높고 낮음에 따른 관료적 위계의식에 충실한 검찰조직을 바꾸어나가는 데 어느 정도 성공하고 있는 것으로 보인다. 조금 더 지켜보아야겠지만, '정치 검찰'이라는 오명을 벗고 국민들의 사랑과 신뢰를 받는 조직으로 탈바꿈하는 데 있어 그의 역할을 무시할 수 없다. 요즘 국민들의 관심사가 된 '정치자금 수사' 문제는 이전의 그 어떤 검찰 총수도 건드리지 못한 성역이었다. 게다가 그 칼날은 때때로 정권의 핵심을 파헤치기도 한다. 강금실 장관은 이런 민감한 사안을 처리하는 데에 있어 '정치적 편파성'의 유혹으로부터 상대적으로 자유로워 보인다. 정치에 있어 도덕과 선이라는 위험한 마약 대신 오로지 법에 의거할 뿐이라는 직무의식이 두드러지는 것이다. 그의 공인으로서의 이러한 '프로페셔널리즘'을 나는 높이 평가한다. 현 정권의 지지도가 바닥임에도 불구하고 그의 인기가 높은 것은 바로 그러한 전문가로서의 역량을 증명한다.

여성 강금실

그 역량 가운데는 여성으로서의 몫도 들어 있을 것이다. 강금실 장관에게서는 한국 정치판의 권위주의적 남성의 체취가 풍기지 않는다. 대개 자신의 직분에 충실하다 보면, 이해관계가 갈라지는 곳에서 전투를 치를 수밖에 없는 상황에 내몰리게 된다. 그래서 원칙을 고수하려는 사람들에게는 '외곬'이라는 달갑지 않은 이름이 자주 붙는다. 그런데 흥미로운 것은, 직무에 있어 원칙론자임에도 불구하고 그에게서 싸움꾼의 면모를 찾기는 어렵다는 것이다. 체면과 쓸데없는 자존심에 목숨을 거는 대부분의 정치인과는 달리 그는 유연하다. 그래서 소모적인 정쟁이나 논쟁에 쉽사리 휘말리지 않는다. 자고 나면 구설수를 일으키는 현 정권의 주역들과는 달라도 한참 다르다. 그것은 여성으로서 그의 뛰어난 자질이다.

물론 나는 여기서 '여성적 특질'이라는 모호한 개념 규정의 논쟁에 뛰어들고 싶지 않다. 단지 남성이 '성취 지향적'인 데 비해, 여성은 보다 더 '관계 지향적' 존재라는 학문적 연구 결과를 떠올려주고 싶을 뿐이다. 학자들에 따르면, 출산과 수유 등의 일차적 육아를 담당하고 있는 여성들의 경험, 즉 엄마와 아기의 친밀감이 존재의 무의식 속에 대물림 되어 쌓이면서 여성은 보다 더 관계 지향적인 존재가 되어간다고 한다. 그래서 자신의 성취를 방해하는 세력들에게 노골적인 적대감을 드러내는 남성들에 반해, 여성들은 성취 과정에서의 관계 맺음 그 자체를 중시한다는 것이다. 나는 이 연구 결과의 과학적 근거 여부를 떠나 이러한 담론 자체가 즐겁다. 성취 그 자체보다는 존재들 사이의 관계를, 결과보다는 과정을 중시하는 이러한 자세야말로 요즘의 우리에게 절실한 덕목이기 때문이다. 게다가 그러한 덕목이 한없이 작고 부드러운 여성들 안에 들어 있다니, 놀라울 따름이다. 약탈과 정복의 남성적 역사를 대신할 사랑과 소통의 여성적 역사의 씨앗이 그 안에서 자라고 있음이 제발 사실이기를 바란다.

정직하게 말하자면, 나는 페미니스트가 아니다. 내가 여성들에게 갖는 희망은 인류를 절멸의 위기로 몰아넣은 남성 주도의 문명에 대한 절망의 반영이다. 지금까지와는 다른 패러다임의 역사가 필요한 것이다. 그런데 지난 수천 년 동안 온갖 실험을 통해 '남성적'인 것의 용렬함과 남루함은 거의 남김없이 드러났다. 아직 남아 있는 미지未知의 영역이 있다면, 그것은 오로지 '여성적'인 어떤 것이다. 투쟁보다는 사랑을, 혼자보다는 '함께'를, 소유보다는 소통을 더 중시하는 그것을 나는 '여성적'인 것이라고 생각한다.

강금실 장관의 유연함을 나는 그러한 것의 한 부분이라고 생각한다. 반복해서 말하지만 그는 현 정권의 상징적 깃발을 들고 개혁을 추진하고 있는 주역이면서도 투사의 이미지를 보인 적이 없다. 껄끄러운 검찰 조직의 총수와 폭탄주를 나누고 스스럼없이 팔짱을 끼었다는 것은 둘이 같은 편이라고 보면 충분히 있을 수 있는 얘기다. 하지만 거대 야당의 드센 정치인들의 추궁에도 불구하고 그들과 별다른 마찰을 일으키지 않았다는 사실은 평범한 일이 아니다. 이 점 문화예술계 출신인 이창동 장관이 야당이나 자신을 키워준 언론과 끊임없이 마찰을 빚는 것과 비교해 보면 쉽게 알 수 있는 일이다. 강금실 장관은 '조·중·동'이라는 보수 성향의 언론과도 특별한 긴장 관계에 놓인 적이 별로 없다. 오히려 이들 언론조차 그에 대한 흠집 내기보다는 관심을 증폭시키는 자리가 되어가고 있다.

그런데 우리 언론 매체들에게는 조금 미안한 말이 되겠지만, 그들만큼 남성적인 세계도 드물다. 남성 우위의 사회적 권력 관계를 반영하는 것일 테지만, 우리 언론의 여성에 대한 태도는 편파적임을 부인할 수 없다. 단적인 예로, 지난 정권에서 장상 총리 서리의 인사 청문회에서 언론이 보인 태도를 기억해 보라. 물론 정치적 상황의 희생물이라는 측면이 분명히 있다. 하지만 어쨌든 아주 모범적인 가정을 꾸리고 사회적 경력을 쌓아온 장상 총리 서리에게 들이댄 검증의 잣대가 약자인 여성이었기에 훨씬 가혹했던 것임은 분명하다. 실제로 사적私的으로나 공적公的으로 그만한 덕성과 자질을 갖춘 남성을 찾기도 쉽지 않았음에도 불구하고 결국 우리 언론은 그를 낙마落馬시켰다. 한꺼번에 들고 일어나 뒤흔들면 그만큼 허점을 드러내지 않을 사람은 드물다. 하물며 성적 차별이라는 구조적 어려움 속에서도 헌정 역사상 최초의 여성 총리 후보가 된 인물이라면, 좀더 인내심을 갖고 그를 지켜주었어야 한다고 나는 생각한다. 설령 그에게 몇 가지 흠이 있었다고 하더라도 우리 역사에서 여성에게 가한 남성의 폭력을 속죄하는 의미에서라도 관대하게 감싸 안아주어야만 했다. 총리로서의 직무 수행 능력을 지켜본 뒤에 판단을 내렸어도 충분했던 것이다.

그런데 그토록 가혹했던 언론이 강금실 장관에게만은 무장을 해제한 것 같다. 이 점 우선 그 자신의 지혜로운 여성성 덕분일 것이다. 갈등과 투쟁보다는 소통과 관계를 우선하는 것으로 보이는 그의 인간적 품성과 사회적 처신 말이다. 물론 그에게서 흠을 잡으려면 아마 잡을 수 있을 것이다. 하지만 정권 변동 초기의 그 팽팽한 탐색의 시간을 이미 거친 사람이라면, 더구나 사회적 약자로서 그만한 직무 수행 능력을 보여준 여성이라면 우리 사회는 그를 보호할 의무가 있다. 우리 사회의 여성들이 자신들의 보다 많은 사회적 역할 모델을 갖도록 하기 위해서라도 '강금실'은 중요한 존재다.

쑥스럽지만 여기서 나는 지난해 여름 한 일간지에 실은 내 칼럼을 꺼내보겠다.

최근 들어 정부는 틈만 나면 국민소득 2만 달러를 위한 경제 살리기에 나서겠다고 말한다. 그것이 비록 정치적 수사修辭라 할지라도 지난 8년간 우리가 1만 달러에 묶여 있었던 것을 생각하면 다행스런 일이다. 그동안 우리는 대외적으로는 준비 없는 세계화와 개방의 후유증을 심각하게 앓았고, 대내적으로는 너무 일찍 샴페인을 터뜨리며 과도한 소비 욕망에 휘둘렸다. 그리하여 'IMF 구제금융 신청'과 같은 국가 위기를 맞기도 했다.

간신히 거기에서 벗어나기는 했지만, 그럼에도 불구하고 주위를 둘러보면 우리 경제의 활성화에 우호적인 요인은 별로 없어 보인다. 북한의 핵위협은 갈수록 현실화되고 있어 한반도는 더 이상 투자의 안전지대가 아니다. 또 전량 수입에 의존하고 있는 기름은 전쟁의 빌미가 될 정도로 중요성이 더해져 가격이 내려갈 가망이 별로 없다. 그리고 노동자들은 높은 임금 인상이라는 이기적 욕구를 굽히지 않고, 사용자들은 투명한 기업 경영의 문화를 제대로 정착시키지 못하고 있다. 이 사이에서 노사갈등은 증폭되고, 후진적 정치는 거기에 기름을 끼얹기까지 한다.

외적 환경이야 어쩔 수 없는 일이다. 하지만 우리 스스로 해결해야 할 몫에 대해서는 지금부터라도 분명한 인식을 가져야 한다. 그 가운데 하나가 여성 노동력의 활용이다. 대학 교육이 보편화된 지 오래라 우리는 그 어느 사회보다도 수준 높은 여성 인력을 갖고 있다. 그럼에도 불구하고 남녀 불평등의 사회 분위기 때문에 그 노동력의 많은 부분을 사장死藏시키고 있다. 그리고 사회적 출구가 막힌 여성들의 에너지는 지나치게 경쟁적인 교육열과 과시적인 소비로 사회문제를 일으키기도 한다.

반면에 광활한 시장과 저임금을 무기로 외국인 투자를 끌어들여 무섭게 우리를 추격하고 있는 중국은 남녀평등의 문화가 정착된 지 오래다. 사회주의체제의 전통 덕분이기는 하지만, 그들은 반세기도 더 전부터 여성이 평등하게 사회에 참여하고 있다. 13억이라는 중국의 엄청난 인구 속에는 여성 노동력이라는, 우리보다 뛰어난 무기가 있는 것이다. 그러니 여성 노동력의 생산적 활용 없이는 국민소득 2만 달러는 고사하고 동아시아에서 중국에게마저 추월당할 위험이 있다.

세계적으로도 선진국과 후진국을 가르는 가장 중요한 징표는 여성에 대한 존중 여부다. 선진국은 예외 없이 여성의 사회 참여가 활발하고, 여성의 권리에 대한 보호가 제도로서 보장되어 있다. 그에 반해 후진국은 여성이 여전히 남성들의 식민지로 남아 있다. 아프가니스탄의 탈레반과 이라크의 후세인이 어떤 이유로든 용서받을 수 없는 이유 가운데 하나는 국민 학살과 여성들에 대한 비인간적 폭력의 행사를 용인한 일이다. 따라서 우리가 어떤 표준을 좇아가야 할 것인지에 대해서는 이론의 여지가 없다.

실제로 여성의 사회 참여가 활발해지면 새로운 노동력이 시장에 공급됨으로써 우선 임금 인상의 사회적 압박이 줄어든다. 그리고 무엇보다도 남성들의 육체 노동력이 절대적으로 중요했던 농경사회나 산업사회와는 달리, 정보화와 생명공학의 시대는 여성들이 얼마든지 능력을 발휘할 수 있는 새로운 무대다. 게다가 우리 사회에 만연한 남성들의 향락적 접대문화도 바뀔 수 있다.

문제는 지금까지 여성들의 영역이었던 살림과 출산, 육아를 사회가 책임져야 한다는 것이다. 그러기 위해서는 먼저 남성들이 평등한 사회적 관계로서 가사家事를 분담해야 한다. 그리고 건강한 출산과 육아를 위한 제도와 시설을 갖추는 일에 국가가 나서야 한다. 여성을 존중하고 그들의 가능성을 발휘하게 하는 일이 선진국 진입을 위해 우리가 내딛을 수 있는 첫걸음일 것이기 때문이다.

여성들의 잠재 노동력을 이끌어내는 일은 우리 사회의 절대 절명의 과제 가운데 하나다. 그러려면 여성들이 선택할 수 있는 다양한 삶의 모델을 제시해 주어야 하며, 성취 동기를 부여하고, 동시에 자신의 사회적 역할을 수행해 나갈 수 있도록 사회 제도를 만들어나가야 한다.

이런 관점에서 볼 때, 강금실 장관을 비롯한 사회적 엘리트 여성들의 존재는 그것만으로도 충분히 중요하다.

최근에 강 장관과 더불어 한 사람의 여성이 주목의 대상이 되고 있다. 현대그룹의 경영권 분쟁에 휘말린 현정은 회장이다. 그는 고인故人이 된 남편의 뒤를 이어 현대그룹의 최고 경영자가 되었다. 그가 아직 경영 역량을 보인 바 없기에 한쪽에서 우려의 눈길을 보내는 것은 어쩌면 당연하다. 국가 경제에 미칠 파급 효과 때문에라도 섣부른 실험은 위험하다. 하지만 적어도 그가 '정씨 일가'가 아니라는 이유로 경영권을 행사할 수 없다는 논리만큼은 받아들일 수 없다. 현대가家의 경영은 정씨에 의해서만 가능하다는 논리는 전형적인 가부장제의 억지다. 기업 경영은 능력이 있는 사람이라면 누구든 할 수 있는 일이다. 딱히 걱정스럽다면 차라리 가문 차원에서 나서서 현정은 회장이 현명한 경영을 할 수 있도록 도와주는 일이 지혜로운 선택이 될 것이다.

우리는 이미 애경의 장영신 회장이라는 뛰어난 여성 경영자의 예를 알고 있다. 그러니 또 한 사람의 능력 있는 여성 경영자를 탄생시키는 것이 불가능한 일은 아니다. 오히려 약자로서 사회적 좌절을 맛본 여성들에 대한 위무와 미래의 새로운 여성 인적 자원들의 꿈을 위해서라도 계속해서 능력 있는 여성의 신화를 가꾸어나갈 필요가 있다. 아직 스스로의 능력을 검증할 기회를 갖지 못한 여성들이 더욱 역동적으로 자신의 가능성을 펼쳐 보일 수 있도록 우리 모두 애써야 하기 때문이다. 그런 점에서 '경제의 현정은', '행정의 강금실' 같은 당당한 여성들이 더욱 많이 쏟아져 나와야 한다. 그것이 또한 가장家 長으로서의 과도한 책임의식에 짓눌린 이 땅의 남성들이 하루빨리 자유로워지는 생산적인 길이기도 하다.

문화인 강금실

그런데 이상의 요소들과 더불어 강금실 장관에게는 빼놓을 수 없는 특유의 매력이 있다. 전통 기능 보유 명인에게서 정식으로 춤을 배웠고, 화가와 문인들과 지속적이고 깊은 교류를 나누고 있으며, 그 자신 풍부한 문학 예술적 지성과 감성의 소유자라는 사실이다.

지금까지 우리 사회는 엘리트를 선별하는 기준으로 부와 권력이라는 단조로운 기준만을 갖고 있었다. 공사다망公私多忙을 이유로 문화와 예술을 이해하고 즐기는 일은 겉으로 미뤄둔 숙제였으나, 속으로는 영원히 시효가 지난 입장권 같은 취급을 받았다. 그것은 한가한 자의 자기위안꺼리일 뿐이었다. 그런데 이제 바야흐로 문화와 예술에 대한 깊은 식견과 함께 그것을 즐기고 아끼는 새로운 엘리트의 존재를 보게 된 것이다.

가장 분명한 증거는 강금실 장관이 변호사 시절 작성한 「장정일을 위한 변론」 기록이다.[1] 이 글은 장정일의 장편소설 『내게 거짓말을 해봐』의 음란죄 여부를 가리는 재판의 변론기다. 법률적인 차원의 글로서는 어떠한지 알 수 없으나, 문학적인 글로서는 길지 않은 그 안에서 그는 현대 예술의 핵심적인 면모를 아주 간명하면서도 예리하게 짚어내고 있다. 사회와의 관계 속에서 미적 반항으로서의 현대 예술의 의미를 드러내는 그 글은 놀라운 인식의 깊이를 보여준다.

육체를 성적인 맥락에서 성적인 자극과 흥분상태를 드러내는 방식으로 다루는 것이 외설이라고 한다면, 예술이 그와 같은 표현형식을 사용할 때는 분명히 예술도 외설이 아닐 수 없다. 일반적으로 하나의 고정관념으로 고착화된 "예술이 아니면 외설"이라는 식의 개념정리는 그런 의미에서 잘못된 것이다.

육체는 성적으로 다루어질 자유를 가지며, 예술을 포함해서 사회의 모든 외설적 성표현물을 모조리 금기시할 수는 없다. 범죄적 수준의 반사회성을 띠는 경우에 해당하는 성표현물들로 국한된다. 이 점에서 외설과 형법에서 말하는 '음란'은 의미가 달라진다.

소설은 법이 보호하는 예술의 자유의 보호영역에 속하고, 예술은 그 자체로서 사회적 가치를 지닌다. 예술은 현실을 반성하고, 현실의 보이는 것 그대로를 회의하고 정체를 뒤집어보는 실

---

1. 이 글은 뒤에 한 출판사의 '우리 시대의 인물 읽기' 시리즈로 다른 필자들의 글과 함께 단행본에 묶여 공개되었다. 강금실 외, 『장정일 화두, 혹은 코드』, 행복한 책읽기, 2001.

험의 성격을 갖고 있으므로, 예술적 실험은 본질적으로 기존 가치, 질서와의 충돌을 내포할 수 있다. 이것이 예술이 지니는 하나의 본질적 기능임을 받아들여야 하고, 예술은 사회에 대한 부정으로서의 사회적 가치를 지닌다.

따라서 외설적인 성표현물이라 하더라도 예술에 해당된다면 사회적 가치를 지니는 것으로서 반사회적 범죄의 소산이라 할 수 없어 형법에서 말하는 '음란'에 해당할 수는 없다.[2]

여기서 그는 '음란과 외설'이 예술과 맺는 관계를 지적하면서, 현대 예술이 기존의 가치체계에 대한 반성을 통해 새로운 삶을 꿈꾸는 자리라는 것을 명확하게 말하고 있다. 즉 문학과 예술의 부정성에 대한 통찰 말이다. 이 글은 같은 책에 재인용된 황현산 선생의 전문가적 견해에 비추어봐도 전혀 손색이 없다. 황현산 선생은 항소심의 전문가에 대한 조회照會의 회답을 통해 "엄밀한 의미에서 예술장르로서의 문학소설과 그렇지 않은 소설을 구분할 수 있는 준거는 없다. 다만 가치판단의 관점에서 성실한 문학과 불성실한 문학은 구분된다. 사회적으로 익숙한 사고방식과 기성논리에 의존하여 일반적 통념을 반성 없이 되풀이함으로써 독자에게 영합하는 문학은 불성실한 문학이며, 인간의 내적·외적 생활에 있어 사회적으로 은폐되어 있거나 왜곡되어 있는 사실들을 들추어내어 문제를 제기하고, 그 해결책에 접근하기 위해 새로운 언술체계를 만들어내려는 문학은 성실한

---

2. 앞의 책, 189~190쪽.

문학이다. 위 소설은 성실한 문학이다"[3]라고 하였다. '언술체계'와 같은 전문가적 용어로 세련되게 표현된 것을 제외하면, '부정'이 '문제 제기'라는 용어로 바뀌었을 뿐 둘 사이에 인식의 깊이에 있어 차이는 없다.

물론 이 글을 읽는 사람들은 당연히 두 사람의 논지에 고개를 끄덕끄덕 할 것이다. 하지만 프랑스 대혁명 이후 새롭게 나타난 문학과 예술의 현대성에 대한 이해는 그리 단순한 문제가 아니다. 낡은 개념에 안주하고 있는 문예 작품은 아직도 여전히 쏟아져 나오며 시장에서 버젓이 유통되고 있기 때문이다. 낡은 개념과 현대적인 그것을 단순화시켜 말하자면, 귀족이나 성직자와 같은 특권계급 후원자들의 정해진 취향을 위한 과거의 문학 예술이 낡은 것이라면, 프랑스 대혁명의 성공과 함께 그 특권계급이 사라지고서 스스로 자신의 존재이유를 찾아야 했던 문학 예술은 현대적인 것이다. 그 새로운 존재이유란 바로 당대의 삶에 대한 물음이다. 여기에 표현된 이 삶은 의미가 있는가, 그것 바깥에 또 다른 삶의 가능성이 존재할 수 없는가 등등의 괴로운 물음을 새로운 문학과 예술 작품은 던지고 있다. 그것이 괴로운 이유는 각자 '지금·여기'의 삶을 반성적으로 성찰해야 하기 때문이다. 친숙한 것에 안주하려는 속성을 떨치고 새로운 삶의 가치를 찾아야 하는 고단한 여행이 시작되는 것이다. 그것이 바로 문학과 예술의 현대성을 이루는 핵심이다.

그리고 그것은 필자 자신의 심미적 체험 없이는 쉽게 위의 두 인용

---

3. 앞의 책, 191쪽에서 재인용.

문에서와 같은 언어 표현을 얻을 수 있는 성질의 것도 아니다. 19세기 프랑스 문학의 최고 전문가 가운데 한 사람인 황현산 선생은 당연한 경우다. 그런데 비록 변론을 위해 읽은 것이기는 하겠지만, 장정일의 문제가 된 작품의 독서를 통해 그 글이 갖는 '부정'으로서의 가치를 꿰뚫어 보고 체험한 강 장관은 특별한 경우라 할 수 있다.

더구나 그러한 인식은 한창 화두가 된 '몸'에 대한 관심으로까지 확장된다. 즉 육체와 권력, 혹은 성과 권력의 관계에 대한 통찰 말이다. 물론 이 분야에는 미셸 푸코와 같은 선구적 업적이 이미 번역서를 통해 소개되어 있었다. 하지만 그러한 인식을 문학이라는 언어와의 관계 속에서 이해하고 표현한 예는 생각보다 많지 않다. 한 편의 독립된 문학 평론으로 읽어도 무방하리만큼 강금실 장관의 글은 손색이 없다.

그래서 좀 길지만 마지막 6장을 다 옮겨보겠다.

사람의 사회는 그침 없이 변화하고 무엇 하나 고정된 것 없다는 점에서 원천적으로 불한하고, 그러나 모여 살기 위하여는 안정과 정착이 필요하므로 일정한 질서와 통제가 필연적으로 요구된다. 그래서 불안과 안정성의 지향이 항상 이중적으로 존재하고 충돌하는 고통 속에서 살 수밖에 없다. 이 세계에서는 언제나 통제의 집중과 과도함으로 탄생한 국가권력의 억압성이 문제되어 왔다. 권력통제의 가장 직접적이고 근원적인 대상은 개인의 몸이다. 개인의 몸을 길들여야 순종하는 정신이 따라오고 질서는 유지될 수 있기 때문이다. 그래서 국가권력과 개인이 가장 첨

예하게 대립하며 충돌하는 전장은 바로 개인의 육체 그 자체가 된다. 고문·학살·의문사와 같은 언어군은 이러한 육체에 가하여지는 국가권력의 부당한 통제를 표현하는 상징들이다.

육체는 권력에 길들여져야 하며, 그런 의미에서 성의 관계망과 육체의 자유를 표현하는 쾌감은 철저히 통제될 필요가 있는지 모른다. 따라서 사회가 도덕의 이름으로 용인하는 범위를 넘어 육체의 이면으로 들어가 성관계를 헤집어놓거나 쾌감을 확장시키는 어떠한 실험적 시도도 통제의 뇌관을 건드리는 가장 위험한 행위가 될 것이다. 장정일은 이 세계의 정체를 들여다보는 깨어 있는 정신으로 바로 그 뇌관을 건드린 우리 시대의 유일한 작가가 아닐까 하는 생각이다.

육체와 성의 표현으로서의 언어는 가장 은폐된 하층의 수위에 있고, 점잖음·고상함과 천박함·불경함이라는 언어문화의 계급을 형성하고 반영한다. 성표현이 외설이냐 여부가 문제되었을 때 사람들이 선뜻 그 다툼에 뛰어들어 통제의 본질을 공격하고 드러내기보다는 뒷걸음질치게 되는 것도 이러한 사람들에게 체화되고 입력된 성문화와 언어의 한계를 뛰어넘지 못하기 때문인 것 같다. 나 자신이 장정일을 만나기 전에, 장정일을 만나서, 재판이 끝난 후에 성과 권력통제라는 보이지 않는 거대한 대립구조의 실체를 서서히 깨달아 왔듯이.

나는 모든 사물과 사람을 그의 이름으로 부르고—우리 사회 호칭의 복잡한 권위적 구조, 性器를 공개적으로 그 이름으로 부르지 못하는 은폐성을 생각해 보라—가능한 한 육체가 자연스럽게 그 자리에 놓여 원하고 충족하고 사랑하며, 서로가 타인의 육체를 존중하고 배려하는 그런 사회에서 살고 싶다. 아마도 이것은 나만의 꿈이 아니며, 삶에 지친 몸을 달래는 모든 사람이 밤마다 혼자 잠들면서 꿈꾸는 사회일 것이다.

앞선 사람인 작가로서 그와 같은 꿈에 도전한 장정일을 위하여, 이 사회의 모든 장정일을 위하여 나는 변론하고 싶다.[4]

이 육체의 억압이란 것은 어쩌면 강금실 장관 자신이 여성이기 때문에 더욱 예민하게 파악한 것일 수 있다. 여성들의 몸에, 그리고 그들의 성에 가해지는 억압은 남성 우위의 문명에 공통적인 현상이다.[5] 게다가 우리 사회처럼 최근까지 여성을 식민지로 삼아 왔던 곳에서는 그 정도가 더 심하다. '은장도'로 상징되는 여성들의 성적 억압을 상상해 보라. 순결을 강제한 남성들의 폭력은 어떤 이유로도 납득할 수 없다.

그렇다고 해서 내가 장정일의 『내게 거짓말을 해봐』가 그렇게 좋은 작품이라고 판단하는 것은 아니다. 하지만 '음란'의 이름으로 사법적 심판의 대상이 된 것에 대해서도 동의하지 않는다. 무조건 문학 작품이어서가 아니라, '문제 제기'적인 '성실한 문학'이자 '부정'의 문학이기 때문이다. 비록 그것이 잘 짜여진 일급의 작품은 아닐지라

---

4. 앞의 책, 197~198쪽.
5. 연극으로 각색되어 요즘도 절찬리에 상연되고 있는 이브 엔슬러의 『버자이너 모놀로그』를 읽어보라. 이 책은 우리말로 옮겨져 북하우스에서 2001년에 출간되었다.

도 말이다. 오히려 그의 작품보다는 차라리 강금실 장관의 이 변론기가 더 나은 문학적 언술이라고 나는 생각한다. 군더더기 없는 담백함, 하지만 핵심적 논지를 향해 적확하게 배열된 언어들, 그리고 그것의 견고한 짜임에서 나오는 말의 충만한 에너지는 탁월한 예다. 그래서인지 이 글을 쓰기 직전 그의 변론기가 한 명문 사립대학에서 논술 고사의 지문地文으로 제출되었다는 기사를 보고는 흐뭇했다. 내가 출제위원이었다고 하더라도 이 글을 그와 같은 주제의 지문으로 제시하는 데에 조금의 주저함도 없었을 것이기 때문이다.

그런데 위에서도 암시한 바 있지만, 이 정도 수준의 글은 하루아침에 만들어지지 않는다. 그 자신에게 오랜 독서의 축적이 없었다면 불가능한 일인 것이다. 이런 의문은 그의 인터뷰를 살피면 쉽게 풀린다. 그는 여러 분야의 책을 섭렵하는 상당한 독서가이며, 문학 독서도 단순한 호사취미가 아닌 애독愛讀의 수준이었다는 것을 알 수 있다.

그 점은 소설만이 아니라 시에 대해서도 마찬가지다. 한 글에서 그는 박제천 시인의 시집 『장자시莊子詩』와의 인연을 털어놓고 있다.[6]

이 글에 따르면, 그는 대학 2학년인 1975년에 초판본을 샀는데, 그것을 잃어버린 뒤에 다시 1980년의 재판본을 샀다고 한다. 그런데 판형이 바뀌었다고 적은 것을 보면 이 재판본은 아마 개정판이었던 모양이다. 사실 이 정도로 활자의 배치와 시집의 판형까지 인지하는 섬세함은 단순한 독자의 몫이 아니다. 그는 분명한 자신의 문학적 취

---

6. 강금실, 「생生은 기다림의 연속」, 『나를 매혹시킨 한 편의 시』 제6권, 문학사상사, 2002.

향을 갖고 있었던 것으로 보인다. 그 취향의 단서를 이 글에서 발견할 수 있다. 그가 애송시로 뽑은 「풍어제豊漁祭 그 열」이란 작품을 우선 읽어보면서 그 단서를 찾아보자. 길지 않은 작품이니 전문을 옮겨보겠다.

> 그대의 뼈를 태우는 연기가 가득 차 있다
> 아직도 불붙지 않은 몇 조각의 뼈도 보인다
> 그것들의 의미意味가 재로 사라질 때까지
> 기다리겠다 내 기다림의 끝
> 내 생애生涯의 끝에 앉아 있는 새에게
> 말하겠다
> 그것들의 불꽃이 지나간 다음의 불꽃을[7]

이 작품에 대한 언급에서 중요한 대목은, 시를 좋아하는 데에 있어 '의미'보다는 '리듬과 어감'을 중요하게 여긴다는 점이다. 산문과 다른 운문의 언어적 특성을 정확하게 감지하고 있는 것이다. 언어가 의미의 차원으로만 한정될 때, 시는 상당히 옹색한 장르다. 오히려 그 의미의 구속을 깨고 스스로 하나의 우주가 될 때, 시는 확 피어나는 불꽃으로 승화된다. 전공자의 시각에서 볼 때, 강금실 장관의 시에 대한 이해가 여기까지 닿아 있다는 것은 흥미로운 사실이다.

---

7. 앞의 책, 14쪽에서 재인용.

『장자시』의 시들 중에서도 「풍어제豊漁祭 그 열」은 특히 자주 읽은 시 가운데 하나이다. 나는 시의 의미를 묻지 않고 그냥 리듬과 어감만으로 읽기를 좋아한다. 그러면서도 그 리듬 속에서 가슴으로 스며드는 파장波長이 있는 시를 좋아한다. 나에게 있어 이 시는 그와 같은 시이다. 시집의 여느 시들과 마찬가지로 이 시 또한 시인의 상상 속의 시어詩語들이라고 생각한다. 실제로 누구 좋아하는 사람의 뼈를 태우며 그 체험을 쓴 시 같지는 않기 때문이다. 연기가 가득 차고, 덜 타고, 불 붙이고, 불꽃 다음의 불꽃을 기다리고, 무언지 열정적이면서도 목숨을 걸고 다투는 절박함이 있고 생애의 끝까지 기다림을 말하는 비장함도 있다. "기다리겠다 내 기다림의 끝……"에 이르면 슬픈 결의決意를 만나는 느낌이다.[8]

위의 글에 뒤이어 마치 시의 파장처럼 "기다림의 생애는 기다림 자체 속에 있음을", 그리하여 "생은 다만 기다림의 연속일 뿐"임을 말하는 그의 목소리에는 회고懷古에 어쩔 수 없이 스며드는 허무주의가 있다. 하지만 그 허무주의는 그의 세계관이나 생래적인 것이라기보다는 사회적 삶의 번다함에서 오는 반응에 가깝다. 젊은 날의 순수와는 멀리 떨어진 삶을 살아야 하는 자신에 대한 자의식 말이다. 그래서 수필처럼 펼쳐지는 섬세하고 매끄러운 감상기感想記는 그의 문재文才가 두드러지는 대신 더 이상의 특별한 문학적 감수성이나 세계

---

8. 앞의 책, 18~19쪽.

관을 보여주지는 않는다.

이것을 메워주는 글은 2001년 8월 20일 그가 대한변호사협회 회보에 올린 「법조 칼럼」이다. 김훈의 『칼의 노래』를 읽고 쓴 그 글은 강금실 장관의 인생관이나 세계관에 대한 여러 가지 시사를 던져주고 있다.

변호사로 자리매김한 지 만 5년이 지났다. 꽤 길다고도 할 수 있는 그 세월은 내 나이 40의 고비를 넘어 세상 속으로 한참 걸어 들어간 시절이기도 하다.

가끔씩 왜 개업을 하였느냐는 질문을 받는다. 그 질문을 하는 사람들은 삶이 어떤 포부抱負로부터 시작된다는 믿음을 갖고 있는 듯하다. 그 질문에 적절한 답은 세상에 보다 적극적인 뜻을 품게 된 동기와 그 내용이 무엇이냐는 것으로 미리 마련되어 있기 때문이다.

나에게는 답이 없다. 내가 무엇으로 사는가에 앞서, 내가 어떻게 살아 있어야 하는가에 대한 결심조차 서 있지 아니하며, 그 추상의 의문으로부터 단 하루도 자유롭지 못하였기 때문이다.

다만 막연히, 마치 「정복자 펠레」라는 영화의 마지막 장면에서 어린 펠레가 망망대해를 향하여 기약 없는 인생의 길을 떠나듯이, 그냥 세상 끝까지 걸어가보고 싶다는 그런 희망이 있었다. 그 희망은 세상을 낯설어하면서도 사실은 세상이 어떠한 것인지 잘 모르기에 막연한, 천진함 같은 것이었던 듯하다.

희망은 혼자 사는 것이 아니라, 사람에게 깊이 각인되는 고통과 절망이 키워내는 세속 한가운데의 신기루이기 때문이다. 아마 미리 그 사실을 알고서 살아가지는 못하였으리라.

내가 세상 끝까지 걸어왔는지는 알 수 없다. 다만 바닥의 촉감이 만져지는 듯한 시간들이 있다. 그 바닥에는 아무것도 없다. 내가 살아 있기 전 삶의 기억을 담은 맨몸이 내가 죽어 사라지기 전의 시간 속에 살아 있을 뿐. 그리하여 삶은 살아 있기 전 죽음과 다음 죽음 사이에 놓인 짧은 간격일 뿐. 이 간격은 생명의 개화이자 죽음으로 가는 과정으로서, 모든 의미가 문득 끊어지는 죽음과 같이 그곳에서 삶은 순연하다.

그곳에서 살아 있음은 죽음과 죽음에게 몸을 내걸고 아무 두려움이 없다. 두려움이 없는 삶, 순간순간에 그 바닥의 체험으로 긴장하는 삶이야말로 세상 끝에 놓인 지점이 아닐까.

나는 세상을 걸어가는 길에 지칠 때마다 길목에 기대어 서서 두려움 없는 기세로 세상을 베어내어 진면목이 드러나는 살아 있음을 그린다.

그와 같이 길목에서 서성이다가 만난 책이 김훈의 『칼의 노래』였다. 충무공 이순신의 난중일기를 바탕으로 한 1인칭의 전기적 소설이다. 김훈은 이순신을 "한없는 단순성과 순결한 칼"로 묘사한다. 이순신은 조국의 남쪽바다에 눈보라처럼 몰려드는 적을 맞아서 그의 목숨을 내놓아 적을 베는 칼로 존재하였다.

그에게 삶은 선택의 여지가 없었다. 오로지 죽음에 대면하여 수식이라고는 전혀 없는 삼엄한 자세로 죽음을 통과하는 방식만이 실재하였다. 300척의 배에 가득한 적 앞에서 12척의 초라한

함대를 이끌면서 그는 뒷걸음질치는 부하에게 이야기한다. 네가 죽음을 피할 곳은 없다. 오직 죽음으로 죽음을 뚫고 나가라고. 그리하여 그는 역사에 기적으로 남는 승리를 이끌었다.

그에게 현실은 정치가 아니라 오직 바다였다. 그의 칼은 정치의 향방에 따라서 이동하는 세태가 아니라, 순전히 바다를 적의 피로 '물들이기' 위한 것이었다.

그의 칼은 정치적 대안을 설정하지 않았으므로, 그는 정치를 두려워하지 않았지만, 그가 정치에 대한 두려움이 없었기 때문에 정치는 그를 두려워했다. 그의 칼은 온전히 칼로서 순결하고, 이 한없는 단순성이야말로 그의 칼의 무서움이고 그의 생애의 비극이었다는 것이다.

이순신의 바다는 칼날을 겨루어 살아 있음과 죽음이 교차하는 세상 끝 지점이었던 듯하다. 이순신의 바다는 돌아갈 곳이 없었다. 죽음을 베어 살아 있음이 한 자루 칼끝에 놓여 있었으니, 그 살아 있음은 기꺼이 삶을 버림으로써 죽음과 삶이 서로 다르지 않은 경계에 이르러 가능하였다.

김훈이 전하고자 한 이순신의 삶은 두려움이 없는 순결성으로 인하여 무서움에 전율케 하였다. 생을 넘어 바닥에 이른 삶을 산다면, 그를 영웅이라 부르겠다. 비속한 사람은 그 긴장을 이겨낼 힘이 도저히 없다. 비속한 나는 다만 김훈과 함께 잠시 그 살아 있음을 만나서 마음속에 눈물겹다.

세상을 베어 삶의 순결성에 이르고자 하는 사람에게, 스스로 베이는 칼이 되고자 하는 사람에게 이 책을 드리고 싶다.

삶에 대한 냉철한 계산보다는 끝까지 가서 부딪치고 싶다는 낭만적인 세계관과 함께 그것의 바탕을 이루는 천진함에 우선 주목하게 된다. 고도의 전문직 여성이면서도 어느 한 분야에 갇힌 단편적 인간으로 머무를 수 없는 그의 생래적 열정이나 호기심 같은 것이 그 안에는 들어 있다.

하지만 그것보다 더 중요한 부분은 바로 다음과 같은 대목이다. "그의 칼은 정치적 대안을 설정하지 않았으므로, 그는 정치를 두려워하지 않았지만, 그가 정치에 대한 두려움이 없었기 때문에 정치는 그를 두려워했다. 그의 칼은 온전히 칼로서 순결하고, 이 한없는 단순성이야말로 그의 칼의 무서움이고 그의 생애의 비극이었다는 것이다."

요즘 정치 자금 수사의 한가운데 서 있는 바로 그 자신의 입장일는지도 모르기 때문이다. 물론 시기상으로 볼 때, 그 둘의 직접적인 연관은 없어 보인다. 하지만 생에 대한 그러한 인식이 없이는 바로 스스로 칼끝에 올라 그 자신이 베어질는지도 모르는 위험한 싸움, 그 자신의 진정한 싸움에 나서기는 쉽지 않았을 것이다. 그리고 동시에 박제천의 시 감상에서 드러난 그의 허무주의가 단순한 감정 차원 이상의 것임을 또한 확인하게 된다. 그때의 허무란 "두려움이 없는 순결성"과 연결되어 죽음을 불사하는 엄정한 결의로 전화되기 때문이다.

그래서 마지막으로 말하는데, 강금실의 매력은 그것이 아닐까? 지금까지 한국사회를 주물러온 남성들의 세계에 대해 '코미디'라고 한마디로 일축할 수 있는 그 무서운 단순함. 아니 나는 그것이기를 정말 바란다. 그럴 때에야 화사한 복장의 가장 여성적인 모습으로 무채색이 지배하고 있는 남성적 세계의 엄숙주의를 허무는 싸움의 광경을 우리가 보게 될 것이기 때문이다.

지금부터 십수 년 전 김훈은 정현종 시인의 작품에 관한 평문을 쓰면서, 날개를 단 가벼운 헬리콥터가 무거운 탱크를 들어 나른다는 것을 말한 적이 있다. 나는 공인이자 여성이며, 무엇보다도 문화인인 여성 강금실이 바로 그 무거운 세계를 들었다 놓는 주인공이 되기를 바란다. 그 새로운 세상은 적어도 지금보다는 볼 만할 것이다. 그 기대로 나는 지금까지 그를 읽어왔고, 또 이 글을 썼다.

박 철 화_ 문학평론가

1965년 춘천에서 태어나 서울대학교 불어불문학과를 졸업하고, 파리 8대학에서 불문학 석사, 파리 10대학에서 불문학 박사 과정을 졸업했으며, 현재 중앙대 등에 출강하고 있다. 1989년 『현대문학』에 평론이 당선되었고, 저서로는 평론집 『감각의 실존』, 『관계의 언어』, 『우리 문학에 대한 질문』과 장편소설 『나는 천년을 산 것보다 더 많은 추억을 갖고 있다』 등이 있다.

강 장관 춤 스승 4인 인터뷰

감 명 국_『일요신문』 기자

"춤이라면 디스코와 막춤도 추지만, 전통무용을 특히 좋아하는 것은 정신이 몰입되지 않으면 안 되는 춤이기에 더욱 끌린다. 오래 추면 호흡도 깊어지고 명상하는 효과도 있다."

강금실 장관이 말하는 전통무용에 대한 예찬론이다. 전통무용에 대한 그의 열정은 단순히 좋아하는 데에만 그치는 것이 아니다. 직접 대가들을 찾아다니며 가르침을 자청한다. 인터뷰 때마다 "법조인이 안 됐으면 무용을 했을 것"이라는 말을 거침없이 내뱉곤 한다.

그의 높은 대중적 인기도를 최근 매스컴에서는 '춤도 되고 노래도 되는' 인기가수 이효리에 빗대 '강효리'라 부르기도 한다. 하지만 이제는 이효리의 별명을 '이금실'로 불러야 할 만큼 가히 강 장관의 인기는 하늘을 찌른다.

강 장관의 매력으로 군더더기 없는 솔직 담백함을 첫손으로 꼽는 이가 많다. 이는 춤에 관한 자신의 철학을 스스럼없이 밝히는 데서도 잘 나타난다. "장관이 웬 춤이냐?"는 주변의 시선에 대해, 마치 "이제 그런 편견은 버려!" 하고 당당히 말하는 듯하다. 그는 인터뷰 때마다 전통무용 얘기를 빼놓지 않는다. "이 세상에서 제일 좋아하는 것을 꼽으라면 춤이고, 그 다음이 노래"라고 말한다.

그래서 많은 팬들은 전통무를 하는 단아한 그의 자태를 보고 싶어한다. 그리고 그들은 반문한다. '채신머리없이 장관이 춤은……'이라고 비아냥거리며 골프채나 휘두르는 정치인들과 전통무용으로 자신을 절제하는 강 장관 중 과연 어떤 모습이 더 나은가?"

전통무에 천부적 자질 타고났다

강 장관은 그동안 자신이 직접 사사했던 '스승'에 대해 조심스럽게 언급하곤 했다. 하지만 직접적인 언급은 거의 없었다. 스승들 역시 누구 하나 "내가 강금실을 가르쳤다"고 나서지 않았다. 아니, 오히려 피하기 일쑤였다. 그들은 한사코 '사회의 편견'을 염려하며, "괜한 오해를 일으키기 싫다"는 이유로 인터뷰를 거부했다. 이번 취재의 첫 번째 난관은 그의 스승들의 입을 열게 하는 일이었다.

이번 취재 결과 확인된 강 장관의 주요 전통무 스승은 4명이었다. 진주검무와 교방굿거리춤의 대가인 김수악 선생(중요 무형문화재 12호

보유자)과 궁중무용의 대가인 이흥구 교수(중요 무형문화재 40호 보유자), 그리고 살풀이춤의 대가인 고 한영숙 선생(중요 무형문화재 27호)의 이수자 손경순 교수와 도살풀이춤의 대가인 고 김숙자 선생(중요 무형문화재 97호)의 딸 김운선 선생 등이다. 하나같이 국내 전통무용을 대표하는 인간문화재이거나 또 그의 전수자다.

이들의 강 장관에 대한 평은 한결같다. "전통무에 대한 천부적 자질을 타고났다"는 것. 전통무에 관한 한 자신이 최고라는 자존심을 가진 대가들이다. 칭찬에 인색한 그들이지만 유독 강 장관에 대한 칭찬은 아끼는 법이 없다.

강 장관이 춤과 처음 인연을 맺은 것은 대학 동아리 '가면극연구회'에 들어가 탈춤을 배우면서였다. 당시에 대해 강 장관은 "북 두드리는 걸 좋아해서 탈춤반에서 활동했는데, '법대 왔으니까 이런 건 그만둬야 한다'는 생각에 사로잡혀 그만두고……"라고 밝힌 바 있다.

스스로 밝히는 것처럼 그는 천성적으로 예술적 '끼'를 타고났다. 그의 주변 지인들은 "춤뿐만 아니라 음악, 미술, 문학, 영화 등 다방면에서 풍부한 상식과 열정을 갖고 있다"고 전하고 있다. 그는 지난 2003년 11월 29일 과천 청사에서 가진 전국 일선 검사장들과의 워크숍에서 실내악단 현악 4중주를 초청해서 연주 공연을 가진 바 있다.

법무부가 있는 과천 청사 1동 2~4층 복도에 그림 85점을 전시해 놓기도 했다. 2003년 6월 30일에는 전국의 검사들에게 이메일로 편지를 써서 보내기도 했다. 당시 강 장관의 편지에는 '타인에게 말걸기', '눈사람', '길이 끝이 나기 전에는 나의 그림자를 보이지 않으리'

(김수영의 시구) 등의 글이 인용되면서 문학적 감성이 뚝뚝 묻어 나왔다. 지독한 영화광인 그는 「매트릭스」를 지금도 가장 기억에 남는 영화로 꼽는다. 또한 이창동, 여균동 등 영화인들과도 친하다.

이런 그의 예술적 끼는 부모에게서 물려받았다. 그의 부친은 바이올린을 전공한 음악 선생이었다고 한다. 서예에도 남다른 조예가 있었다는 것. 모친은 독실한 불교신자였다. 보살명도 갖고 있다. 생전에 경기도 가평에 위치한 자신 소유의 땅에 절을 지으려고도 했던 것으로 전해졌다. 강 장관 역시 어머니의 영향을 받아 불교 문화에도 관심이 많다. 그가 전통무용을, 특히 그 중에서도 살풀이춤과 승무를 좋아하는 것 역시 어머니의 영향이 컸던 것으로 알려져 있다.

하지만 이와 같은 예술적 재능을 발휘하기에는 그의 머리가 너무나도 명석했다. 초·중·고 시절 줄곧 1등 자리를 빼앗겨본 적이 없던 그는 단순히 공부를 잘한다는 이유 하나만으로 '법대'에 진학했다. 이에 대해 강 장관은 한 시사월간지와의 인터뷰에서 이렇게 말했다.

"공부를 너무 잘한 게 문제였죠. 그렇다고 머리가 좋은 것도 아닌데. 하여튼 1등을 너무 많이 한 거예요.(웃음) 그래서 법대에 들어간 거예요. 사실 갈등이 있었어요. 다른 것을 할까 말까. 10년쯤 지나니 갈등이 없어지더라구요. 예술도 현실 속에서 할 수밖에 없잖아요. 생활의 문제를 해결해야 하는 거고. 우리 삶이라는 게 직업을 통해 생계도 해결하고, 전문성도 갖추고, 신분도 보장받고, 사회에도 기여하고, 그런 구도잖아요. 먹고사는 문제가 중요하죠. 누구나 현실과 접점을 이루고 살아야 한다는 의미에서 법대 가서 법률전문가의 길을 걸어온 것에 대해 고맙게 생각하죠. 살아가는 데 큰 힘이 되죠. 다른 직업을 딱히 잘했을 것 같지도 않고."

그는 법학 공부와 전통무용의 접점을 스스로 찾기도 했다. "법의 철학과 한국 전통문화의 세계관은 사람을 아끼고 사랑하는 전통이 있다는 점에서 서로 통한다"는 것.

아무튼 그는 '판사'가 되라는 주변의 기대 속에 서울대 법대에 75학번으로 입학했다.

혹독한 유신 치하 최루탄 가스 속에서 대학을 졸업한 그는 1981년 사법시험에 합격하고 1983년 판사로 입문했다. 서울지법 남부지원에서 시국 사건을 줄줄이 맡는 등 초임 판사 시절을 정신없이 보낸 그는 1985년 '좌천성 한직'인 서울가정법원으로 옮기면서 잠시 숨을 돌리게 되었다. 이때부터 전통무용을 배우고 싶다는 내면의 열정이 꿈틀대기 시작했다.

그가 최근 한 인터뷰에서 털어놓은 '춤을 추는 이유'는 이렇다.

"정신이 산만하면 춤을 못 춰요. 머리를 비워야 춤을 출 수 있어요. 너무 피곤하거나 신경 쓸 일이 많고 잡념이 있으면 못 춰요. 손발은 움직이지만 몸이 무겁죠. 오래 추다 보면 호흡이 저절로 배 밑으로 가라앉거든요. 명상 호흡법과 원리가 같죠. 명상 수준에 이르러야 제대로 몰입해 출 수 있어요."

그는 "만약 판사가 안 되고 내가 하고 싶은 대로 했다면 춤을 본격적으로 배우거나 그 주변을 왔다 갔다 했을 것이다. 무용평론을 했을 수도 있다"고 덧붙였다.

하나를 가르쳐주면 열을 이해한다

강 장관으로 하여금 전통무용의 눈을 뜨게 해준 이는 손경순 교수라고 할 수 있다. 그는 경기여고 선배인 이명경 씨를 통해 손 교수를 소개받았다. 이 씨 역시 손 교수와 승무를 함께 배웠으나, 최근에는 전통무용계를 떠난 것으로 알려져 있다.

그는 손 교수를 통해 살풀이춤과 승무를 배웠다. 두 살 터울의 언니 같은 스승인 손 교수는 지금까지 강 장관의 전통무용에 대한 조언자로 계속 남아 있다. 특히 손 교수는 강 장관의 당시 첫인상을 또렷이 기억하고 있다.

"흐트러짐이 없는 단아한 모습으로, 첫눈에 보기에도 총명함이 똑똑 떨어질 정도로 남다르게 다가왔어요. 판사라는 사실은 알고 있었지만, 자신에 대해서는 전혀 얘기하지 않는 스타일이었죠."

손 교수는 전문가적인 감각으로, 첫눈에 이미 강 장관의 '끼'를 알아봤다.

"전통무용은 현대무용과는 다르죠. 얼굴 예쁘고 몸매 예쁘다고 해서 무작정 할 수 있는 건 아니거든요. 연륜도 있어야 하고, 내면의 깊이도 있어야 하고. 그런 점에서 봤을 때 강 장관은 세련된 듯하면서도 전통적인 고전미를 한껏 내포하고 있죠. 그야말로 하나를 가르쳐주면 금세 열을 이해할 정도로 가히 타고난 자질을 지녔다고 할까요."

그렇게 손 교수를 통해 전통무용의 세계에 본격적으로 발을 들인 그는 1988년 부산지법으로 발령이 나면서 부득이 배움을 멈출 수밖에 없었다. 하지만 강 장관의 전통무에 대한 열정은 이미 불붙어 있었다.

그는 부산에서 이름 있는 전통무의 대가를 수소문한 결과, 진주에 있는 김수악 선생을 알게 됐다. 당시 김 선생의 제자였던 국악인 손심심 씨에게 그는 김 선생을 소개해 달라고 요청했다. 이렇게 해서 전통무용의 깊이를 가르쳐준 중요한 스승인 김 선생을 만나게 되었다. 김 선생의 당시 기억이다.

"서울올림픽이 시작될 무렵, 하루는 제자 중의 한 명인 부산의 손심심이가 여자를 한 명 데리고 왔어. '선생님 명성은 TV를 통해서 봤다'며 '춤을 배우고 싶다'고 정중하게 인사를 하더라고.

배우고 싶다고 청하는데 내칠 이유가 있나. 그래서 가르쳐줬지. 그런데 곧잘 배우더라고. 따라하는 폼이 제법 익힌 솜씨였어. 물론 그때 그 여자가 판사인지 뭔지도 몰랐지."

강 장관에 대한 그의 회고에는 진한 애정과 남다른 애착이 강하게 표시됐다. 딸보다 더 어리지만 그는 강 장관을 단 한 번도 하대하지 않고 꼬박꼬박 '그분', '강 장관', '강금실' 등으로 호칭했다.

"춤은 맵시도 있지만, '춤씨'라고 하는 것이 따로 있지. 강 장관은 춤씨가 있어. 물론 얼굴도 예뻤고. 참 잘했지. 오히려 이전부터 죽 배워왔던 다른 제자들보다 나았으니까. 그것도 그거지만, 무엇보다 사람이 참 좋았어. 염치가 있었지. 열심히 하고 겸손하고."

2년의 부산 근무를 마치고 다시 서울로 올라온 강 장관은 손 교수에게 "승무와 살풀이춤을 배워봤으니 궁중무용을 한번 배워보고 싶다"고 청했다. 손 교수도 "충분한 기본 자질도 갖췄고, 궁중무용이 특히 잘 어울릴 것 같다"며 자신의 스승인 이흥구 교수를 소개했다.

이 교수는 "당시 손 교수를 통해 강 장관을 소개받아 6~7년간 궁중무용을 가르쳤다. 전문적으로 배워온 웬만한 제자들보다 그 자질이 훨씬 뛰어났다. 장관으로 발탁되면서 사사를 그쳤지만, 다시 가르치고 싶을 만큼 애착이 간다"고 전했다.

1996년 변호사 개업 후에는 김운선 선생을 만나게 된다. 그는 신림동에 있는 김 선생의 사무실을 직접 찾았다. 강 장관과의 첫 만남에 대한 김 선생의 기억이다.

"봄쯤이었을 거예요. 한 여성으로부터 전화가 걸려왔어요. '살풀이춤을 배우고 싶은데 직접 한번 찾아오겠다'고. 그리곤 며칠 후 직접 사무실로 찾아왔더라구요. 문화재관리국을 통해서 여기 전화번호를 알았노라고 하면서 '돌아가신 김숙자 선생님의 생전 공연을 두세 번 본 적이 있는데 꼭 한번 직접 배워보고 싶다는 생각을 했었다. 따님께서 시간을 내서 좀 가르쳐달라'고 정중히 청하는 거예요. 명함을 보니 변호사여서 참 특이하다는 생각을 했죠."

처음에는 그냥 단순히 취미 삼아 하는 것이려니 생각했다는 김 선생은 "한번 시켜봤더니 분명 예사 솜씨는 아니었다. 아주 프로페셔널한 것은 아니었지만, 그래도 몸짓의 자연스러움이 상당히 오랫동안 익혀온 솜씨였다"고 당시를 회고했다.

하지만 당시의 강 장관 주변은 상당히 분주하고 복잡했다. 판사

시절처럼 그로 하여금 전통무용에 어느 정도 시간을 할애할 수 있게 끔 가만히 내버려두지 않았다. 출판사를 하던 남편의 사업 실패로 계속 많은 빚을 떠안게 됐고, 갈수록 밀려드는 변호사 업무와 민변, 언론중재위원회, 예술의 전당 후원회 등 사회 활동으로 인해 눈코 뜰 새 없었다. 당시의 상황에 대해 김 선생은 지금도 안타까움을 표하고 있다.

"당시 강 장관은 일주일에 한 번씩 개인교습을 받기로 했어요. 하지만 변호사 업무라는 게 어디 쉽겠어요? 점점 갈수록 들쭉날쭉하더라구요. 어떤 때는 한 달에 한두 번 정도밖에 못할 때도 있고. 하지만 또 시간이 좀 나면 일주일에 두 번씩 와서 배울 정도로 참 열정이 있었죠. 꾸준히 정기적으로 배웠으면 참 좋았을 텐데, 사정이 여의치 않다 보니 맥이 중간 중간에 좀 끊기는 면이 많았어요."

2000년에 접어들면서 강 장관은 남편의 사업 실패로 이혼을 하고 법무법인 지평의 대표와 민변 부회장 등을 맡으면서 전통무에서 한동안 멀어질 수밖에 없었다. 당시에 대해 강 장관 역시 어느 인터뷰에서 진한 아쉬움을 토로했다.

"춤을 계속 배우지 못해 참 아쉬워요. 1985년에 처음 배웠는데, 1980년대 후반과 1990년대 초에 배우다 말고, 그 후에 또 한 차례 배우다 말고…… . 판사 시절 배우다 만 춤이 못내 아쉬워 변호사 개업 후 한 스승으로부터 다시 1년여 배웠는데 정신이 산만하니까 영 잘 안 되더라구요. 변호사 개업 뒤 계속 돈 문제 사건에 신경 쓰다 보니 명상 수준에 이르지 못했죠."

강 장관이 참여정부 출범과 함께 우리 헌정사상 첫 여성 법무부 장관으로 발탁되자 많은 이들이 놀라워했지만, 특히 전통무 스승들의 놀라움은 더욱 컸다. 김운선 선생은 "무척 능력 있고 똑똑한 분이라는 것은 짐작하고 있었다. 하지만 그 정도일 줄은 정말 몰랐다. TV 보고 정말 깜짝 놀랐다"고 전했다.

하지만 전통무용의 대가들에게는 '아까운 제자 한 명 놓쳤다'는 어쩔 수 없는 진한 아쉬움도 묻어 있었다. 손 교수는 "만약 장관이 안 됐더라면 개인 발표회를 했을지도 모른다. 그 정도의 실력은 충분했다. 아마 장관에서 물러나면 다시 전통무용을 할 것"이라고 말했다. 이 교수 역시 "장관직에서 물러나면 당장 나부터라도 전통무용을 다시 배우라고 권하고 싶다"고 밝혔다.

강 장관 역시 최근 한 인터뷰에서 퇴임 후 자신의 진로에 대한 일면을 내비친 바 있다.

"장관 그만두면 일단 좀 휴식을 취하고 싶어요. 그리고 자유롭게 개인 생활하면서 살고 싶어요. 빚을 갚아야 하니까 열심히 벌어서 갚아야 할 거고……. 그거 어느 정도 정리되면 개인 생활하면서 내가 감당할 수 있는 소소한 봉사활동을 하고 싶어요. 출퇴근하는 직업 안 하고 집에서 놀면서 글 쓸 생각도 좀 있고, 여기에 와서 장관 일 하면서 내가 진짜 하고 싶은 게 이런 거라는 생각이 선명해졌어요. 직업은 정말 갖고 싶지 않아요. 원래 제가 건달 끼가 좀 있거든요."

강 장관은 주변 지인들 사이에 "일할 때는 논리가 너무 짱짱 명료하고, 놀 때는 율동이 너무 화끈한 친구"로 통한다. 서울대 3년 선배인 시인 김정환 씨가 소개하는 그에 대한 에피소드 한 토막.

"지난 겨울이었어요. 갑자기 강 장관이 전화를 하더니, 대뜸 '형, 크리스마스날 약속 있어? 전인권 콘서트 안 갈래?'하는 거예요. 워낙 목소리가 짱짱했고, 율동적이어서 덜컥 약속을 할 수밖에 없었죠. 나를 비롯한 일행은 세실극장 콘서트장 뒤쪽에 서서 수시로 들락날락하며 안의 열기를 식혀보자는 심산이었는데, 어느새 강 장관은 과감하게 보조의자를 마다 않고 맨 앞좌석을 차지한 채 '젊은 세대'와 같이 폭발적인 율동에 빠져들고 있었어요."

법조계 지인들은 강 장관을 가리켜 "열 남자도 못 당할 강단 있는 여장부"라고 입을 모은다. 일에 대한 열정과 추진력에 있어 타의 추종을 불허한다는 것.

당차고 화통한 성격으로 좌중의 분위기를 이끄는 것은 물론 술자리도 웬만해선 마다하는 법이 없을 정도라고 한다. 항간에는 그의 주량도 상당한 것으로 소문나 있다. 그러나 시인 김 씨는 "술자리를 좋아하기는 하지만 주량이 아주 센 편은 아닌 것 같다"고 말했다.

강 장관의 성향을 미뤄 짐작할 수 있는 또 다른 에피소드.

지난 1997년 소설가 장정일 씨의 『내게 거짓말을 해봐』가 음란시비에 휘말리자 이에 대한 변론에 강 장관이 나섰다.

평소 장 씨는 그 독특한 성향만큼이나 사람 사귀는 것에도 여간 까다롭지 않은 것으로 정평이 나 있다. 농담이라곤 일체 없고 술은 소주만 좋아했던 그는 '접대'와는 거리가 멀어도 한참 먼 사람.

그런 장 씨가 친구에게 "내 변론을 도와준 강 변호사님께 꼭 식사를 대접해야겠으니 약속을 정해 달라"고 부탁했다. 그리고 장씨는 대구에서 일찌감치 상경, 서울 신촌 근처 여관에 숙소까지 잡아놓고 약속을 기다리는 등 한껏 '공'을 들였다.

그뿐만이 아니었다. 서울 강남의 한 고급 음식점(평소 장 씨의 성향으로 봐선 이 장소 또한 파격적이었다)에 약속을 정한 장 씨는 강 장관이 나타나자 신문지에 싼 돈뭉치를 펴 들었다. 거기엔 1만 원짜리 50장이 들어 있었다. 장씨는 "오늘 이 돈을 반드시 강 변호사님과 다 써야 합니데이"라고 말했다는 것.

강 변호사의 극구 만류로 결국 장 씨는 마련한 돈을 다 써보지도 못하고 돌아갔지만, 당시 자리를 함께한 장 씨의 친구는 "나는 그때만큼 장정일이 거액의 돈을 소지하고 있는 것을 본 적이 없다"고 회고했다. 까다롭기로 소문난 장 씨의 정성을 통해 강 장관의 사람 사귀는 폭의 품새를 미루어 짐작할 수 있는 대목이다.

문학평론가 남재일 씨는 "강 장관은 사람을 참 안 심심하게 만드는 재주가 있다. 별로 수다를 떨지 않아도 그는 사람을 대화에 집중시키는 묘한 능력이 있다"고 밝혔다. 전통무 스승인 김운선 선생은 "강 장관이 자신들의 예술계 지인들 모임에 나를 몇 번 초대한 적이 있다. 전통무용밖에 모르는 내게 다양한 방면의 좋은 사람들을 소개해 주기 위한 배려였다. 그는 나누는 것을 좋아하는 듯했다"고 밝혔다.

강 장관을 잘 아는 사람들은 "그가 만약 법조인이 안 됐다면 뛰어난 예술가로 성공했을 것"이라고 입을 모은다. 강 장관 또한 한 인터뷰에서 "문화예술은 특별히 장르를 가리진 않으나 취향이 좀 강한 편"이라고 밝히기도 했다. 춤에 남다른 열정을 갖는 데 대한 그의 이유는 간단명료하다. "춤? 그냥 추고 싶어서 배웠다."

전통무용 앞에서 그는 특히 겸손했다

강 장관의 인간성은 전통무용에 얽힌 많은 뒷이야기를 통해서도 읽을 수 있었다.

장관에 임명되기 전 개인 발표회까지 고려했던 강 장관은 실제 한 차례 무대에 오른 적이 있는 것으로 밝혀졌다. 전통무의 한 관계자는 "예전에 전체적으로 하는 발표회 때 그도 함께 섞여서 무대에 한번 오른 적이 있다. 전체 공연의 한 부분이어서 두드러질 수도 없었고, 딱히 무대 경력으로 내세울 수준은 아니다"라고 언급했다. 공연 시기와 명칭에 대해서 "정확한 기억이 안 나지만 무대에 한 번 섰던 것은 맞다"고 확인했다. 그는 "강 장관은 이런 사실이 알려지는 걸 꺼려한다. 무대 경력도 안 되는 수준으로 다른 전통무용 관계자들에게 누가 되기 싫다는 뜻일 게다"라고 전했다.

또한 강 장관은 지금도 가끔 전통무를 하는 것으로 전해졌다. 전통무의 한 관계자는 "지금도 강 장관은 계속 전통무를 하고 있다. 물론 판사나 변호사 시절처럼은 못 하지만 정신수양과 운동 차원에서 틈틈이 하고 있다고 들었다"고 전했다. 가장 최근의 스승인 김운선 선생은 "강 장관이 '사람들과 계속 부딪히는 일을 하다 보니 스트레스가 많은데, 전통무에 몰입하면 정말 도움이 된다'고 했다"고 전했다. 손 교수 역시 "최근에도 가끔 전화 연락을 하고 있고, 전통무용에 대한 얘기를 나누고 있다"고 밝혔다.

강 장관은 항상 본인이 직접 수소문해서 대가들을 찾아다니며 가르침을 청했다. 손 교수는 고교 선배를 통해서, 이 교수는 손 교수를 통해서 간곡한 청을 넣었다. 김수악 선생의 경우 1980년대 말 자신의 부산지법 근무 기간을 이용, 직접 진주를 찾기도 했다. 김운선 선생 역시 신림동에 있는 한 조촐한 사무실을 직접 찾아가는 열성을 보이기도 했다.

전통무용 앞에서 강 장관은 특히 겸손했다. 좀체 자신의 신분을 드러내지를 않았다. 김수악 선생이 전하는 에피소드는 강 장관의 성격의 한 단면을 그대로 보여준다.

"낯선 제자가 갑자기 한 명 나타나니 다른 제자들도 자연 관심이 가지 않았겠나. 특히 춤추는 품새나 단정하고 반듯한 행동거지가 예사롭지 않다고 느껴진 거겠지. 그래서 틈만 나면 강금실 곁에서 묻곤 했어. 뭐 하는 사람이냐고 말야.

이런 질문에 대해 강 장관은 '그냥 법원에서 일 좀 배우고 있다'고만 대답하는 거야. 그러니까 한 제자가 '그럼 (법원에서) 타이프 쳐요?' 하자, 그냥 '예' 하며 배시시 웃고 마는 거야. 그런데 한참 지난 나중에 우연히 강 장관이 부산지법 판사라는 걸 우리가 다들 알았지 뭐야. 그때 '타이프 치나보다'고 했던 그 제자가 얼마나 무안했겠어. 강 장관은 오히려 그런 것을 무안해할까봐 더 신경을 쓰곤 했지."

스승에 대한 예의도 더없이 깍듯했다고 한다. 자신보다 두 살 위인 손 교수는 물론이고, 한 살 아래인 김운선 선생에게도 항상 '선생님'이란 호칭을 썼다는 것. 김운선 선생은 "나이도 나보다 많고 변호사이고 해서 그냥 편하게 부르라고 해도, 강 장관은 항상 깍듯이 '선생님'이라는 호칭을 썼다"고 전했다.

초기 판사 시절의 강 장관은 다른 제자들과 어울려 함께 가르침을 받기도 했으나, 변호사로의 변신 후에는 가급적 일 대 일의 개인 교습을 원했던 것으로 알려졌다. 얼굴이 어느 정도 좀 알려진 측면도 있었지만, 정기적으로 시간을 낼 수 없었던 처지였기에 다른 사람에게 괜한 피해를 줄지도 모른다는 생각에서였다는 것.

김운선 선생은 "토, 일요일을 주로 이용해서 미리 연락을 통해 약속 시간을 정하고 혼자 춤을 배웠다"고 전했다. 그는 "다른 선생님과는 달리 나는 가르칠 때 형식을 그리 중시하지 않는 편이라 복장은 그냥 편한 복장으로 하도록 했다. 하지만 가끔은 강 장관이 직접 한복을 챙겨와서 입고 추기도 했다"고 전했다.

그는 살풀이춤을 특히 좋아했던 것으로 보인다. 손 교수, 김수악 선생으로부터 살풀이춤을 배웠고, 변호사 시절에도 따로 김운선 선생을 찾아가 "계속 살풀이춤을 배우고 싶다"고 했다는 것. 문학평론가 남재일 씨는 "10년 전 문화판 사람들의 모임에서 강 장관을 처음 봤는데, 당시 주변으로부터 '살풀이춤 추는 사람'으로 소개받았다"고 했다. 그는 당시 강 장관의 모든 분위기가 살풀이춤 추는 사람으로 느껴졌다고 했다. 소설가 서영은 씨 역시 한 인터넷 매체와의 인터뷰에서 "1990년대 초 강 장관이 집에 종종 놀러 왔는데, 그 친구 중에 살풀이춤을 하는 사람이 있어 춤도 동시에 배웠다"고 소개했다.

살풀이춤을 익힌 후 그는 전통무 가운데서도 고난이도로 꼽히는 승무와 궁중무용에까지 욕심을 낸 것으로 알려졌다.

반듯한 스승 반듯한 제자

강 장관에게 있어 모든 스승이 다 소중했지만 특히 김수악 선생에 대한 정성은 남달랐던 것으로 전해진다. 김 선생과 관련된 비화 한 토막이 있다.

약 2년여 동안 김 선생을 통해 전통무의 깊이에 빠져든 강 장관은 90년 서울지법 발령으로 사사를 중단해야 했다. 그때 강 장관은 김 선생을 서울로 직접 모셔다 몇 차례의 가르침을 더 받고 또한 다른 지인들에게도 함께 배울 것을 권유했다고 한다. 문제는 서울에 아무런 연고가 없는 김 선생이 거처할 곳이 마땅치 않았다는 점이었다. 이때 강 장관은 주저함 없이 자신의 안방을 내주며 김 선생을 한동안 극진히 모셨다고 한다.

손 교수는 "김 선생님의 춤을 함께 배워보지 않겠느냐고 해서 당시 얼마간 함께 모시며 배운 적이 있다. 당시 강 장관은 진심으로 그 분을 존경하며 집에서 극진히 모셨다"고 전했다.

하지만 기자가 직접 만나본 김 선생의 '제자 사랑'은 강 장관의 그것보다 더했으면 더했지 결코 모자라지 않았다. 2003년 6월 인터뷰 당시 우리 나이로 꼭 여든을 채운 김수악 선생(본명 김순녀)은 한사코 기자 만나기를 사양했다.

이번 취재를 위해 여러 스승들을 만났으나 그들은 한결같이 인터뷰를 적극 고사했다. "강 장관에게 누를 끼치기 싫다는 것"이 그 이유였다. '반듯한' 스승에 '반듯한' 제자라는 표현을 쓴다면 너무 과찬일까. 아무튼 스승들 역시 나서는 것을 꺼려했다.

이들 가운데서도 특히 팔순의 김 선생과의 만남은 유독 기자의 기억에 진하게 남았다. 그래서 그와의 인터뷰 과정을 간략하게 소개하고 싶다. 당시 그는 기자를 문 앞에 세워두고 이렇게 말했다.

"높은 데서 많은 일을 하는 사람일수록 많이 배우고 많이 알아야 하는 것이지. 특히 우리의 것이라면 더 말할 것도 없지. 그런 점에서 난 강 장관의 폭이 넓다고 봐. 그런데 자꾸 주위에서는 춤을 배웠네 어쩌네 하면서 폄하하려고만 한다고 안 그러는가. 중요한 나랏일 하는데 괜한 노인네 얘기 때문에 누를 끼치긴 싫으니 그냥 가소"

강 장관의 전통무용에 대한 열정을 지나치게 흥미성으로만 접근한 언론에 대한 매서운 질책이었다. 기자가 김 선생을 만나고자 했던 것은 강 장관 취임 직후부터였다. 당시 강 장관의 취임과 함께 처음으로 소개된 스승이 바로 김수악 선생이었다. 어느 인터뷰에서 강 장관이 직접 김 선생의 이름을 거론했던 것. 그때부터 김 선생이 난데없이 유명세를 타기 시작했다.

들리는 얘기에 따르면 김 선생은 강 장관의 어머니와도 친분이 있었고, 특히 어머니가 1994년 타계한 이후 강 장관에게 많은 의지가 됐던 것으로 알려졌다. 기자라는 직업이 참으로 염치없는 일이긴 하지만, 특히 김 선생에 대한 기자의 인터뷰 요구는 더욱 그랬다.

한국 국악계의 얼마 남지 않은 명인 가운데 한 명으로 전통 진주검무와 교방굿거리춤의 마지막 남은 유일한 보유자이자 우리 국악의 산 역사인 김 선생이건만 지금껏 우리의 기억 저 편에 방치되어 있다가, 엉뚱하게도 10여 년 전 자신의 제자였던 강 장관에 의해서 뒤늦게 스포트라이트를 받은 셈이다.

당시 김 선생은 난데없는 각 언론의 인터뷰 요청에 곤혹을 치르고 있었다. 강 장관 스토리를 취재한 기자들이라면 누구라도 한 번쯤은 그를 만나보고 싶어 했다. 무례인 줄 알면서도 기자가 막무가내로 김 선생의 집에 들이닥쳤으니 면박을 받으리라는 것은 어느 정도 예상할 수 있었다.

"오지 말라 캤는데, 뭐 하러 여기까지 왔노?" 김 선생의 목소리는 카랑카랑했다. 그는 기자를 20여 분이나 문 앞에 세워두었다. 그는 "내가 지금 씻지도 못해 모양도 엉망이고, 집도 이렇게 콧구멍만 해서 앉을 자리도 없는데……"라며 당황해했다.

얼마 전 한 방송사에서 찾아온 것도 안 찍겠다고 그냥 돌려보냈다는 그에게 비록 세월은 흘렀을망정 항상 단아하고 깨끗한 모습을 유지하고픈 전통무용가의 자존심은 여전히 살아 있었다.

난데없는 불청객의 방문에 당황한 김 선생은 서둘러 집을 좀 치우고, 간단하게나마 옷매무새를 가다듬느라 시간이 걸렸다. 명성과 달리 7평 남짓한 그의 아파트는 기자를 민망하게 할 정도였다. 두 사람이 무릎을 맞대자 이미 거실은 꽉 차버렸다.

여든의 세월을 보냈음에도 여전히 고운 자태를 간직하고 있는 김 선생이 그토록 수줍어하면서 기자에게 방석을 건네던 모습은 지금도 강렬하게 뇌리에 남아 있다. '(강금실 장관이) 장관이 된 후에 한 번 만난 적이 있느냐'고 묻자 그는 손사래를 친다.

"에이 뭐 하려고 만나. 바쁜 양반인데. 바쁘지만 않으면 한번 내려왔을 텐데. 몇 해 전 그 어머니가 돌아가시고 나서 참 힘들어했지. 모친이 또 훌륭한 분이셨거든. 안 그래도 장관 되고 나서 전화는 몇 번

왔었어. 건강하시냐고 말야. 생각지도 않았는데, 반갑고 고맙더만.”

그는 불청객을 극진히(?) 대접해 주었다. 저녁식사 대접에 진주역까지 배웅해 주면서 “집에 어머니 갖다 드리라”며 시장에서 산 과일 한 봉지를 기자 손에 쥐어주었다. 그리고선 한 마디를 또 간곡하게 덧붙였다.

“기자 양반들 사이에서도 강 장관에 대한 평판은 좋지? 워낙 틀림없는 사람이니까 다들 좋아할 거야. 많이 좀 도와주소. 그리고 이 늙은이가 한 말은 너무 시시콜콜 쓰지 말아. 그게 이 늙은이와 강 장관을 도와주는 거야.”

강금실 장관의 전통무용 주요 스승 4인 릴레이 인터뷰

‘강금실 장관의 전통무용’ 기획취재를 준비하면서 부딪친 가장 큰 어려움은 의외로 그에게 전통무를 전수했던 ‘스승’들이 한결같이 나서기를 꺼려했다는 점이었다. 정작 강 장관은 인터뷰에서 주저없이 자신의 전통무에 대한 생각을 밝혔지만, 전통무 전문가들은 오히려 숨기에 바빴다.

그들의 이유는 한결같았다. “중요한 일을 하는 데 괜한 오해를 일으키고 싶지 않다”는 것. 그만큼 그들이 느끼는 춤에 대한 세간의 편견에 대한 피해의식은 더 깊었다.

강 장관은 가슴으로 춤을 이해한다

_손경순 숭의여대 교수(승무 살풀이 사사)

—강 장관을 처음 만나게 된 과정은?

"1980년대 중반쯤인데, 나와 함께 승무를 배웠던 이명경 선생이 자신의 고교 후배라면서 처음 강 장관을 소개했다. 그때부터 가르치기 시작해서 지금까지 15~16년간 계속 인연을 이어오고 있다."

—전문가의 시각으로 볼 때 강 장관의 수준을 어떻게 평가하나.

"천부적인 자질을 타고났다고 감히 말할 수 있다. 나뿐만 아니라 김수악 선생이나 이흥구 선생 등의 대가들도 한결같이 그렇게 평하고 있다. 전통무용은 머리와 외모로만 하는 것이 아니라 가슴으로 해야 한다. 강 장관은 가슴으로 춤을 이해한다."

—특히 어떤 춤에 더 관심과 자질을 나타냈나.

"승무와 살풀이를 좋아했다. 특히 승무는 한 번 추는데 20분 이상이 소요될 만큼 고난이도인데도 잘 소화했다. 역시 전통무용 중에서는 가장 어렵다고 하는 무고와 정재(궁중무용)에까지 도전해 볼 수 있는 실력이었는데, 장관 발탁으로 현재 더 이상 하지 못하는 점이 아쉽다."

—강 장관은 스스럼없이 전통무용 예찬론을 펼치는데, 정작 손 교수는 왜 언론을 피하려고만 하는가.

"솔직히 기자들이 좋은 의도로 쓴다 하더라도 아직 우리의 잘못된 인식 가운데는 '공직자가 무슨 춤이냐' 하는 시각으로 삐딱하게 바라보는 것이 사실 아닌가. 괜히 강 장관에게 피해를 주고 싶지 않다. 또 어떤 기자들은 노골적으로 강 장관의 전통무에 대한 관심을 폄하하려는 질문을 하는 경우도 있다."

—강 장관과 두 살 터울이면 친구처럼 지냈을 법한데, 강 장관은 어떤 여자인가.

"비록 두 살 차이였지만 지금도 나에게 깍듯이 '선생님'이란 호칭을 붙인다. 정말 솔직 담백한 여자다. 거짓말 할 줄 모르고, 남의 얘기 하는 것 싫어하고, 자기를 내세우려 하질 않는다. 먹고 싶은 것 있으면 싸 가지고 와서 함께 먹고, 웃음 나오는 것은 못 참는다. 장관이 됐다고 해서 그런 성격이 변할 수가 있겠나."

—강 장관은 장관직을 그만두면 다시 전통무용을 하겠다고 하는데.

"대찬성이다. 아니 꼭 그렇게 해야 한다. 장관 입각 전에 본인이 하고자 했던 개인 발표회도 했으면 한다. 전직 장관이 개인 발표회 한다면 또 상업적으로 이용될 수도 있으니까, 전통무 관계자와 주변 지인만 불러서 조용히 무료로 공연을 하는 것도 좋은 방법이 될 것이다."

타고난 춤씨하며 참 욕심나는 제자

_ **김수악** 선생(살풀이 굿거리춤 사사)

—강 장관에 대해서 특히 남다른 애착을 가진 것으로 알고 있는데.

"전통무용은 먼저 인간으로서의 기본 품성을 갖춘 후에야 몸에서 우아한 멋이 나온다. 강 장관은 단아하고 정직하고 성실하고 겸손하고, 한마디로 '된 사람'이었다."

—선생님의 제자 시절 '판사고 변호사고 다 때려치우고 내 밑에서 계속 춤을 배

우라'고 한 것으로 알려졌는데.

"그건 잘못 알려진 말이다. 물론 제자로 계속 곁에 두고 싶은 욕심은 있었지만, 당시 판사로 중요한 나랏일을 하는 양반에게 그렇게 내 욕심만 챙길 수 있나. 하지만 어쨌든 타고난 춤씨하며 참 욕심나는 제자였음은 분명하다."

―최근에도 연락하는가.

"장관 된 후에 몇 번 전화로 안부를 물어 왔다. 건강하게 잘 계시라고. 바빠서 찾아 뵙지 못해 미안하다고. 경황이 없을 텐데 이런 시골 노인네까지 잊지 않고 챙겨주니 그 마음 씀씀이가 참 고맙고 예쁘다."

―그런 자랑스런 제자가 법무부 장관이 되었는데, 왜 선생님은 강 장관 얘기가 나오면 무조건 피하려고만 하는가.

"높은 데서 많은 일을 하는 사람일수록 많이 배우고 많이 알아야 하는 것이다. 특히 우리의 것이라면 더 말할 것도 없다. 그런 점에서 난 강 장관의 폭이 넓다고 본다. 그런데 자꾸 주위에서는 춤을 배웠네 어쩌네 하면서 헐뜯으려고 한다고 들었다."

―곧잘 다른 제자들과 강 장관을 많이 비교해서 말씀하시는데 특별한 이유가 있는가.

"노력이나 실력은 뒷전이고 간판에만 너무 욕심을 부리는 이들이 많아서 참 한심하고 서글프다. 그들이 장차 이 나라의 전통무용계를 대표한다는 것은 국가적으로도 불행한 일이다. 심지어 나한테 한 두세 달 배우고 나가서는 이 김수악의 수제자이며 전수자라고 떠들고 다닌다고 한다. 먼저 겸손하고 성실하고 인간이 되어야 전통예술을 할

▌강금실 장관의 전통무용 스승들

손경순 숭의여대 교수(승무 살풀이 사사)

김운선 선생(도살풀이춤 사사)

김수악 선생(살풀이 굿거리춤 사사)과 강금실 장관

수 있는 것이다. 그런 면에서 특히 강 장관은 더욱 애착이 가는 제자
였다."

무용가라고 자처하는 웬만한 이들보다 낫다

_이흥구 교수(한국예술종합학교 교수, 궁중무용 사사)

—다른 여러 스승들에 비해 강 장관이 이 교수에게 궁중무용을 배웠다는 사실은
최근에도 좀처럼 알려지지 않았는데.

"그게 뭐 그리 중요한 일이라고 얘기를 하겠는가. 그나저나 기자는
어떻게 알았는가."

—주변으로부터 전해 들었다. 장관을 그만두기 직전까지 배운 것으로 알고 있는
데.

"햇수로만 하면 얼추 6~7년 정도 된다."

—어땠는가. 궁중무용은 전통무 가운데서도 난이도가 제법 높다고 하는데.

"그렇다. 정말 뛰어난 자질을 보였다. 오히려 지금 무용가라고 자처
하는 웬만한 이들보다 훨씬 낫다."

—어쨌든 그는 법조인이고, 이 방면은 비전문가이다. 전통무용을 전문으로 배우
는 이들과는 차이가 날 수밖에 없을 텐데.

"어릴 때부터 전문적으로 배우지는 않았지만, 개인적으로 좋은 스승
을 찾아다니며 사사했기에 기본기는 그것으로 충분하다고 본다. 문
제는 본인의 자질과 열정이다. 전혀 뒤지지 않는다."

—강 장관 스스로가 계속 전통무를 하고 싶다고 밝히고 있는데.

"우선 나부터가 그렇게 하도록 권할 것이다. 그러나 지금은 어쨌든 장관이니까 너무 이런 문제로 자꾸 어지럽게 하지 않았으면 좋겠다. 지금은 그냥 맡은 일을 편하게 잘할 수 있게 배려하는 것이 필요하다. 그래서 나도 일절 연락하지 않고 있다."

첫인상부터 진지하고 강한 힘이

_김운선 선생(도살풀이춤 사사)

—어떤 과정으로 강 장관을 가르치게 됐나.

"1996년경으로 생각되는데, 전화가 왔더라. 문화재관리국을 통해 번호를 알았다며, 한번 찾아오겠다고. 그리곤 며칠 후 사무실로 찾아왔다. 예전에 어머니(김숙자)의 도살풀이춤 공연을 두세 차례 본 적이 있는데 그때 꼭 한번 배워보고 싶다는 생각을 했다고 하더라. 돌아가신 어머니 대신 내게 시간을 내서 좀 가르쳐주실 수 있느냐고 청해 왔다."

—유명인들 중에는 단순히 호기심 삼아 몇 차례 배우다가 그만두는 경우도 많을 텐데.

"물론 그런 경우도 있지만, 대개 그런 이들은 처음 딱 보면 안다. 그런데 강 장관은 첫인상부터 무척 진지했고, 나직한 목소리에도 강한 힘이 느껴졌다. 몇 번 하다 말 것 같은 생각은 안 들었기에 흔쾌히 가르쳐주겠다고 했다."

—가르치면서 어떤 느낌을 받았나.

"사실 좀 아쉬운 감은 있었다. 좀더 정기적으로 했더라면 무척 빠른 속도로 실력이 늘었을 텐데, 변호사 업무 하며 여러 가지 사회 활동 때문에 무척 바쁜 듯했다. 토요일과 일요일을 이용해서 주로 미리 연락을 하고 우리 사무실을 찾았다. 본인도 '좀 더 시간을 내서 자주 배우고 싶은데 그렇지 못해서 죄송스럽다'는 말을 많이 했다."

─비슷한 연배인데 춤 외에 서로 통하는 코드가 없었나.

"그분은 변호사 업무나 춤 외에도 워낙 다방면에 소질이 많았지만, 난 춤밖에 모르니까. (웃음) 그런데 참 다정다감했고 상대방을 배려하는 측면이 강했다. 남편인 김태경 씨와 함께 식사 자리에도 몇 차례 날 초대했다. 문학인이나 예술인들과 함께 하는 자리에도 날 초대해서 두세 차례 정도 함께 어울린 적이 있었다. 김정환 시인도 있었고. 사람 사귀는 폭이 참 넓다는 생각이 들었다."

_강금실 캐리커처, 「일요신문」 장영석 기자

감 명 국 _ 「일요신문」 기자

1969년 부산에서 출생했고, 경기대 국어국문학과를 졸업했다. 1996년 「일요서울」 사회부 기자로 입사했고, 2002년부터 「일요신문」 사회부 기자로 근무하고 있다.

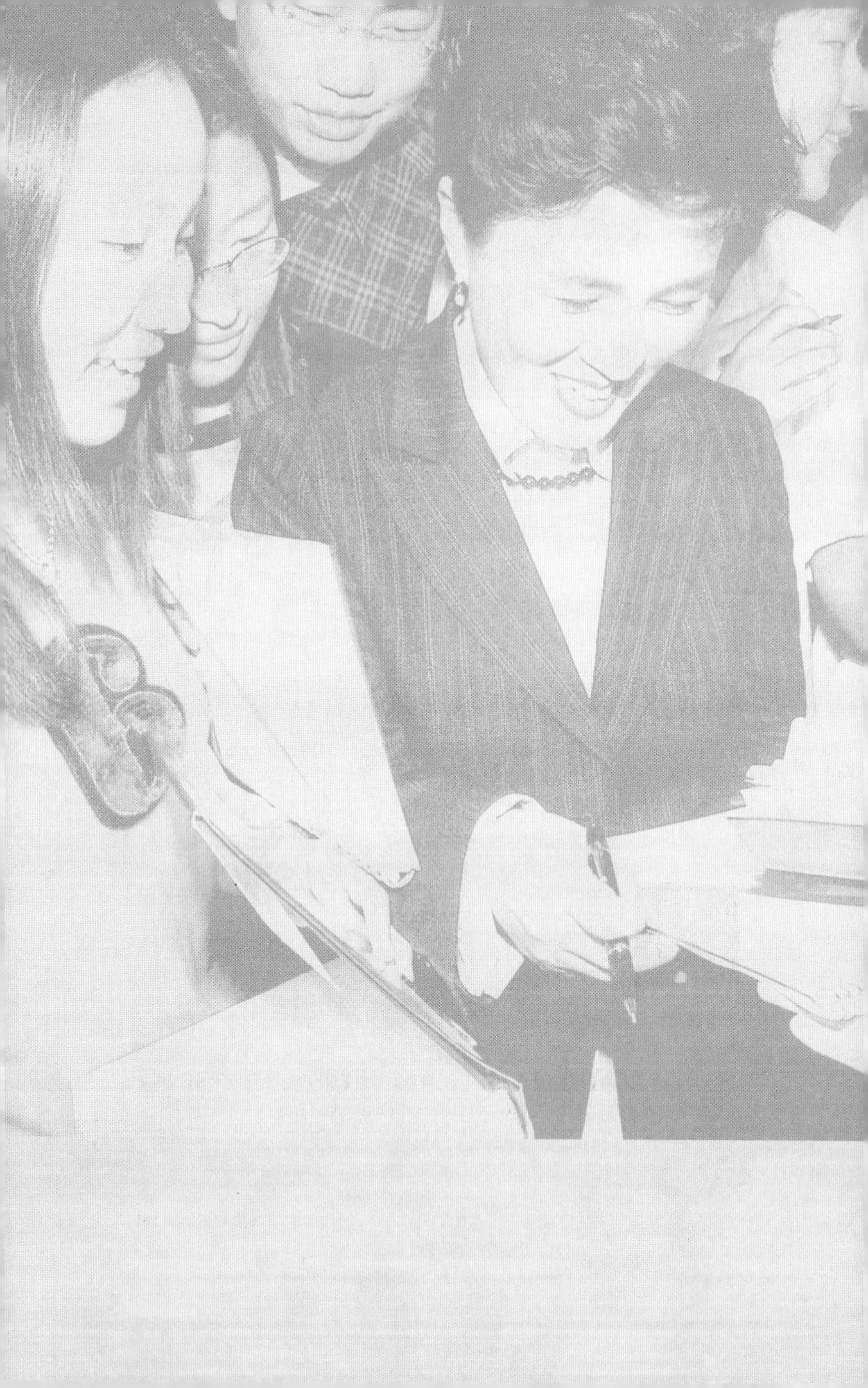

■ 글로 본 **강금실**—

바람 닮은 삶 길들이기

차 병 직_ 변호사

강금실이 쓴 세 편의 글

얼굴에 마주치는 바람이 인간을 지혜롭게 만든다. 그런 말이 있다. 이제 그 말의 의미가 무엇인지, 우리 삶의 한 부분을 살펴보면서 이해할 수 있을 것 같다. 이해의 수단이면서 대상이기도 한 것은 그 사람 삶의 한 모습이다. 지금 그가 우리 앞에 있기 때문이다.

자잘하고 짜증이 나기도 하지만 불가피한 일상을 약간 느린 속도로 보여주는 대만 영화 「하나 그리고 둘」의 의도는, 우리더러 사는 방법을 나름대로 터득해 보란 것처럼 느껴진다. 그 이야기 속에 간간이 등장하는 꼬마는 작은 카메라로 다른 사람의 뒤통수만 찍으며 다닌다. 다음에 그 후두의 주인공을 만나면 인화한 사진을 건넨다. 이것이 당신의 뒷모습이라고, 평소에 잘 볼 수 없을 것 같아 보여준다고, 얼굴이야 늘상 거울로 보는데 또 사진으로 옮길 필요가 있겠느냐고 말하며……. 그럴 듯한 지적이다. 사소함 속에서 새로운 이야기의 실마리로 삼는 데는 뒤통수 같은 엉뚱한 어휘가 제격이다. 사실 뒤통수는 자기만 못 보는 것이 아니다. 타인도 당신의 뒤통수를 눈여겨보지 않는다. 어느 사람이 다른 사람을 본다는 것은 얼굴을 보는 것을 말한다. 설사 극히 좁은 각도라 하더라도 그가 누군지를 인지하기 위해선 옆모습에서도 얼굴의 흔적을 찾아내야 한다. 의도하여 다른 사람을 볼 때 뒤통수를 보는 법은 없다. 뒤통수는 그저 무심결에 눈앞에 나타날 뿐이다. 그가 누구인지 관심없는 불특정의 인간이 성급하게 내 앞을 지나칠 때 잠깐 보여줄 뿐이다.

갑자기 뒤통수를 떠올리게 된 까닭이 있다. 사람을 깊이 안다는 것이 무엇인지 생각하다 보니 그렇게 되고 말았다. 특정한 사람에 대해 다수의 다른 사람들이 관심을 모으는 것은 좋지만, 사람을 꼭 깊이 알 필요가 있을까 하는 의문이 먼저 일어난다. 깊이 안다는 것은, 그 사람에 대한 정보를 많이 가지고 있다는 말이다. 많은 정보를 가지고 있을 뿐 아니라, 정확하게 알고 평가할 수 있다는 의미도 내포한다. 경우에 따라서는 본인도 제대로 인식하고 있지 못하는 요소까지 끄집어내 제시할 수 있는 수준을 일컫는다.

굳이 한 사람을 깊이 알 필요가 있을까 하는 의문에는 적어도 두 가지의 근거가 있다. 첫째, 사람을 깊이 알면 정작 그 사람을 말할 수 없기 때문이다. 그 사람을 깊이 아는 사람이 알고 있는 사실을 제대로 말할 때 관심 있는 다수의 다른 사람들이 그 사람을 깊이 알 수 있다. 그러나 깊이 아는 사람을 말하기에 앞서 당위론적 고민에 빠질 수밖에 없다. 그 사람의 약점까지 다 드러내버리면 깊이 알기의 대상으로 삼은 취지가 감소하고 만다. 그렇다고 꺼림칙한 부정적 측면을 제외하자니 사실이 왜곡된다. 언젠가 가수 송창식에게 기회가 되면 평전을 써보고 싶다고 말한 적 있다. 그는 즉시 이렇게 대답했다. 나를 좀더 깊이 알게 되면 결코 쓰지 못할 것이다. 그 말의 뜻을 이해하는 데 그리 긴 시간이 걸리지 않았다.

그럼에도 불구하고 깊이 파헤쳐버린다면, 결과로 남는 그 사람 깊이 알기는 무용한 것이 되고 만다. 솔직하게 말한다는 것이 미덕만이 아니란 사실은 경험으로 안다. 그 사람에 대해 깊이 안다고 모두 나열해 버리면, 대개는 그 사람에 대한 지리한 분석과 비평 그리고 어설프고 허망한 감상만 거머쥐고, 애당초 붙잡아보려 했던 그 사람의 실체는 날려버리기 쉽다. 두 번째 근거는 이것이다. 인간이면 누구나 지니고 있는 결점이란, 인간을 구성하는 불가결의 요소이면서도 함께 즐기기 위한 인간의 상징 작업에서는 다른 인간적 요소와 쉽게 조화되지 못하기 때문이다.

그래서 이렇게 정리하고자 한다. 그 사람에 대해 애정과 관심을 가지고 '많이 알기' 또는 '깊이 읽기'를 시도한다는 것은, 좀 다른 측면에서 그 사람을 바라보는 정도로 이해하면 편하겠다. 그것이 반드시 뒤통수가 아니더라도 말이다. 나는 그를 좋아한다. 나는 그에 대해 기대하는 바가 있다. 나는 다른 사람들에게 그를 알려주고 싶다. 그래서 많은 사람들이 늘 볼 수 있는 모습이 아닌 다른 쪽을 택했다.

강금실 법무부 장관이 쓴 세 편의 글을 골랐다. 제주도에서 날아와 경기여고를 마친 재원, 서울대학교 법과대학을 졸업한 뒤 이상과 현실의 중간쯤에 단정하게 앉았던 법관, 그 공간들을 메우려는 듯한 길고 짧은 논설과 노래들을 엮어보았던 출판사 발행인, 자본주의의 사막에 불시착한 듯한 개업 변호사, 스스로 필요한 수정주의 오아시스를 파는 셈으로 맡았던 민변 부회장과 인권재단 이사, 그리고 법무법인의 대표 변호사. 이것이 법무부 장관 이전의 개략적인 그의 이력이다. 그러니 그도 많은 말을 하고 글도 썼을 터이다. 판사 시절엔 그 유명한 우리법 연구회의 일원으로 공부도 게을리하지 않았다. 그래서 그의 이름으로 발표된 국가보안법과 호주제에 관한 긴 논문도 법률 문헌 목록에서 찾아볼 수 있다.

그러나 내가 그를 이야기하기 위한 소재로 고른 글은 전혀 다른 성격이다. 각 편마다 원고지 이십 매 내외 분량의 소품이다. 우선 나는 그가 이 세 편의 글을 쓰게 된 사소한 경위를 알고 있다. 서울지방변호사회에서 발행하는 『시민과 변호사』라는 월간 잡지가 있다. 어느 날 그 편집 실무자가 전화를 했다. 1년 정도만 자유로운 형식의 수필을 써달라는 원고 청탁이었다. 이런저런 핑계로 그 부담에서 벗어나려 하자, 두 번째 전화에서 변경된 제안을 했다. 법무법인 지평의 대표인 강금실 변호사와 격월로 맡아달라는 것이었다. 그러면 부담이 절반으로 줄어들 터였다. 나는 그의 개인적 감수성이 밴 글을 읽어보고 싶은 욕심이 일었다. 그의 글 사이에 끼여 무언의 대화를 릴레이 형식으로 나누고 싶었다. 그리고 그의 글쓰기를 권유하고 재촉하는 효과도 노릴 수 있으리라 생각했다. 그리하여 나는 승낙했다.

그가 먼저 시작했다. 2001년 10월호에 김수영의 시 이야기가 실렸다. 잡지의 너댓 면을 차지한 격월 에세이의 코너 이름은 '쉬어가는 글'이었다. 그의 글은 사생활의 일면을 내비치며 자신의 사유와 고민을 통한 내면의 한 부분을 슬쩍 보여주고 있었다. 나는 거기에 뛰어들어 짐짓 장난을 걸어보듯 테니스 이야기만 해댔다. 그 엇박자의 교차 에세이는 예정된 회수를 다 채우지 못하고 정확히 절반의 지점에서 멈췄다. 그가 네 번째 글을 쓰지 않았기 때문에 나도 거기에 따랐고, 반년 만에 편집자는 재빨리 다른 기획을 해야 했다.

그때 그가 쓴 세 편의 시, 영화 그리고 음악에 관한 글을 보자.

강금실이 좋아하는 김수영의 시

그러고 보니 내게는 별다른 좌우명이 없다. 사실은 생활의 시작과 끝에 대한 설정이나 기대도 없다. 보통 사회적으로 성공을 거둔 사람들은 생활 신조를 하나씩 언급하곤 하는데, 남들이 말하는 성공까지는 아니라 하더라도 좌우명이나 신조를 갖는 것은 좋은 일일 것 같다. 생활의 지침이 되는 말을 자신에게 꼭꼭 새겨 넣으면 그 말이 지닌 의미의 지점까지 잘 걸어갈 수 있을 터이니. 어느 시인은 "사람들은 누구나 자기의 별을 가지고 있다"라고 하였는데, 그 별을 따라 밤길을 걸어가듯이.

—강금실, 「김수영의 시 이야기」

좌우명이 없다는 독백은 무엇을 의미할까. 그는 이 비도덕적이고 부조리한 구조의 사회 속에서 그래도 자기 생활을 꾸려나가는 사람들이 붙잡는 성실성의 담보물을 좌우명이라 생각한 것 같다. 그리하여 그 좌우명이 지시하는 메시지에 따라 신념에 찬 목표를 정한 뒤 활기차게 내달리는 사람들을 구경하듯 바라보고, 문득 자신에겐 좌우명이 없다는 사실을 깨달았다. 좌우명은 아무리 그 문구가 구체적이라 하더라도 하나의 추상적 구호에 지나지 않는다. 그 위에 자신의 행동과 생활을 차곡차곡 쌓아갈 때 비로소 구체화되는 것이 좌우명이다. 그렇다면 그에게 좌우명이 없다는 것은 자신의 개성적 삶을 쌓아올릴 견고한 토대가 없다는 말일까. 결코 그렇지는 않다. 그는 누구보다도 자신만의 삶을 사유하고 도모하는 지적 인간이다. 그가 좌우명을 가지고 있지 않다는 것은 실천에 앞선 구호의 형식적 전제를 장식으로 지니지 않고 있다는 것일 뿐이다.

그의 고백을 들어보면 좌우명을 필요로 하지 않는 이유를 알 수 있다. 그에겐 시가 좌우명의 대용물이 되곤 한다는 것이다. 자신의 생활 속에서, 그때그때의 상황에 부응하여 좋아하는 시구가 언제나 먼저 자기 앞에 서서 기다리고 있는 것을 체험한다. 해마다 2월이면 '바람이 분다, 살아봐야 하겠다'를 어김없이 떠올리는 것도 그 예다. 그래서 그는 자신의 내밀한 감성의 일면을 소개하는 글에서 시를 첫 번째 소재로 삼은 것이다.

그가 즐겨 읽거나 교류하는 시인들이 많지만, 시가 좌우명처럼 나타나기 시작한 이후로 가장 빈번하게 그의 가슴에 들이닥쳐 휘저어 놓은 언어는 김수영의 시였다. 그래서 그는 마치 김수영의 시와 함께 걷는 인생처럼 돼버렸다고 단정하기도 한다. 삼십 대 초반부터 매달려 있었던 시는 「봄 밤」이었다. '애타도록 마음에 서둘지 말라 / 강물 위에 떨어진 불빛처럼 / 혁혁한 업적을 바라지 말라 / 개가 울고 종이 들리고 달이 떠도 / 너는 조금도 당황하지 말라 / 술에서 깨어난 무거운 몸이여 / 오오 봄이여'

삼십 대 초반에 선 사람은 그렇게 느낄 수 있다. 이 세상은 소용돌이같이 거센 삶을 담고 있다. 그 속에서, 또는 그 광경을 바라보며, 그는 오히려 세속적 성공과 명예에 일찌감치 회의를 가진 듯하다. 달의 행로를 밟을지라도, 아둔하고 가난한 마음은 서둘지 말라고 하지 않았던가. 「봄 밤」의 시구가 그의 가슴에 닿아 있을 때, 그는 인기 있는 장관이나 유망한 미래의 여성 대권 주자와는 거리가 멀었다. 특히 당시 그의 정서는 '술에서 깨어난 무거운 몸이여'라는 한 구절에 무게를 두고 있었다. 그는 단지 술에서 깨어나듯 세상의 짓눌림과 가벼움 사이에서 인생을 조율할 정신의 균형을 어떻게 유지할 것인가에 관심을 두고 있었다. 물론 그는 술을 즐긴다. 술 자체를 즐기기도 하고, 술을 구실 삼아 친구들과 오래도록 이야기하기도 좋아한다. 하지만 그는 술과 술자리 속에 완전히 빠져들어 함몰하지는 않는 것 같다. 그는 자신만의 고독한 섬에 갇혀 있다가, 그곳을 일시적이나마 완전히 탈출하여 술자리에 앉는 것이 아니다. 섬의 경계를 함께 아우르고 술자리에 나타난다. 그 운명적 타성은 삼십 대라고 덜했을 까닭이 없다. 그리고 술자리를 벗어난 뒤엔, 다음 날 아침 취기에서 서서히 깨어나면서 시인의 명령을 떠올리는 것이다. '애타도록 마음에 서둘지 말라.' 누구나 경험하듯 숙취에서 깨어나는 아침에 육체적 통중보다 정신적 고통에 괴로워하는 법이지만, 그는 그 순간 여전히 앞에서 기다리는 김수영의 시구에서 위안을 찾았다.

시의 한 구절이 다음 날 아침 생을 어루만져주는 위안이 되었다면, 그는 그래도 보통의 사람처럼 불안한 현실에서 앞날의 희망을 기대하고 있었던 것이다. 그렇게 삼십 대를 보냈다. 스스로는 그냥 떠다니는 잎새처럼 흘려보냈다고 하지만, 삼십 대 막바지에 섰을 무렵의 그는 현실에서 붙잡고 있던 일과 치열하게 다투며 몰두하고 있었다. 그때는 김수영의 시구도 「더러운 향로」로 바뀌어 있었다. '길이 끝이 나기 전에는 / 나의 그림자를 보이지 않으리 / 적진을 돌격하는 전사와 같이 / 나무에서 떨어진 새와 같이 / 적에게나 벗에게나 땅에게나 / 그리고 모든 것에서부터 / 나를 감추리'

현실의 생활에서 그는 단아하면서 충실한 인간의 모습을 보여주었다. 내면의 갈등과 고독의 수위나 깊이에 관계없이, 그는 자신이 처한 직업인으로서의 모범이 될 만한 자세와 결과를 보여주었다. 그렇게 일에 매진하고 다른 의견과 토론할 땐 적진을 돌격하는 전사처럼 보였을지 모르나, 그럴 때도 항상 자신의 원래 모습은 따로 감추고 있었다. 태양 아래서 그림자를 감추듯.

깔끔하게 정돈된 느낌의 외모와 다른 사람의 말을 듣기 전에는 결코 먼저 입을 열 것 같지 않은 태도에도 불구하고, 화면과 기사로만 그를 대하는 사람들은 섣불리 그를 강단 있는 여전사로 판단해 버리는 경향이 있다. 그러나 실제로는, 가끔 시에 의탁하듯 그의 내면은 섬세하고 여린 세포가 주류를 이룬다.

지난날 한때는, 오직 자신의 논리적 결론에 따라 강인함을 만들어내어 세상의 일들과 부딪쳐 보았던 것이다. 그리고 그 나름대로의 치열함은, 역시 누구나 그러하듯 사십 대 중반께로 와서 완화되었다. 과거의 한 부분이 자신의 것이었던가 의심스러울 정도로 기세가 수그러들고 마음은 또 한 번 더 부드러워졌다. 그런 즈음 세상과 마주하여 각오를 다져야 할 때의 좌우명은 「채소밭 가에서」였다. '기운을 주라 더 기운을 주라 / 돌아오는 채소밭 가에서/ 기운을 주라 더 기운을 주라 / 바람이 너를 마시기 전에'라고 그를 독려하였다. 아울러 「파밭 가에서」도 마찬가지였다. '삶은 계란의 껍질이 / 벗겨지듯 / 묵은 사랑이 / 벗겨질 때 / 붉은 파밭의 푸른 새싹을 보아라 / 얻는다는 것은 곧 잃는 것이다'

　말하자면, 불과 얼마 전까지 그에게 전달된 시인의 명령은 더 깊숙하게 생 속으로 들어가란 것이었다. 그 대상이 외부의 세계든 내면의 영혼이든, 집착을 버리고 관용의 생기로 은은한 희망을 가지란 것이었다. 그리하여 그는 결국 시구가 대신하는 생의 로드맵 종합판으로 「풀」을 든다. 늘상 김수영을 읽으면서도 정작 「풀」은 외면했다. 이유는 오직 「풀」이 너무 알려진 시고, 그만큼 정형화된 의미의 평가가 먼저 제시됐기 때문이다. 하지만 사십 대 중반을 넘기면서는 그런 세속적 저항감과도 제법 쉽게 화해하기에 이르렀다. 그래서 풀이 눕고 풀뿌리가 눕는 그 반복의 시어에서, 처음과 끝을 이어놓은 그 순환 구조 속에서, 조금씩 성숙시키며 마감을 향한 초입에 들어서야 할 자신의 삶을 다스린다.

　짧은 교향악 같은 시에 자기 생을 대입해 보면서, 비극처럼 흐리고 어두운 날이 계속돼도 해는 항상 떠오르듯이 자신의 생이 시작으로

되돌아갈 수 있을까 헤아려본다. 물론 그가 되돌아갈 수 있을까 하고
상념에 젖어보는 목표점이 지난날의 청춘은 아니다.

그가 좋아하는 것은 김수영 시의 모호한 어휘의 배열과 시적 논리
가 아니다. 시인의 말들이 어우러져 빚어내는 운율 속에서 항상 그만
이 흔쾌히 받아들이는 부분은 따로 있다. 말들의 실체가 사람의 몸에
서 살을 다 추려내고 남은 뼈대의 하얗게 빛나는 비장함으로 생생하
게 살아서 비수처럼 자신을 찔러 오는 것을 즐긴다. 그런 버릇은 영
화에서도 마찬가지다.

강금실의 영화 보기

나는 영화를 극장에서 보는 것을 원칙으로 삼고 있다. 스크린의 넉넉
한 넓이와 첨단 기술이 동원된 소리 때문만은 아니다. 비디오 테이프
건 방송 프로그램이건 심야의 텔레비전 화면 앞에선 두 시간 이상을
버텨낼 재간이 없다. 처음엔 안락 의자 깊숙이 둔부를 밀어 넣는 것
으로 시작하지만, 더빙된 성우의 목소리로 뛰쳐나온 대사가 귓바퀴
에서 미끌어져 버리듯 서서히 허리가 기울어지면서 빗변이 되어 의
자의 두 면 사이에 커다란 직각삼각형의 공간을 만들어낸다. 급기야
거실 바닥에 주저앉고, 종당에는 정수리 바로 아랫쪽만 절묘하게 의
자 가장자리에 걸친 채 버티다가, 이내 눈을 감는다. 그 지경에 이르
기까지 보통 영화 테이프는 전체 길이의 삼분의 일도 돌지 않는다.
비디오 가게 아주머니는 아무리 시세 없는 영화 테이프라도 나흘씩

기다려주지 않는다. 물론 극장이 내게 제공하는 다른 특별한 미덕도 있다. 모든 극장이 그런 것은 아니지만, 평일 점심시간을 전후한 때의 '뤼미에르'는 최적이다. 그 시간의 뤼미에르는 거의 텅 비어 있다. 혼자 가거나 아니면 빈둥거리는 친구 하나쯤 끌고 가면, 웬만큼 인기 있는 영화라도 열 명 미만의 관객을 두고 영사기를 돌리는 호사를 누린다. 희미하게 좌석 번호가 찍힌 표는 휴지통에 던지고, 아무것도 시야를 가리지 않는 위치에 자리를 잡아, 기분에 따라 두 발을 적당히 앞 의자 등받이에 걸쳐보기도 한다. 그 우울할 정도로 고고하고 쾌적한 상태에서 영화의 모든 것이 내게로 빨려든다.

그는 그런 극장을 하나 가지지 못한 모양이다. 영화 보기를 좋아하면서도 극장에 가기 싫어하는 자신을 불행하다고 한다. 폐쇄된 어두운 공간에서 여러 사람들과 갇혀 앉아 있는 것을 견딜 수 없어 한다. 오히려 홀로 방 안에서 내려앉는 고독과 함께 텔레비전이 선택해 주는 영화를 즐긴다. 그런 영화 감상법에 대해 진지한 친구들이 조언을 마다 않는다. 화면의 크기와 구성뿐만 아니라, 색채와 음향이 달라져 제대로 된 영상미를 맛볼 수 없다. 극장 의자에 앉으면 포복절도할 코미디도 방 안의 텔레비전을 통하면 지루할 수 있다. 하지만 그는 나름대로 방어 이론을 구축하고 있다. 그는 한 편의 영화에서 여러 장치적 요소들을 제거하고 난 뒤 지루하게 남는 고갱이를 즐긴다. 영화에 복합적으로 담긴 색보다는 감독의 정신을 들여다보는 쪽을 선호하는데, 필름이 단조로워질수록 그 정신은 도드라진다고 주장한다. 그의 취미는 재미가 반감된 상태에서 영화의 진짜 재미를 골라내는 것이다.

이와 같이 살아 있음을 꿈에 비유하는 이야기들은 인생이 영원하다면 확고부동한 실재이겠지만, 언젠가는 반드시 죽는 것이고, 그래서 실재일 수 없고, 잠시 불었다가 사라지는 바람과 같이 허무한 환영에 불과하다는 메시지를 담고 있는 듯하다. 이러한 성찰은 인생 속에 굳어 있는 욕망과, 사람들이 빚어낸 물질에 매달려 죽자 살자하는 태도가 허상에 대한 집착에 불과하다는 사실을 환기시켜서 본디의 삶을 되돌아보게 하는 힘을 주지만, 너무 빠져서는 또 위험하기도 하다. 살아 있는 동안에는 당장 먹는 문제를 해결하고 열심히 살아야 하는데 이러나저러나 어차피 허무하다고 자신의 삶을 제쳐놓게 되면 소외되고 무능한 사람이 될 수밖에 없기 때문이다. 꿈이지만 이 꿈에 매달려 치열하게 살 수밖에 없다. 허무하면서 치열하여야 하는 이 모순된 과제는 인간의 숙명인 듯하다.

—강금실, 「시에스타」

그의 방식대로 본 영화 중에서 하나를 뽑은 것이 「시에스타」다. 마틴 쉰과 조디 포스터가 연기한 영화는, 제목이 암시하듯, 인생은 짧은 낮잠에 불과하단 다소 상투적인 주제를 다루고 있다. 빨간 드레스의 여자 주인공은 자기가 죽인 것으로 생각하는 옛 연인의 부인을 보고 손을 뻗는다. 하지만 그 부인은 닿지 않는다. 여자 주인공 자신이 죽은 사람이기 때문이다. 이 마지막 장면조차도 거듭 되풀이되는 형식이다. 내 기억에만 의하더라도, 「식스 센스」니 「디아더스」니 하는 영화가 같은 트릭을 사용했다. 이런 반전의 재미는 가끔 깨달음을 수

반하기도 한다.

　꿈과 실재는 많은 생각을 하게 만든다. 그도 이 영화를 보고 더 많은 시간 동안 상념에 잠긴 모양이다. 보통 장자의 '호접지몽'을 떠올리지만, 그는 '조신의 꿈'과 '보르헤스의 단편'을 끌어들였다. 『삼국유사』의 한 귀퉁이에 조신의 이야기가 들어 있다. 무대는 그가 좋아하는 바닷가 언덕에 세워진 양양 낙산사다. 구도에 뜻이 없는 승려 조신은 그토록 사모하던 강릉 태수의 딸을 꿈속에 만나 결합한다. 무려 오십 년을 함께 산 끝에 부인이 먼저 헤어질 것을 제안한다. 고운 얼굴 아름다운 미소도 풀 위의 이슬이요, 지란 같은 약속도 바람에 날리는 버드나무 꼴입니다. 꿈에서 깨어난 뒤 조신은 수행으로 생을 마쳤다. 보르헤스의 소설은 「원형의 폐허들」이다. 이남호는 「원형유적」이라 번역했는데, 이중 구조의 꿈속 세상은 혼란을 가중시키는 가운데 실재의 의미를 감지하게 한다. 도인은 꿈속에서 아이를 만든다. 그런데 도인 스스로도 꿈속에서 만들어진 존재라는 사실을 깨닫는다. 불 속으로 걸어 들어가는 도인은 뜨거움을 느끼지 못한다. 도인은 언제나 자신의 피조물이 환영에 불과하단 사실에 괴로워하지만, 그 자신도 꿈으로 만든 존재였던 것이다.

　그가 생각의 실타래를 정리한 결과는 대략 이렇다. 생은 죽음 안에서 잠시 낮잠 자는 사이에 꾸는 꿈에 불과하다. 삶의 실체는 죽음이 꾸는 꿈이다. 죽음이 살아 있고자 강렬한 열망을 내비치는 그 짧은 순간이다. 죽음에게 살아 있고자 하는 강한 열정이 없고서는 꿈이란 없다. 결국 인생은 죽음을 이기고 안타깝고 소중하게 피워내는 유한의 정열이요 아름다움이다.

그의 삶에 문학이나 영화 따위의 예술이 어떤 기능을 하는지 가늠할 수 있다. 항상 일정하게 깊은 내면의 세계에 갇혀 있는 듯 보이지만, 그가 생활의 일부로 삼고 있는 예술의 긍정적 작용이 다른 사람과 함께 어울리는 삶을 가능하게 한다. 책을 덮고 영화가 끝난 뒤에 남은 여운이 그를 현실로 돌아가게 만든다. 바로 그 기억과 환기의 기능 때문에 그는 예술을 가까이한다고 진술한다.

강금실과 음악

잠깐 꿈에서 깬 듯 그를 다시 바라보면, 여전히 그는 모범적이다. 그래서 김수영의 시든 엘렌 바킨이 나오는 영화든, 그 속에서 빠져나와서는 삶의 원칙에 충실하려 한다. 시 읽기와 영화 보기를 단순한 유흥과 휴식의 수단으로만 치부하려 하지 않는다. 다른 사람의 체험과 사유를 통하여 자신의 삶을 반성하고 더 풍요롭게 만들려고 노력한다. 그래서 그는 한때 차 속에서 영어 회화 공부를 시도한 적이 있다. 운전을 하지 못하는 탓에 차 속에서 뭔가를 하고 싶었고, 시류와 실용을 감안하여 영어 카세트를 틀기로 한 것이다. 그러나 고리타분한 다른 세계의 발음 구조에서 나오는 앵무새 같은 소리보다는 음악이 나았다. 얼마 못 가서 회화 테이프는 버리고 음악을 듣기 시작했다. 운전하지 않는 대가로는 꽤 가치 있는 기회를 얻은 셈이다. 운전하면서도 음악을 못 듣는 것은 아니지만, 적어도 내 경험에 의하면, 운전에 몰두하다 보면 음악은 배경에 지나지 않고 멍하게 앞만 보고 있기 일쑤다. 음악을 듣는 일은 집중을 요한다.

　　아침에 잠깐, 저녁에 잠깐, 라디오에서 흘러나오는 음악 소리
는 스펀지에 물이 스미듯 몸 안에 번지면서 자주 가슴으로 벅차
오르곤 한다. 그 감동은 예전과 달라서 투명하고 고고하다기보
다는 태어나는 이의 몸을 씻기고 떠나는 이의 뼛가루를 받아들
인 젖은 강물이 몸 안을 돌아다니는 듯하다. 어디에선가 살 냄새
가 섞인 울음소리가 들리는 듯하다. 즐겨 듣지 않았던 국악도 왠
지 따사로워서 명인들이 머리 천장에 닿은 고음으로 지르는 경
기 민요, 서도 민요도 마냥 좋아지는 것이다. 아마도 이러한 현
상은 나이가 들은 탓이라고 할지도 모르겠다.

—강금실, 「아메리카」 2악장

　　그는 한동안 드보르작의 현악 4중주 「아메리카」를 거듭 들었다.
그 중에서도 그를 사로잡은 것은 2악장이었다. 보헤미아의 민요가
깔린 탓인지 구성진 계면조 가락이 그의 정서에 닿았다. 비슷한 이유
로 러시아 민요 「스텐카라친」과 그리스 민요를 미키스 테오도라키스
가 정리한 「기차는 여덟 시에 떠나네」에도 귀를 귀울였다. 1670년 스
텐카라친의 지휘 아래 돈 코삭의 농민 반란군이 뭉쳤다. 그러나 인질
로 잡아 온 페르시아 공주의 아름다움에 반해 병사들이 분열했다. 그
위기를 벗어나기 위해 스텐카라친은 공주를 볼가 강 속으로 던져버
린다. 그때 부른 노래가 「스텐카라친」이다. 그 애절함을 「아메리카」
2악장에서도 발견했던 것일까. 아니면 테오도라키스의 이룰 수 없이

스러져간 혁명 사상의 애잔함을 혼자 기념하고 싶었을까.

그는 「아메리카」의 내력에 대해서는 알지 못한다고 했다. 그를 대신하여 그의 술친구인 시인 김정환이 설명한다. 그가 출판업도 겸하고 있을 때 김정환의 시전집을 냈다. 스무 권의 시집을 삼백 쪽이 조금 넘는 국판의 지면에 밀어 넣었다. 그야말로 깨알만한 글씨는 젊은 독자도 돋보기의 도움을 받아야 읽을 수 있을 정도였다. 그런 장난기에 의미를 부여하여 서로의 느낌을 주고받았다. 출판사가 문을 닫고 김정환은 다른 곳에서 『내 영혼의 음악』을 상재했다. 그 책에서 그가 즐겨듣는 「아메리카」를 이렇게 말한다. 드보르작은 미국 아이오와 주 북서쪽의 체코슬로바키아 인 정착촌에서 여름 휴가를 보내는 동안 「아메리카」를 썼다. 이 작품에는 드보르작 음악 정신의 흔들림이 생애의 시간을 머금으며 질적인 발전을 자아내는 과정이 담겨 있다. 전체적으로 보면, 세련된 도시풍이다.

그의 「아메리카」, 특히 제2악장에 대한 느낌은 세련된 도시적 감성과 거리가 있다. 그가 받은 것은 슬픈 듯도 하고 즐거운 듯도 하면서 희로애락을 버무려 잘 빚은 둥그런 원의 느낌이었다. 민요 가락이 바탕에 깔려 우선 듣기에 편하다고 느꼈다. 「아메리카」 2악장을 들으며 달리고 있을 때, 차창 밖의 가로수들이 그에게 무언가를 속삭였다. 슬프다고 너무 울지 말고, 그렇다고 겁 없이 마구 내달리지도 말고, 걸어가는 듯 쉬는 듯, 달리는 듯 주저앉는 듯하라고. 원래 삶에 신천지란 없다고, 삶은 그런 것이니 잘 적응하며 채워 나가라고…….

그는 한때 「아메리카」 2악장에 깊이 빠져, 급기야 음반을 여러 장 사서 가까운 사람들에게 나눠주기도 했다. 그의 그러한 나누기는 음악에 한정된 것이 아니다. 언젠가 나도 그로부터 뜻밖의 선물을 받았다. 내 책상 위에 놓인 것은 막스 피카르트의 『침묵의 세계』라는 책과 영화 『탱고 레슨』 비디오 테이프였다. 그는 인생의 반려처럼 늘상 예술의 세계와 동행하고, 불현듯 어떤 느낌과 강렬히 부딪칠 때 그 한 조각을 다른 사람과 나누어 가지려는 버릇을 익혀 왔다. 「아메리카」 2악장이 그 대상이 된 것은, 결정적으로 몇 차례 높낮이가 반복되다 절정에 이른 뒤 서서히 잦아드는 현의 소리 때문이다. 그는 그 종결부의 경건함에서 죽음의 발자국을 예감한다. 그리하여 그 상상은 성급하고 조금은 엉뚱한 곳까지 번져 간다. 그는 죽음을 맞았을 때 누가 「아메리카」 2악장을 틀어주면 좋겠다고 생각한다. 죽음은 삶의 일부이므로, 지금 죽음을 말하는 것이 그리 허무주의적 조급함 때문만은 아니라고 항변하면서.

그는 인생이라 부르는 허구의 꿈에서 깨어날 때 하고 싶은 일을 미리 정리해 본다. 가슴에 남은 상처의 기억들과 화해하고 싶다. 그로 인하여 마음 아팠던 타인의 생들에게 씻김하듯 용서를 구하고 싶다. 새들이 쪼아버려 별것 남지 않는 들판이라 하더라도, 겸허히 갈무리하는 정성을 보이고 싶다. 그때 그는, 결코 사치라고 할 수 없는 「아메리카」 2악장을 배경으로 누렸으면 한다. 거기까지를 자신의 꿈이라고 할 때, 그는 거기 도달하기까지의 여정을 이렇게 단정한다. '하늘과 땅 사이 넓은 줄 모르고 날아다니다가 지상의 집에 깃들이는 바람 같은 삶이 철드는 과정이다.'

나는 그의 생애를 말하고 싶은 생각은 없었다. 다만 그가 스스로 자신의 생애를 예상하여 이야기했을 뿐이다. 그는 평소에 헛된 꿈에 불과할지 모르는 자신의 생애를 예측하여 관조하는 가운데 현재의 삶을 꾸려나간다. 그런 습관을 지니고 있음이 분명하다. 그는 시를 좌우명으로 삼는 사람이다. 김수영의 시는 대부분 그가 태어난 해와 내가 태어난 해 사이에 쓰여진 것들이다. 시는 그때그때 바람처럼 그의 가슴으로 다가가서 휘저어놓거나 일깨운 뒤 가버리지만, 그렇다고 영원히 사라지지도 않는다. 그래서 그도 바람을 닮아간다. 그는 하늘을 지붕으로 삼고 바다를 땅으로 여기며 살고 싶어 한다. 그는 자주 바다로 가고 싶다는 말을 했다. 바람만이 바다를 땅으로 여기며 오갈 수 있다.

그가 얄팍한 월간지에 에세이를 계속 연재했다면, 그림과 소설 그리고 무엇보다 자신의 일부이기도 한 춤에 관해 썼을 것이다. 춤 이야기는 다음 기회로 미룰 수밖에 없다. 춤 속에 아직 우리에게 드러내지 않은 그의 다른 비밀이 숨어 있음이 틀림없다. 춤은 자신의 정신과 육체를 서로 긴밀히 소통하게 하면서 이어주는 우아한 수단이다. 춤추는 자의 발끝은 반드시 단단한 바닥을 필요로 하지 않는다. 땅 위로 뛰어오르고, 바다 위로 비상한다.

그의 생각과 행동이 허무주의를 깔고 있는 듯하나 퇴행적이지 않은 것은, 꿈 같은 인생의 의미를 어느 정도 터득하고 있기 때문이다. 극장 가기를 싫어해도 영화는 좋아한다.

그는 보통의 법률가들처럼 교과서를 액면 그대로 받아들이지 않는다. 법률 서적은 가당찮게도 소송의 이념이 실체적 진실의 발견에 있다고 허풍친다. 그러나 세상에 진실이나 진리는 없는 것이나 마찬가지다. 우리가 진실이나 진리 또는 사실이라 부르는 것은 그렇게 합의했기 때문일 뿐이다. 처음부터 존재하는 것이 아니라 그렇게 만들었을 뿐이다. 그는 그것을 알고 있다. 우리 세계에 존재하는 모든 것들은 상상력의 산물이다. 꿈꾸는 목적은 존재를 만들어내는 일이다. 창조의 비밀은 꿈속에 있다. 지금 어떤 음악이 흘러도 상관없듯, 사실 그가 법무부 장관이 아니었더라도, 내일 정치의 무대에서 놀라운 모습을 보여주거나 혹은 주지 않더라도, 또는 홀연히 사라지더라도, 그는 자신의 꿈에 충실할 것이다. 이것이 그에 대한 나의 인식이고 상상이다.

차 병 직_ 변호사

고려대학교 법과대학과 동 대학원을 졸업한 뒤 제25회 사법시험에 합격하였다. 참여연대 집행위원장, 인권운동연구소 연구위원, 남녀차별개선위원회 위원, 오마이뉴스 논설위원 등을 지냈다. 저서로 『NGO와 법』, 『인권의 역사적 맥락과 오늘의 의미』, 『사람답게 아름답게』 등이 있다.

강 장관은 지나치게 화려하지도, 빈약하지도 않게 의상에 꼭 맞게 선택함으로써 성공한 여성의 아름다움과 세련된 감각을 그대로 보여주고 있다. 여기에 웨이브퍼머로 살짝 볼륨감을 살린 머리 모양과 적포도색이나 붉은 계열로 입술 화장을 하고 화사한 볼터치로 메이크업을 마무리함으로써 좀더 세련되고 부드러운 이미지를 부각시키고 있다.

강인하고 따뜻한 우리들의 애인

■강금실과 추미애 '라이벌의 추억'—
정가 신흥라이벌 '강금실 vs 추미애' 7대 비교포인트 입체 분석 _천우진

■여성 정치인 3인 입체 분석—
패션으로 본 강금실 장관 및 '2030 선호도 조사' _이강미

■강금실 장관을 둘러싼 말·말·말— "코미디야, 코미디!"

■ 강금실과 추미애 '라이벌의 추억' —

정가 신흥라이벌 '강금실 vs 추미애'
7대 비교포인트 입체 분석

천 우 진_『일요신문』 기자

얼마 전부터 정가에 '강추' 바람이 불고 있다. 흔히 '강추'란 네티즌들이 사용하는 '강력 추천'의 약어로 통한다. 그러나 여의도 정가에 나도는 '강추'란 단어는 강금실 법무장관과 추미애 민주당 국회의원의 성을 따서 만든 말이다. 차기 여성 정치 지도자감으로 급부상 중인 강 장관과 추 의원이 정가에서 가장 주목받는 신흥 라이벌로 지목되고 있는 것을 뜻하는 것.

차기 정치 지도자로서의 입지를 먼저 굳힌 것은 추 의원이다. 그는 지난해 말 민주당 대표 경선에서 접전 끝에 2위를 차지해 당당히 민주당 지도부의 한 축을 꿰찼다. 비록 1위를 조순형 대표에게 내줘 당대표직에 오르지는 못했지만 경선 과정에서 '조순형-추미애' 양

강 체제를 형성해 무미건조할 뻔했던 민주당 대표 경선을 흥행시키는 데 톡톡히 공헌을 했다. 분당 사태 이후 위기감에 휩싸여 있던 민주당 입장에선 추 의원이 전국적 지명도를 가진 스타로 부각돼 당 대표 경선 흥행몰이의 원동력이 돼준 것이 천군만마를 얻은 것과도 같았다.

열린우리당 신임 의장에 소장파 리더인 정동영 의원이 오른 점도 추 의원의 가치를 더욱 높여주는 역할을 했다. 민주당을 깨고 나간 열린우리당이 젊은 정동영 신임 의장을 축으로 '개혁'의 깃발을 나부끼자 민주당도 이에 질세라 '대항마론'에 불을 지피고 있는 것이다. 여기서 '대항마'로 지칭되는 민주당의 차기 주자는 단연 추 의원이다. 여성 법조인 출신으로 정계 입문 8년 만에 차기 대선 후보군으로 떠오른 추 의원의 주가가 최고점에 이르렀다는 평도 나온다.

강 장관은 정가에서 추 의원의 강력한 라이벌로 거론되고 있지만, 추 의원처럼 정계에 자리 매김을 하고 있는 상황은 아니다. 그러나 노무현 정부가 출범하자마자 법무장관에 '깜짝 발탁'돼 사법부와 검찰 개혁을 진두지휘해 온 강 장관은 이미 여의도 정가에서 '점찍어 놓은' 차세대 주자가 됐다.

정치권의 계속되는 러브콜에 대해 강 장관은 손사래를 쳐왔지만 열린우리당은 아직까지도 강 장관을 영입 못 해 안달이다. 17대 총선에 사활을 걸고 있는 열린우리당은 문재인 청와대 민정수석과 더불어 강 장관을 영입 대상 1순위로 꼽는다.

장관 부임 첫해 사법 개혁을 지휘하는 강 장관의 당찬 행보에 매료된 유권자들도 그녀를 차세대 대권주자로 거론하는 데 주저하지 않는다. 차기 대권후보에 대한 각종 여론조사에서는 오히려 추 의원을 앞서면서 많은 사람들 사이에 '차기 대선을 뒤흔들 대어급 인사'로 각인된 상태다. 일부 정치권 인사들은 "추 의원이 의정 생활 8년 동안 이룬 것을 강 장관은 장관 부임 첫해에 모두 이뤘다"고 말할 정도다.

추 의원과 강 장관 두 사람이 정치권에서 경쟁을 벌인 전력은 없지만, 이미 두 사람은 정치권의 신흥 라이벌로 인식되고 있다. 비슷한 연배의 여성 판사 출신이면서 정·관계에서 같은 시점에 최고의 주가를 올리고 있는 두 사람에 대해 정치권 인사들은 "김영삼, 김대중 두 전직 대통령이 자웅을 겨뤘던 이른바 '양김 구도'에 버금가는 라이벌이 될 것"이라 평할 정도다.

정세 분석에 밝은 한 중진 의원은 "양김이 지난 30년 동안 정치를 주물렀지만 이제 두 분 모두 현실 정치무대에서 퇴장했다. 한국 현대 정치사를 장식한 양김의 대를 이을 라이벌 구도의 등장을 유권자들도 원하지 않겠나" 하고 밝혔다. 이 의원은 "지금 정치드라마를 만든다면 양김을 주인공으로 1980~90년대를 그려야겠지만, 훗날 만들어질 정치드라마의 주인공은 강금실-추미애 두 라이벌이 되지 않겠나"라는 때 이른 전망도 덧붙였다. 한참 후에 그려질 정치드라마에서 강 장관과 추 의원의 라이벌 구도는 어떤 빛깔로 그려질 수 있을까.

두 사람이 보여온 행적과 발언, 에피소드 등을 통해 7대 비교 포인트의 관점에서 강금실-추미애 라이벌 구도를 입체 분석해 본다.

처음부터 서로에게 호감을 가졌던 두 사람

정가에선 강 장관과 추 의원을 라이벌로 지칭하며 이들의 가상 대결 구도까지 그리고 있다. 그러나 당사자인 두 사람은 얼마 전까지만 해도 서로를 '싸워야 할 상대'로 생각하지 않았을 법하다. 전부터 두 사람 사이가 각별했기 때문이다.

강 장관과 추 의원의 인연은 두 사람의 법조계 입문 시절부터 시작된다. 강 장관이 사법연수원 13기이고 추 의원이 14기다. 나이로도 1957년생인 강 장관이 추 의원보다 한 살 위다. 두 사람이 처음 만난 것은 14기 연수생들이 연수원에 들어와 13기 선배들과 상견례를 하는 자리에서였다. 한 기수 사이 선후배였고 여성 판사가 그리 많지 않던 시절이었던 탓에 처음 만난 두 사람이 가까워지는 데는 그리 오랜 시간이 걸리지 않았다.

강 장관은 지난 1997년 월간잡지 『에버』와의 인터뷰에서 사법연수원 시절을 회상하며 추 의원에 대해 "지금도 그렇지만 쳐다보기가 눈이 부실 정도로 예뻤어요" 하고 회상했다. 추 의원은 "처음 연수원에 들어갔을 때 13기 선배 중에 활발하고 똑똑한 재원이라고 소문난 분이었어요"라며 강 장관을 기억했다. 강 장관이 먼저 추 의원의 '미모'를 극찬한 것에 뒤지지 않으려는 듯, 추 의원도 "저보다 훨씬 미인이셨어요" 하며 강 장관을 추켜세웠다.

임관 후엔 같이 근무하지 않아서 두 사람이 자주 만나고 지낼 수 없었다. 하지만 두 사람은 가끔씩 연락도 주고받고 주변을 통해 서로의 이야기를 전해 들으며 소신 있는 법조인의 길을 걷는 서로에 대해

'애정'과 '격려'의 감정을 잊지 않았다.

강 장관과 추 의원이 판사직에 올랐던 1980년대 초반은 군사 정권의 강압 정치와 학생 운동권을 비롯한 사회 각계의 반독재 운동의 물결이 맞물려 사회적으로 혼란스러웠고, 경찰이나 검찰, 안기부 등 권력기관이 경쟁하듯 운동권 학생을 검거하던 시절이었다. 그러나 당시 판사 초년병이던 강 장관과 추 의원은 사법부가 '정치 권력의 뜻을 순순히 따르는' 당시의 풍토에 반기를 든 적이 많았다. 권력기관에서 애써 잡아들인 운동권 학생들에 대해 적당히 훈계만 하고 풀어주는 일도 잦았다.

이런 젊은 두 여성 판사가 공안 관계자들의 눈에 '예쁘게' 보일 리 없었다. 강 장관과 추 의원은 자연스레 사법부 내에서 '반항아'로 각인되기 시작됐다. 강 장관은 산골 지역에 좌천당할 뻔한 위기를 맞은 적도 있었다고 한다.

육아를 위한 휴직도 거절됐을 정도로 여성에 대한 차별과 편견이 심했던 시대상 역시 두 사람을 힘들게 하는 요인이었다. 주목을 받긴 했지만 시대적 환경 때문에 촉망받지는 못했던 것. 이럴 때마다 두 사람은 가슴속에 서로를 떠올리며 '마음속 버팀목'으로 삼았다고 한다.

지난 1995년 강 장관은 추 의원이 판사복을 벗고 정계에 입문했다는 소식을 듣게 되었다. 당시 강 장관은 '추미애라면 잘해 낼 것'이라는 생각을 했다고 한다. 법조인 입장에선 아까운 재원을 빼앗긴다는 생각에 아쉬웠지만, 판사 시절 투철하고 소신 있는 모습을 보여준 추 의원이 잘못된 기성 정치 관행을 바로잡아줄 기수가 될 것으로 기대한 것이다.

1996년 서울 광진 을 지역구 의원으로 당선돼 주목받는 초선의원이었던 추 의원은 얼마 지나지 않아 신문을 통해 강 장관이 판사복을 벗고 변호사가 됐다는 소식을 접했다. 훗날 추 의원은 "강 선배 같은 소신 있는 분이 오래도록 법정을 지켜야 했는데……"라며 아쉬움을 표했다고 한다.

두 사람이 다시 만난 것은 지난 1997년 대선 후보 TV 토론회에서였다. 당시 추 의원은 국민회의 대선 후보로 나선 김대중 전 대통령을 매일같이 수행하고 있었으며, 강 장관은 토론회 패널로 참석한 상태였다. 당시 두 사람 사이엔 "살살 공격하세요. 강 선배님", "공은 공이고 사는 사지" 같은 대화가 오갔다고 한다. 대선 후보 수행원과 토론회 패널이라는 상반된 위치에 놓였으면서도 여유 있게 농담을 주고받을 정도로 두 사람의 신뢰는 각별했다.

법조계 입문 시절 '본받고 싶은 법조계 여성 선배', '소신 있는 법조계 여성 후배'로 서로를 추켜세웠던 강 장관과 추 의원. 판사복을 벗고 각자의 길로 들어섰을 때도 격려와 응원을 아끼지 않았던 이들 두 사람이 훗날 정치권 최대 여성 라이벌로 자리잡게 될 상상을 해봤을까?

두 사람을 정치권 라이벌로 키워준 사람은 DJ?

강 장관과 추 의원이 한국 사회를 이끌 여성지도자 1~2위를 다툴 정도로 성장할 때까지는 숨은 조력자들도 많았다. 이들 두 여성의 재능과 노력이 남달랐기 때문이기도 하지만 그들 곁에 함께 해준 '인복人福' 역시 무시할 수 없을 것이다.

두 사람이 정가의 신흥 라이벌로 떠오를 수 있게 해준 1등 공신은 김대중 전 대통령DJ일 것이다. 현재 강 장관은 열린우리당의 러브콜을 받는 입장이며, 추 의원은 DJ가 만든 민주당 지도부의 한 축을 꿰차고 있는데 이들을 오늘날처럼 부상할 수 있도록 길을 닦아준 '큰손'이 DJ였던 것.

추 의원은 김대중 전 대통령을 통해 정계에 입문했다. 지난 15대 총선을 앞두고 정대철 의원 등이 추천해 국민회의 공천을 받아 지역구에 당선돼 정치 인생을 시작하게 된 것이다. 그러나 국민회의가 추 의원에 앞서 '군침을 흘렸던' 여성 인사는 바로 강 장관이었다. 당시 여성 법조인 영입을 맡았던 유선호 전 청와대 정무수석은 "변호사였던 강 장관이 전 남편의 빚 때문에 도저히 정치를 하기 어렵다며 거절해 영입이 무산됐다"고 회상했다. 강 장관 영입 시도가 불발에 그치자 DJ 측은 그 '대타'로 추 의원에게 러브콜을 보내게 된 것이다.

당시 강 장관이 DJ의 '구애'를 받아들여 정계에 입문했더라면 오늘날의 추 의원은 없었을 것이란 추측도 가능하다. 그러나 민주당의 한 중진 의원은 "15대 총선을 앞두고 DJ의 여성 법조인 영입 리스트 1순위가 강금실 장관이었던 것은 맞지만, 강 장관이 설사 영입됐다 하더라도 젊은 여성 스타 정치인을 키워내고 싶어했던 DJ가 '추미애 카드'를 저버리지는 않았을 것"이라고 회상했다.

DJ 측의 강 장관을 향한 구애 공세는 16대 총선까지 이어졌다. 그러나 15대 때와 마찬가지로 강 장관의 답변은 'No'였다. 당시 DJ 측은 강 장관에게 전국구 자리를 주려했지만 강 장관이 거절하는 바람에 이 공천 몫은 DJ의 '여성 법조인 영입 2순위'였던 조배숙 의원에게로 돌아갔다. 강 장관의 정치권을 향한 '손사래'가 두 명의 여성 법조인 출신 의원을 만드는 발판이 돼준 셈이랄까.

본의 아니게 '강 장관 대타'로 정계에 입문한 추 의원은 DJ의 각별한 총애를 받으며 국민회의 부대변인, 김대중 총재특보 등을 거치게 된다. 그리고 추 의원에 대한 DJ의 각별한 '애정'은 지금까지도 유지되고 있다. 얼마 전 '김대중 도서관' 개관식 때 DJ는 4당 대표를 제외하고는 정치권에서 유일하게 추 의원만을 공식 초청한 것으로 전해진다. 이에 대해 민주당의 한 중진 의원은 "(DJ의) 추 의원에 대한 관심의 표현이자, 갈등 관계로 변한 노 대통령과 추 의원의 관계를 풀어주려는 생각에서였을 것"이라고 밝혔다.

지난 15대와 16대 총선을 앞두고 DJ의 '뜨거운' 러브콜을 받았던 강 장관은 이제 17대 총선을 앞두고 열린우리당의 구애 공세를 받고 있다. 각종 여론조사에서 차세대 여성 정치 지도자 1순위로 거론되고 있지만, 강 장관은 계속해서 "정치에 입문할 생각이 없다"는 입장을 단호하게 밝히고 있다. 그러나 열린우리당의 한 고위 당직자는 "이번 총선에 강 장관이 우리당에 들어오지 않는다 해도 결국 언젠가는 우리당에 합류해 다음 대선에 공헌할 큰그릇으로 성장해 줄 것"이란 기대감을 감추지 않았다. 이미 주가가 오를 대로 오른 강 장관에 대해 '17대 총선에 열린우리당 공천을 받아 한나라당 최병렬 대표의 지역구인 강남 갑에 나선다면 박빙의 승부를 연출하며 역대 총선 최고의 화젯거리가 될 것'이란 분석마저 나돌 정도다. DJ의 거듭되는 구애 공세를 거절하기만 했던 강 장관이 과연 DJ가 떠난 정가에 입문해 역시 DJ의 총애를 받았던 추 의원과 한판 대결을 벌일수 있을까?

러브스토리도 막상막하

두 사람에겐 각자 남편과의 '남다른 에피소드'가 있다는 공통점이 있다. 추 의원은 한양대 법학과 재학 시절 고시 준비를 하면서 같은 과에 재학 중이던 남편 서성환 변호사를 만났다. 방학을 이용해 해인사에 들어가 공부 중이던 추 의원에게 서 변호사가 어느 동양화에 대한 예찬을 시로 적어보냈는데, 이것이 추 의원을 감동하게 만들었다고 한다.

　이후 추 의원은 사시에 합격한 뒤 곧바로 결혼을 결심하게 된다. 그러나 달콤한 결혼을 꿈꾸는 추 의원 앞에 부모님의 극심한 반대가 기다리고 있었다. 서 변호사는 사법연수원 17기로 추 의원보다 3년 늦게 사시에 합격했다. 추 의원이 결혼을 결심한 시기는 서 변호사가 사시에 합격하기 이전이었던 것. 경상도 출신의 완고한 추 의원 댁 어른들이 쉽게 허락해 줄 리 없었다. '이미 판사가 된 둘째 딸을 고시생에게 보낼 수 없다'며 추 의원 부모님은 한사코 반대를 했다고 한다. 그러나 '자식 이기는 부모 없다'고 하지 않았던가. 결국 결혼 날짜까지 잡아놓고 강행하는 추 의원의 의지에 부모님이 항복을 하게 됐다.

결혼 이후 사시에 합격해 변호사가 된 서 변호사의 극진한 정성으로 추 의원 부모님의 사위에 대한 '미움'이 진한 '사랑'으로 바뀌는 데에는 그리 많은 시간이 걸리지 않았다고 한다. 추 의원이 정치판에 뛰어들면서 서 변호사는 정신적 후원자는 물론 지구당 운영비를 대주는 등 경제적 후원자로서의 역할까지 하게 되었다.

그동안 서 변호사의 법률사무소가 전북 정읍에 있어 두 사람은 많은 시간을 함께 보내는 편이 아니었다. 그러나 남편이 보고 싶을 때면 한밤중에도 정읍에 내려갔다 올 정도로 두 사람의 애정전선에는 변함이 없었다. 지난해 말 민주당 대표 경선이 있을 당시에는 남편 서 변호사가 서울에 있는 집으로 올라와 바깥 일로 바쁜 아내에 대한 '내조'를 아끼지 않았다고 한다. 추 의원은 남편과 함께 있을 때마다 바깥에서 있었던 시시콜콜한 이야기들을 모두 들려준다고 한다. 그 때문인지 같이 있는 시간은 적지만 서로의 사생활을 속속들이 모두 알 정도라고 한다.

추 의원이 세간의 주목을 받을수록 남편과의 '애정'도 점점 깊어갔던 반면, 강 장관은 스포트라이트를 받으면 받을수록 남편과의 사랑의 깊이가 반감되는 '비운'을 겪어야 했다. 지난 2000년 강 장관은 법무법인 「지평」의 대표변호사가 된 것에 이어 민변(민주사회를 위한 변호사 모임) 부회장직에 오르는 기염을 토했다. 그러나 같은 해 강 장관은 남편 김태경 씨(49, 「이론과실천」 대표)와 이혼해 16년 간의 결혼생활을 마감했다. 김씨가 출판사에 이어 여행사까지 무리하게 사업을 확장하다 지난 1995년 부도를 냈고, 이후 자신의 빚을 아내가 떠맡게 되는 현실에 괴로워하다가 결국 협의이혼을 택했다는 것. 하지만 이혼은 강 장관이 제안한 것으로 알려져 있다. 아내에 대한 미안함으로 괴로워했던 김씨에 대한 강 장관의 '마지막 배려'였던 셈이다.

김 씨는 서울대 재학 시절 긴급조치 위반 혐의로 구속된 전력이 있는 운동권 출신이며, 지난 1988년 마르크스의 『자본론』을 발간한 혐의로 구속된 바 있다. 당시 판사였던 강 장관은 구속수사의 부당성을 지적하는 의견서를 재판부에 제출하기도 했다.

결국 파경을 맞이하긴 했지만 강 장관 부부도 추 의원 부부 못지않은 정열적인 사랑을 나누었다고 한다. 운동권이었던 남자 친구를 부모님에게 소개하며 결혼 허락을 받으려 했을 때 강 장관은 극심한 반대에 부딪힐 수밖에 없었다. 그러나 강 장관이 울면서 결혼시켜달라고 난리까지 치자 강 장관의 부모님은 결국 허락을 하게 됐고, 판사 임관 두 달 후에는 그토록 원했던 결혼식을 올리게 됐다.

강 장관의 부모님도 추 의원 부모님과 마찬가지로 사위에 대한 미움을 금세 털어버리고 진한 '사위 사랑'을 베풀었던 것으로 알려져 있다. 김태경 씨가 신촌에서 서점을 운영할 때 운동권 노래 테이프를 판매했다는 이유로 서대문 구치소에 들어갔던 적이 있다. 그때 강 장관 어머니가 김 씨에게 이불과 영치금을 보내며 '나이가 많아 직접 오지 못하는 걸 용서하게'라는 내용의 편지를 보냈다고 한다. 판사 딸의 남편이 구치소에 들어가는 모습에 싫은 내색 한번 없이 사랑과 격려를 베풀었다는 것이다.

강 장관과 김태경 씨는 이혼 이후에도 이따금씩 만나 우정을 나누고 있다고 한다. 그러나 '우정'만으로는 채울 수 없는 그녀의 고독이 최근 언론과의 인터뷰에 묻어나기도 했다. 월간지 『신동아』 1월호에 강 장관이 "앞으로 (사랑할) 기회가 온다면 마다하지 않을 것"이라 말한 것이 실린 것. 정가에서 '라이벌'로 거론되는 추 의원이 남편과의 '애정'을 동력으로 삼아 승승장구하는 것을 보며 강 장관은 어떤 생각을 떠올리고 있을까?

불심 잡기 경쟁도 벌어지나?

강 장관과 추 의원 모두 독실한 불교신자라는 공통점이 눈에 띈다. 지난해 11월 26일 대한불교 조계종은 불교여성개발원 주최로 '여성 불자 108인' 선정 축하행사를 개최했다. 조계종 총무원장 등 불교계 거목들이 자리한 이 행사에 정·관계 여성 인사로는 강 장관과 추 의원만 초대를 받았다.

추 의원은 대학 시절 고시 준비를 할 때 주로 한적한 사찰을 이용했다고 한다. 남편과의 주된 연애 장소도 사찰이었다고 한다. 고시 준비를 위해 사찰에 들어가 공부를 하면서 이따금씩 서로가 머물던 사찰을 찾아 위로와 격려를 나눴을 정도였다. 추 의원은 국회의원에 처음으로 당선된 지난 1996년부터 조계종 환경보존위원직을 맡는 등 불교계 내에서도 왕성한 활동을 벌이고 있다.

불교와의 인연은 강 장관도 만만치 않다. 『불교신문』은 강 장관 입각 당시 '노무현 정부 첫 내각 중 유일한 불자'란 타이틀로 강 장관을 다뤘던 바 있다. 지난 6월에는 진관 스님을 주축으로 한 각 종교계 인사들이 강 장관을 찾아 사형제도 폐지에 대한 건의를 하기도 했다.

기독교 등 다른 종교계 인사도 이 자리에 함께했지만, 불교계 인사들과의 교감이 이 자리를 쉽게 마련케 해주었다는 후문이다.

강 장관은 불교와 관련된 대외적 활동 면에서 추 의원에 비해 크게 눈에 띄는 편은 아니다. 그러나 대학 시절부터 탈춤 동아리 활동을 통해 춤에 대한 열정을 보였던 강 장관은 판사 시절인 1985년부터는 승무에 푹 빠져 상당한 경지에 올라 있는 것으로 알려져 있다. 언론 인터뷰에서 승무와 관련된 질문에 "판사가 안 됐으면 춤꾼이 됐을 것"이라 밝힌 것만 봐도 불교 문화가 강 장관의 내면세계에 깊이 자리했음을 알 수 있다. 강 장관이 향후 본격적으로 정치판에 뛰어들 경우 추 의원과 벌일 불심 잡기 전쟁 역시 관심사로 떠오를 전망이다.

술버릇도 호각지세互角之勢

강 장관은 대학 시절부터 웬만해선 술자리를 마다하는 법이 없을 정도였다고 한다. 강 장관은 평소 소주를 즐겨 마신 것으로 알려져 있다. 법조계에서 애용되는 폭탄주는 거의 마시지 않는 편이다. 그러나 지난 2003년 9월 '법무부―검찰 갈등설'이 불거졌을 때 송광수 총장과 폭탄주 회동을 마치고 나와 분홍빛으로 변한 얼굴을 보인 일은 아직도 회자되고 있다.

항간에는 주량도 상당한 것으로 소문나 있다. 그러나 강 장관과 자주 술자리를 가졌던 한 시인은 "(강 장관이) 술자리에서 사람들과 이야기 나누는 것을 좋아하기는 하지만 주량이 센 편은 아닌 것 같다”
고 밝혔다. 동석한 다른 사람들보다 취기가 빨리 올라 혼자 흥에 취
해 시를 읊는 모습도 많이 보였다고 한다. ‘술자리’를 즐기는 것이지
‘술’을 즐기는 것은 아닌 셈이다.

반면 추 의원은 주량에 있어서 만큼은 강 장관을 압도하는 것으로
알려져 있다. 기자들과의 술자리도 자주 갖는 편이다. 자신이 직접
폭탄주를 ‘제조’해 기자들에게 여러 차례 돌리기도 한다고 한다. 지
난 2001년 7월 소설가 이문열 씨가 『조선일보』에 추 의원에 대한 다
소 비판적인 글을 실었던 것에 대해, “그 가당찮은 놈이 × 같은 조
선일보에 글을 써서……”란 험한 말을 내뱉었던 것도 기자들과의 술
자리에서였다. 술자리와 관련된 두 사람의 에피소드는 앞으로도 경
쟁적으로 쏟아져 나올 것으로 보인다.

강효리와 추다르크, 서로를 벤치마킹한다?

리더십이 강하고 분위기를 이끄는 데 능하다는 면에서 강 장관과 추
의원은 모두 ‘당찬 여자’임이 분명하다. 그러나 자신을 표출하는 방
식은 지극히 달라 보인다.

강 장관은 여성적인 면을 많이 활용한다는 평을 듣는다. 보라색 스
타킹, 분홍빛 스커트 같은 화려하고 파격적인 의상으로 ‘섹시함’을
뽐내기도 한다. 다른 여성 공직자들에 비하면 화장도 진하게 하는 편
이다. 국회 상임위 같은 부담스러운 행사에도 강 장관은 화려한 액세

서리 치장을 빠뜨리지 않는다. 바지 정장보다는 치마를 선호하며, 자주 바꾸는 헤어스타일도 늘 언론의 주목을 받는다.

강 장관은 말투에서도 여성미가 느껴진다. 공식석상에 섰을 때 강 장관의 다소곳하고 낮은 톤의 말은 마이크를 달지 않으면 가까이서도 알아듣기 힘들 정도다. 국회 상임위에서 질타를 하는 의원들에 대해 "잘못했습니다", "시정하겠습니다"란 말을 되풀이하고 의원들간의 낯뜨거운 공방이 펼쳐지면 "코미디야, 코미디"라면서 혼자 킥킥거릴 정도다. 송광수 검찰총장과의 폭탄주 회동 직후 송 총장과 팔짱을 끼고 나와 "우리 사이에 오해는 없어요"라고 애교 있게 얘기했던 모습은 아직도 여러 사람의 입에 오르내리고 있다. 강 장관은 기존에 갖고 있던 여성 지도자 이미지에 '섹시하다'는 평까지 더해져 최근 '강효리'라는 별명까지 얻게 됐다.

반면 추 의원은 화장기도 없고 액세서리도 거의 하지 않는 편이다. 치마 정장을 자주 입기는 해도 어두운 빛깔의 단색 위주다.

강 장관과 더욱 극명하게 대조되는 부분은 바로 말투다. 추 의원은 '아니다' 싶은 일에는 거침없이 고성을 내지른다. 민주당의 한 의원은 "이젠 우리 당에서 추 의원 앞에서 담배 피우는 의원이 한 명도 없다"고 밝힌다. 아버지뻘 되는 중진 의원에게도 "국회본회의장에서 피우지 말고 나가라"고 소리를 질렀기 때문이다.

추 의원은 술자리에서의 거친 입담으로도 유명하다. '여성적인 면이 필요하지 않나' 하고 묻는 기자들의 질문에, '내 남편 앞에서만 여성적인 매력을 보여주면 되는 것 아닌가' 하고 답한 적도 있다. 남자들이 혀를 내두를 정도로 당찬데다 전사의 이미지까지 갖춘 추 의원에게 언론은 '추다르크'라는 별명을 붙여줬다.

그러나 두 사람 모두 '강효리'와 '추다르크'라는 별명에 얽매이지 않으려는 듯 최근 들어 변화의 조짐을 보이고 있다. 추 의원이 민주당 대표 경선 이전 "바지폭보다는 치마폭이 넓다"라는 말로 '애교 있게' 출마 선언을 한 것이나, 대표 경선 당일 입은 화려한 의상을 보면 예전의 추 의원 이미지와는 사뭇 다르다는 평이다.

기자들에게도 예전보다 더욱 '상냥하게' 대하는 것이 눈에 띈다. 민주당 대표 경선 당시 추 의원의 한 비서가 어느 언론사 기자에게 무례하게 굴었다가 추 의원에게 꾸지람을 들은 일도 있었다고 한다. 주변 사람이나 언론에 부드럽고 여성적인 면을 보이려 노력한다는 것이다. 일각에선 '강 장관을 라이벌로 인정한 추 의원이 강 장관의 장점을 벤치마킹 하려는 것'이라는 분석마저 나돌 정도다.

강 장관도 2004년 새해 들어 조금은 변화된 이미지를 보여준다는 평을 듣는다. 정치 상황에 대한 언급을 비교적 자제했던 지난해와는 달리 언론 인터뷰에서 '노무현 정부가 잘못해서 민심을 잃었다'는 식의 발언을 자주 하고 있다. "정치에 관심이 없다"고 밝혀온 강 장관이 현 정부의 실적에 관한 평가에 적극적으로 나선다는 점이 이례적으로 받아들여질 수밖에 없다.

정치 흐름에 밝은 한 중진 의원은 "당내 호남 물갈이를 주장하며 당 개혁을 이끌고 있는 추 의원이 강 장관을 먼저 라이벌로 거론한 만큼 강 장관도 알게 모르게 추 의원의 행보에 관심을 갖게 됐을 것"이라 말한다. 그리고 "정부 정책에 대한 부정적 평가에 주저하지 않는 강 장관의 최근 모습을 보며 '추미애 따라잡기'에 나섰다는 인상마저 받는다"고 평했다. 강 장관과 추 의원의 최근 변화된 모습에 대해 정가의 일각에선 이미 '강효리와 추다르크가 서로의 장점을 배우려 한다'는 식으로 받아들이고 있다.

둘 다 내부에 적이 많다

강 장관과 추 의원의 강점은 무엇보다도 견고한 대중적 지지도일 것이다. 특히 '강금실을 사랑하는 사람들의 모임'이나 '추미애를 사랑하는 사람들의 모임' 등 네티즌들의 열렬한 지지는 과거 노 대통령의 대선 승리를 잉태한 '노사모'를 연상시킬 정도다.

그러나 두 사람이 큰 뜻을 펼치기엔 아직 정가 내부에 인맥이 얇다는 흠이 있다. 게다가 내부에는 적도 제법 많은 편이다.

강 장관을 영입하려고 애쓰는 열린우리당 내부엔 강 장관을 탐탁지 않게 여기는 소장파 인사들이 제법 있다. 열린우리당 차기 리더감으로 외부 인사인 강 장관이 꼽히는 것이 마땅치 않은 것이다. 추 의원은 전당대회에서의 선전으로 상임중앙위원이 됐지만 인기가 날로 올라가는 추 의원을 경계하는 당내 시각이 늘고 있다. 민주당의 한 의원은 "조순형 대표보다는 추 의원에 대한 당내 중진들의 견제가 거세질 것"이라 전망할 정도다.

두 사람에 대한 정치권의 견제 심리는 지난 1월 11일 1953년생인 정동영 의원이 열린우리당의 새 의장(당대표)으로 뽑히고 나서 더욱 심해진 듯하다. 정 의장 취임 이후 정치권은 급격한 세대교체의 물살을 탈 조짐을 보이고 있으며, 1957년생인 강 장관과 1958년생인 추 의원도 그 수혜자가 될 것이란 전망이 이들에 대한 경계심을 더욱 부추기는 것이다.

정동영 신임 의장은 평소 강 장관 영입에 긍정적인 의사를 밝혀왔다. 그러나 강 장관이 차기 대선 후보로 성장할 파괴력을 지녔다는 점에서 당내 소장파 리더들이 신경을 쓰고 있다고 전해진다. 호남 물갈이론을 주창하며 차기 주자임을 자처하는 추 의원도 민주당 내 많은 계보원을 거느린 중진들의 눈총을 사고 있다. 정동영 의장보다도 젊은 강 장관과 추 의원이 만만치 않은 장애물을 뛰어넘어 '정동영 효과' 이상 가는 새 바람을 정치권에 불러일으킬 수 있을까.

천우진_ 『일요신문』 기자

1974년 서울에서 출생했고, 서강대학교 신문방송학과를 졸업했다. 2000년 1월 『일요신문』 기자로 입사한 후 사회부, 체육부를 거쳐 현재 정치부 기자로 근무하고 있다.

패션으로 본 강금실 장관 및 '2030 선호도 조사'

이 강 미_『스포츠 투데이』 기자

강금실 장관의 패션

여성 정치인들의 패션은 중요한 대화 매체

"몸이 커지면 큰 옷으로 갈아입어야죠."

지난해 법무부 장관 취임 100일쯤 됐을 때의 일이다. 강금실 장관이 서울지검 임직원들과의 간담회에서 한 말이다.

물론 검찰 개혁 의지를 비유한 말이다. 하지만 '큰 귀고리, 짧은 커트머리, 직선적인 테일러드 칼라의 슈트, 비교적 자유로운 색상'으로 요약되는 강 장관의 패션은 늘 시선을 끌며 화제가 되고 있다.

지난봄 취임식에서 푸른색 정장을 입은 강 장관의 모습은 단연 돋보였다. 또한 국민적 관심 속에서 진행된 평검사와의 토론회에서 입었던 회색 계열의 정장 슈트도 성공한 커리어우먼의 이미지를 세련된 감각으로 잘 소화했다는 평가를 받았다. 지난 연말엔 정장 차림 일색이었던 국무회의에 망토 패션으로 등장, 망토가 암시하듯 안개에 싸인 그의 향후 전망을 떠올리게 한다며 정치적 메시지를 담기도 했었다.

이처럼 40대 후반의 변호사 출신 장관답게 세련되고 파격적인 옷차림은 고위직 여성들의 옷차림을 바라보는 국민들의 시각에도 영향을 끼쳤다.

현재 최고의 인기를 구가하고 있는 강 장관은 가수와 드라마를 본 딴 '강효리', '강장금', 정치권의 '얼짱'으로 불릴 정도로 대중 스타 못지않은 인기를 누리고 있다.

특히 강 장관의 소신 있고 당찬 발언과 함께 여성의 아름다움을 그대로 드러내는 스타일과 세련된 이미지 연출은 회원 수가 수천 명인 인터넷 팬클럽을 만들어낼 만큼 막강한 카리스마를 뿜어대고 있다.

한 남성 직장인 전모 씨(30)는 "한마디로 예쁘다. 전직 검사란 이력 때문에 권위적일 것이란 선입관을 깨고, TV에 비치는 강 장관은 지성미와 여성미를 잘 드러내는 것 같다"며 "강 장관 같은 스타일의 여자를 애인으로 삼는다면 나를 돋보이게 해줄 것 같다"고 극찬을 아끼지 않았다.

강 장관의 세련미로 포장된 파격적 패션 행보로 인한 국민적 인기는 '고故 육영수 여사 스타일'로 굳어진 박근혜 한나라당 의원과 '추

다르크'로 불리며 정치 주가를 올리고 있는 추미애 민주당 상임중앙위원의 스타일 변화까지 몰고 왔다. 이제는 '여성 정치인의 패션=자기 발언'이란 등식이 성립할 정도로 여성 정치인들의 패션은 중요한 대화 매체로 등장한 것이다.

사실 이전까지만 해도 고위직 여성들이 추구하는 옷차림은 조직 안에서 '관계의 미학'을 추구하는 무난한 스타일이 주류였다. 테일러드 칼라를 중심으로 칼라 변화만 조금씩 시도한 재킷과 종아리 부분에 닿는 스커트나 바지, 흰색의 깔끔한 색상의 블라우스 등이 대표적인 스타일이었다. 헤어스타일도 남성적 이미지가 강한 짧은 커트머리에 화장기 없는 수수한 얼굴이 대부분이었다.

하지만 세계 권력의 중심에 선 여성들의 모습은 어떠했는가. 대전차포 위에서 스카프를 휘날리던 마거릿 대처 전 영국총리, 세련된 패션스타일로 관심을 끈에디트 크레송 전 프랑스총리, 전통복장을 한 아로요 필리핀 대통령, 브로치의 변화로 정치적 메시지를 전달한 빌 클린턴 정부의 국무장관이었던 매들린 올브라이트 등은 우리에게도 친숙한 이미지로 다가오지 않았던가.

1980년대에 접어들면서 우리나라의 여성들은 남성과 비슷한 옷으로 사회 속에서의 지위 향상을 꾀하기 시작했다. 넥타이가 패션소품으로 등장한 것도 바로 그러한 의식을 반영한 결과다.

그러나 1990년대 후반 이후 여성들의 생각은 조금씩 바뀌는 양상을 보였다. "이제 더 이상 남성과 똑같아질 필요가 없다"는 인식의 확산으로 고유의 여성성을 자연스럽게 표출하자는 주장들이 힘을 얻기 시작한 것이다.

이러한 움직임은 마침내 고위직 여성들의 옷차림에까지 변화의 물결을 타게 만들었다. 그 촉발제가 된 것이 바로 노무현 대통령의 참여정부와 함께 등장한 강 장관이다.

우리에게 스타 장관의 출현은 낯설다. 특히 남성의 성역이었던 법무부에서의 여성 장관은 그 자체만으로도 입에 오르내리기 충분하다. 지나치게 전투적이지도, 중성적이지도 않다. 그렇다고 해서 여성적인 아름다움만을 추구하는 것은 더더욱 아니다. 어느 자리에서나 눈치 보지 않고 밀어붙이는 힘은 많은 네티즌들을 매료시켰다. 게다가 화사한 용모에 걸맞는 화장과 액세서리를 한 세련된 옷차림은 일반인들에게 사소한 궁금증까지 자아내게 만들었다.

어디 옷일까? 그도 그럴 것이 누가 봐도 알 수 있는 샤넬, 루이뷔통, 펜디, 버버리 등 명품 브랜드의 자취를 찾을 수가 없기 때문이다. '가장 모시고 싶은 직장상사'로도 뽑힌 강 장관이 마치 명품 브랜드의 홍보직원처럼 머플러나 브로치, 핸드백을 들고 다니지 않는 것은 얼마나 다행스러운 일인가.

화사한 용모에 걸맞는 화장과 액세서리를 한 세련된 옷차림

강 장관은 서울대 법대 재학 시절부터 워낙 멋쟁이로 소문나 있었다고 한다. 하지만 내각에 입각한 이후 보다 더 세련된 모습으로 변화하고 있다.

사실 취임 초 강 장관의 패션은 이전 여성 장관들에 비해 세련된 차림이었음에도 불구하고 꼭 들어가야 할 고명이 빠진 요리처럼 어딘지 어색했다는 지적도 있었다. 하지만 강 장관은 빠르게 '촌티'를 벗고 당당한 '커리어우먼'으로 자신만의 스타일을 완성해 나갔다.

강 장관의 패션에는 도시적인 세련됨과 절제된 당당함이 배어 있다. 여기에 화사한 여성미까지 표현하고 있다. 강 장관이 주로 입는 옷은 허리 라인이 부드럽게 드러나는 클래식한 정장이다.

그의 스타일에 대해 패션계는 "커리어우먼 스타일에 트렌디한 감성을 더했다", "자기 스타일을 즐길 줄 아는 프런티어 세대"라는 후한 평가를 부여하고 있다.

디자이너 박성희(베스띠벨리) 씨는 "때로는 남성적인 바지 정장으로 현장을 누비는 활동적인 이미지를 표현하고, 때로는 깔끔한 스커트 정장으로 여성스러움이 배어 있는 커리어우먼 룩을 완성한다"며 "디자인과 컬러 모두 심플하고 정제된 멋, 그리고 우아함을 표현하고 있다"고 분석했다.

강 장관의 스타일을 구체적으로 들여다보면 대체적인 디자인은 팬츠 슈트나 스커트 슈트 모두 미니멀하고 심플한 디자인이 주류를 이루고 있다. 재킷은 깃의 각이 잘 살아 있는 테일러드 재킷 스타일을 선호한다. 여기에 재킷 안에 입는 이너웨어는 네크라인의 변형으로 이미지에 변화를 시도한다. 주로 라운드 넥의 톱을 입어줌으로써 전체적으로 심플한 스타일에 포인트를 주면서 여성스러움을 강조한다.

즐겨 입는 주된 색상은 세련된 검정색이나 흰색, 화사한 푸른색, 고급스러운 회색 그리고 지적인 밤색 계열이다. 예를 들면 라이트 브라운, 베이지 같은 내추럴한 컬러로 은은하면서 차분한 이미지를 만들어낸다. 때로는 아이보리나 바이올렛, 밝은 핑크 같은 페미닌한 컬러로 우아한 여성미를 강조하는가 하면, 블랙이나 네이비 등 베이직한 컬러로 도회적이면서 강인한 이미지를 표출해 낸다.

이처럼 전체적으로 단정하고 심플해 보이지만, 다양한 컬러나 액세서리로 세련된 원 포인트를 주는 것을 잊지 않는다.

그중 강 장관의 패션에서 빠지지 않는 것이 바로 액세서리다. 그날의 의상에 꼭 맞는 스카프와 귀고리, 목걸이, 브로치 등으로 포인트를 주어 세련된 패션 감각을 드러내고 있다. 반짝이는 광택 소재를 섞은 금색 니트나 붉은색 니트, 연보라색 캐시미어 숄이나 분홍색을 비롯한 다양한 컬러의 스카프, 화려한 붉은 꽃무늬 숄, 귀고리와 브로치 등으로 멋을 내기도 한다.

이처럼 강 장관은 지나치게 화려하지도, 빈약하지도 않게 의상에 꼭 맞게 선택함으로써 성공한 여성의 아름다움과 세련된 감각을 그대로 보여주고 있다.

여기에 웨이브퍼머로 살짝 볼륨감을 살린 머리 모양과 적포도색이나 붉은 계열로 입술 화장을 하고 화사한 볼터치로 메이크업을 마무리함으로써 좀더 세련되고 부드러운 이미지를 부각시키고 있다.

4월 총선을 앞둔 박근혜, 추미애 의원의 패션 전략

강금실 장관 못지않게 패션이나 행보에 관심이 쏠리는 여성 정치인은 바로 박근혜 한나라당 의원과 추미애 민주당 상임중앙위원이다.

4월 총선을 앞두고 강 장관은 현재 장관으로서의 능력과 리더십

강금실 강 장관의 패션에서 빠지지 않는 것이 바로 액세서리다. 그날의 의상에 꼭 맞는 스카프와 귀고리, 목걸이, 브로치 등으로 포인트를 주어 세련된 패션 감각을 드러내고 있다.

박근혜 재킷과 치마 아랫단으로 내려갈수록 넓어지는 플리츠 플레어 스커트와 롱 스커트 차림은 박 의원의 단아한 용모를 더욱 돋보이게 해준다.

추미애 화사한 핑크나 깊이 있고 짙은 그린 컬러의 정장을 통해 여성미를 표현, 차가워 보일 수 있는 이미지를 온화하게 녹여준다.

등을 인정받으면서 본인의 완고한 고사에도 불구하고 열린우리당의 끊임없는 영입 구애를 받고 있다. 또 한나라당, 열린우리당 등도 총선 정국을 맞아 박근혜, 추미애 등 두 여자를 자기 당의 '간판 스타'로 만들기 위해 노력하는 모습이 역력하다. 최근 들어 이들 세 여자들의 캐릭터를 비롯 패션 스타일 비교에 이르기까지 모든 활동상이 주목의 대상이 되고 있는 것도 4월 총선을 앞두고 있기 때문이다.

박근혜 한나라당 의원, 우아하고 단아한 페미닌룩

본래 박근혜 의원은 자애로운 인상과 단아한 용모가 어머니 육영수 여사를 상기시켰다. 여기에는 박 의원이 지닌 기품이 느껴지는 외모와 차분하고 침착한 이미지도 한몫을 담당했다.

하지만 그녀의 이면에는 돌파력 있는 측면과 강인함을 엿볼 수 있다. 예를 들면 박 의원은 이미경, 한명숙 의원과 함께 호주제 폐지 청원을 낸 당사자이기도 하며, 호주제 폐지에 앞장섰다. 또한 여성의 사회 참여에 적극적인 관심을 쏟아왔다. 이런 그녀의 의외의 모습은 최근 옷차림 변화만 봐도 알 수 있다.

박 의원이 즐겨 입었던 옷차림은 재킷과 치마 아랫단으로 내려갈수록 넓어지는 플리츠 플레어 스커트와 롱 스커트 차림이다. 이런 차림은 박 의원의 단아한 용모를 더욱 돋보이게 해준다. 특히 재킷의 경우 칼라의 위아래 컬러를 달리하거나, 칼라의 앞면과 뒷면의 컬러가 다른 스타일을 즐겨 입어 컬러의 대비를 효과적으로 활용한다.

예를 들면, 검정색 A라인 플리츠 플레어 스커트와 검정색 바이어스

칼라의 흰색 정장 재킷을 받쳐 입거나, 지난해 한국미래연합발기인 대회에서 입었던 화이트 컬러로 바이어스 처리된 레드 컬러의 재킷과 화이트 컬러의 롱 스커트가 박 의원의 이미지를 잘 표현해 줬다.

지난해 방북해서 김정일 위원장을 만났을 때는 보라색 재킷과 롱 스커트, 남북축구경기 참관 때는 레드 재킷에 레드 컬러의 패턴이 있는 옐로우 컬러의 롱 스커트를 입어 화려한 이미지를 표현하기도 했다.

그러나 최근 박 의원의 스타일 변화는 강 장관의 등장만큼이나 센세이션을 일으켰다. 지난해 12월 7일 출입기자들과의 간담회 장소에 청재킷에 청바지 차림을 선보였다. 머리 스타일도 늘 고수하던, 올린 머리가 아닌 '내림 머리'로 바꾸어 20대처럼 발랄한 패션을 시도했다. 어머니인 고故 육영수 여사를 연상케 하는 '올린 머리' 헤어스타일에 투피스 정장을 고수하던 박근혜 의원의 이 파격적 변신은 금세 화제가 됐다.

지난해 12월 31일에도 박 의원은 긴급 소집된 상임운영위 회의석상에 출석하면서, 단발머리에 바지 차림으로 참석해 보는 이들을 깜짝 놀라게 했다.

박 의원의 이 같은 스타일 변화에 대해 정치권에서는 강금실 법무장관, 추미애 의원을 의식해 '퍼스트 레이디(영부인) 스타일'을 과감히 탈피, 단발머리의 평범한 여성 이미지를 강조하며 대중들에게 다가서기 위한 것이라는 해석까지 나돌았다.

하지만 박 의원은 평상시에는 머리를 올리지 않고 자연스럽게 내렸다고 한다. 바지도 일상에서 자주 입었다고 한다.

이에 대해 박 의원의 측근들은 "박근혜 의원이 머리를 직접 다듬고, 머리 스타일도 직접 연출하는 것으로 안다"며 "이 같은 일상의 모습을 국민들 앞에 자주 드러냄으로써 국민들과 더욱 가까이 다가서려는 것"이라는 의견을 전하기도 했다.

그런 의미에서, 앞으로도 박 의원의 새로운 변신이 기대된다.

추미애 민주당 의원, 심플하고 이지적인 스타일

추미애 의원은 외모에서부터 이지적이고 냉철한 이미지를 엿볼 수 있다. 다부진 입, 날카로운 눈빛, 당당한 목소리와 단호한 말투는 추 의원의 트레이드 마크가 됐다.

추 의원의 패션은 이 같은 이지적인 외모를 살려주는 심플한 스타일이 주류를 이루어왔다. 특히 주로 재킷과 A라인 스커트 슈트에 셔츠를 즐겨 입음으로써 깔끔하고 단정한 스타일을 연출했다.

색상은 검정, 회색 등 기본적인 무채색 계열을 비롯 보라, 오렌지 같은 밝고 화사한 색상까지 다양하게 선호하고 있다. 특히 추 의원은 화사한 핑크나 깊이 있고 짙은 그린 컬러의 정장을 통해 여성미를 표현해 자칫하면 차가워 보일 수 있는 이미지를 온화하게 녹여주고 있다.

이처럼 단순하고 깔끔한 이미지를 고수했던 추 의원도 스카프나 브로치, 목걸이로 포인트를 주기 시작하면서 세련미를 더해 가고 있다. 지난해 11월 말, 올림픽 체조경기장에서 열린 민주당 임시전당대회에서 화이트 단추가 포인트인 자줏빛 재킷과 화이트 스커트로 이루어진 정장에 화이트 숄 칼라 블라우스를 입어 화사하면서 부드러운 여성미를 강조했다.

추 의원이 상황에 적절하게 적용하는 패션 전략의 단면을 볼 수 있는 재미있는 일화가 있다.

대표 경선을 이틀 앞두고 부안사태 관련 기자회견에 참석한 후 곧바로 경선 주자들과 당내 사이버토론을 벌여야 하는 상황에 직면했을 때였다.

먼저, 추 의원은 부안사태 관련 기자회견 시 "노무현 대통령은 부안 주민에게 사과하고 주민투표를 연내에 실시하라"고 강하게 촉구했다. 이때, 추 의원은 검정 투피스를 입고 있었다. 부안 사태의 심각성을 고려해 자신의 단호한 의지를 표현하기 위함이었다.

그러나 불과 30분 뒤 당내 사이버토론회에서는 180도 달라진 패션 스타일을 선보였다.

추 의원은 브라운 컬러의 스커트에 레드 색상의 재킷으로 갈아입고 등장했다. 무채색 양복을 입은 당내 경쟁 후보자들 사이에서 추 의원의 레드 컬러 패션은 단연 돋보였다.

이에 대해 추 의원은 "토론회가 인터넷으로 생중계될 경우 화질이 흐려 잘 보이지 않을 우려가 있다"며 "흐린 화질 가운데서도 네티즌에게 잘 보이려는 서비스 차원에서 갈아입었다"고 설명했다.

상황에 맞는 패션 스타일 연출은 지혜로운 전략이 될 수 있음을 보여준 재미있는 사례이다.

2030세대들이 생각하는 강금실 장관의 매력

소박하고 따뜻한 인간적 매력, 소신 있게 밀어붙이는 카리스마

20~30세대 미혼 남녀들은 강금실 장관의 어떤 이미지를 매력포인트로 생각할까.

그것은 당차고 완벽해 보이는 겉보기와는 다르게 소박하고 따뜻한 인간적 매력과 어떤 일에 있어서 신념을 갖고 소신 있게 밀어붙이는 카리스마였다.

이 같은 내용은 결혼정보업체 듀오www.dueonet.com가 2004년 1월 19일부터 25일까지 일주일 동안 20~30대 미혼 남녀 400명(남성 200명, 여성 200명)을 대상으로 '20~30세대들이 생각하는 강금실 장관의 매력'을 설문 조사한 결과이다.

이 설문 결과에 따르면 미혼 남성들의 경우, 강금실 장관의 '당차고 완벽한 이미지와는 다르게 소박하고 따뜻한 인간적 매력'(21.5%)에 가장 많은 점수를 줬다. 이어 '지적인 매력과 깔끔한 매너로 승부하는 스마트함'(19.5%), '할 말은 꼭 하는 대찬 성품'(12.5%), '신념과 카리스마로 밀어붙이는 소신'(10.5%), '사생활에 대한 음해에도 굴하지 않는 떳떳함'(8.5%) '공직자답지 않은 의외성과 스타성'(7.0%)을 꼽았다.

반면 여성들은 '신념과 카리스마로 밀어붙이는 소신'(20.0%)을 가장 많이 꼽아 '인간적 매력'에 더 끌리는 남성들의 응답과는 차이가 있었다. 이어 '지적인 매력과 깔끔한 매너로 승부하는 스마트함'(17.

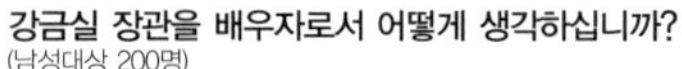

2030세대가 생각하는 강금실 장관의 매력

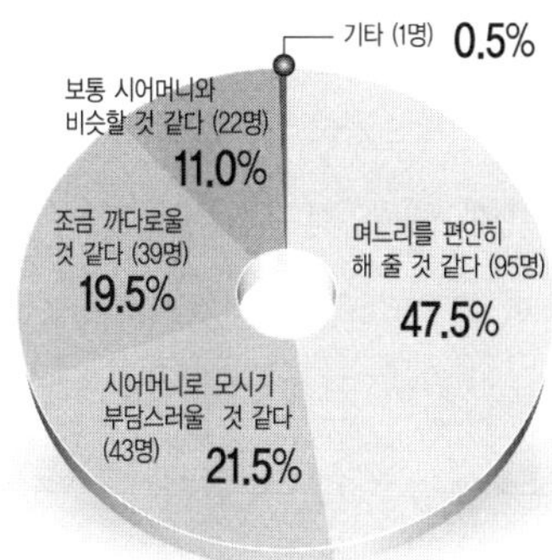

(자료제공 : 듀오)

5%), '당차고 완벽한 이미지와는 다르게 소박하고 따뜻한 인간적 매력'(16.0%), '공직자답지 않은 의외성과 스타성'(12.5%), '할 말은 꼭 하는 대찬 성품'(12.0%), '사생활에 대한 음해에도 굴하지 않는 떳떳함'(8.5%) 순으로 응답했다.

이 밖의 의견으로는 '강해 보여야 할 때와 약해 보여야 할 때를 아는 언론플레이'(남성 6.5%, 여성 3.0%), '개성 있는 헤어스타일과 화려한 패션'(남성 5.5%, 여성 4.0%) '권력이나 윗사람에 아첨하지 않는 모습'(남성 4.5%, 여성 6.5%) 등이 있었다.

그렇다면 남성들이 볼 때 배우자감으로서의 강금실 장관은 어떨까. '남편에게 인생의 동반자가 될 것 같다'(41.0%), '의외로 순종적인 아내가 될 것 같다'(21.0%), '남편의 출세를 돕는 평강공주가 될 것 같다'(12.5%) 등 전체 응답자의 72.5%가 긍정적인 평가를 내렸다. 하지만 '남편이 아내의 그늘에 묻힐 것 같다'(24.5%)는 의견도 만만치 않았다.

반대로 여성들의 경우, 만약 강금실 장관이 시어머니가 된다면 어떤 점수를 줄까. 응답자 중 과반수에 가까운 47.5%가 '며느리를 편하게 해줄 것 같다'고 말해 긍정적이었다. 그러나 '시어머니로 모시기 부담스러울 것 같다'(21.5%), '조금 까다로울 것 같다'(19.5%)는 등 부정적인 견해도 40.5%나 됐다. '보통 시어머니와 비슷할 것 같다'는 의견은 11.0%였다.

이 같은 설문 결과를 볼 때 대체로 20~30대의 젊은 세대들에게 정치인이나 공직자들에 대한 이미지가 부정적인 데 반해 강금실 장관의 인기는 한동안 계속될 것 같다.

이 강 미_ 『스포츠투데이』 기자

1967년생. 1994년 『국민일보』 기자로 입사했으며, 1999년 『스포츠투데이』에 입사해 현재 사회 문화팀 기자로 근무하고 있다.

"코미디야, 코미디!"

"아이고 내 팔자야, 그냥 '에이씨' 하고 출마해 버릴까."

— 강 장관, 2004년 1월 20일 '총선에 출마한다는 보도가 나왔다'는 기자의
질문에 대해.

"(강 장관이 부임한) 지난 한 해 검찰은 상전벽해桑田碧海 같은 변화를
겪었다. 검찰 50년 이래 처음으로 국민으로부터 박수를 받았다."
"강 장관은 정치적으로 민감할 때마다 '소신껏 하세요'라고 말해 줬
다. 마키아벨리는 권좌에 있으면 두려움 또는 사랑의 대상이 되는데,
강 장관은 사랑의 대상이 된 듯하다."

— 서영제 서울지검장, 법무부 신년교례회에서 건배 제의를 하면서.

"나의 진짜 꿈은 노는 것이고, 앞으로 기회가 있다면 진짜 사랑을 하
고 싶다."

— 강 장관, 시사월간지 『신동아』 2004년 1월호 인터뷰에서.

"검찰이 노 대통령을 조사하겠다고 할 경우 검찰의 결정을 존중하겠
다."

　　— 강 장관, 국회 법사위에서 한나라당과 민주당이 '노무현 대통령의 15대 의
　　혹'을 제기했을 때.

"내가 흰 옷을 입고 있더라도 다른 사람이 옆에 있어야 흰 옷이 눈에
띈다. 정치인에게는 라이벌이 없는 것이 불행한 일이다."

　　— 민주당 추미애 의원, 2003년 12월 3일 자신과 강 장관이 자주 비교 대상이
　　되는 것에 대해.

"나도 라이벌이 좋다."

　　— 강 장관, 추미애 의원이 '라이벌이 없는 정치인은 오히려 불행하다'며 그 상
　　대로 강 장관을 지목한 데 대한 소감을 묻는 자리에서.

"강 장관은 정수기다. 흐린 물(정치권)을 깨끗하게 만들어주니까."
"강금실 장관은 진공청소기다. 정치권 비리를 쓸어주니까."
"강 장관은 효자손이다. 국민들의 가려운 곳을 시원하게 긁어준다."
"강 장관은 양파다. (야당이) 까면 깔수록 매운맛이 나온다."

　　— 강금실 장관 팬사이트에서 강 장관의 이미지를 묻는 이벤트에서 나온 대답.

"방송 탤런트 공모에나 나가면 딱 맞을 사람이다."

　　— 이재오 한나라당 사무총장, 2003년 11월 17일 강 장관을 깎아내리며.

"코미디야, 코미디……!"

— 강 장관, 2003년 11월 7일 '특검법안' 처리를 앞두고 국회 법제사법위원회에서 노무현 대통령의 고교 선배로 후원회를 이끌었던 이영로 씨의 정확한 직함을 놓고 우왕좌왕하자 옆사람과 소곤거리며.

"일반적으로 정치인이나 관료들은 공公·사私의 언어가 다른데, 강 장관은 그 공·사 영역을 왔다 갔다 한다."
"앞에서 하는 말과 뒤에서 하는 말이 다른 남성적 문화와 차별되는 여성성의 솔직함이 있다."

— 동국대 조은(사회학) 교수의 분석.

"강 장관은 판사 출신이지만 기득권에 묻히지 않고 여성 운동의 세례를 받았으며, 그래서 중심의 언어와 여성적 조율의 언어를 모두 갖추고 '게임'을 할 줄 아는 여성."

— 연세대 조한혜정(사회학) 교수의 평가.

"강 장관이 당차게 잘한다. 너무 잘해서 대통령도 요새 골치가 아프다. 세상이 바로 가는 것이다. 나도 어렵고 다른 정치 하는 사람도 어렵다. '당찬 장관, 소신 있는 검찰'이 좀 소신껏 제대로 하는 모양이다."

— 노무현 대통령, 제주를 방문한 후 지역인사 간담회에서 이 지역 출신인 강 금실 법무장관을 치켜세우며.

"바쁜 일정에도 책을 다 읽고 직접 정성 어린 원고를 써준 강 장관의 정성이 놀랍고 고마웠으며 강 장관의 완벽주의를 엿볼 수 있었다.”
　　— 차병직 변호사의 책에 추천사를 써준 데 대한 출판사 관계자의 말.

“요즘 법관들은 예전보다 더 보수적인 것 같다.”
　　— 강 장관, 2003년 8월 대법관 제청 파문과 관련해 2003년 9월 29일 여기
자들과 만난 자리에서.

“강금실 법무부 장관이 참여정부 장관 가운데 ‘일 잘하는 장관’으로
꼽힌 것은 이해할 수 없다.”
　　— 2003년 9월 15일 한 경제부처 국장, 노사분규 현장 등에서 불법이 판치고
있는데도 법무부 장관이 해결책을 내놓지 못하고 있다며.

“권력기관 안에 들어와 보니 권력이란 국민이 준 것인데도 마치 내
것인 듯 자기 도취에 빠지기 쉬운 것 같다.”
　　— 강 장관, 2003년 9월 15일 서울대 법대의 초청으로 ‘법대생과의 대화’ 특
별 강연을 하면서.

“강금실, 남자 장관 다 합쳐놓은 것보다 낫다.”
　　— 최병렬 한나라당 대표, 정부의 철도 파업 관련 토론회에서.

“매일 책상 앞에 앉아 있는다고 일이 잘된다고 생각하진 않는다. 사
무실을 벗어나서 편안한 휴식과 새로운 경험을 해봐야 업무 능률도
높이고 창의적인 사고를 할 수 있을 것. 모든 직원이 7일간 휴가를

반드시 다녀오라. 특히 직원들의 휴가가 제대로 이루어졌는지 사후 점검도 하겠다.”

— 강 장관, 2003년 7월 14일 법무부 실 · 국장회의에서.

“눈사람은 깨끗하고 아름답고 순수한 검사들에게 내가 붙인 별명입니다. 검찰에는 영혼을 다치지 않고 겸허하고 묵묵히 살고 있는 많은 눈사람들이 있었어요. 6월 30일 밤 강금실 드림.”

— 강 장관, 전국 검사들에게 이메일로 보낸 ‘러브레터’ 중에서.

“기분 좋은 질문이지만 어느 쪽이라고는 밝히지 못하겠다. (애인이) 있다고 하면 난리가 날 테고, 없다고 하면 그것 또한 창피한 일 아닌가. 노력해 보겠다.”

— 강 장관, 2003년 5월 2일 사법연수원생들과의 간담회에서 ‘혹시 현재 사랑하는 사람이 있느냐’는 질문에.

“일단 법을 지켜야 하지만 진짜 악법이면 하루 빨리 고쳐야 합니다.”

— 강 장관, 2003년 5월 2일 사법연수원 특강 중 ‘악법도 법이냐?’는 질문에 대답하며.

“공인이라 어쩔 수 없다고 생각하지만 사생활에 대한 지나친 관심 때문에 괴롭습니다.”

— 강 장관, 2003년 4월 25일 고위공직자 재산 공개 현황에서 빚만 9억 원으로 드러나자.

"장관이 되지 않았으면 무용을 했을 것이다."

"법무법인 대표 시절 동료 변호사들과 노래방에서 디스코를 즐겼고, 전통무용은 선생님한테 정식으로 배운 적이 있다."

"평소 즐겨 부르는 노래는 「사랑보다 깊은 상처」다."

　　— 강 장관, 2003년 3월 24일 KBS 1TV 「아침마당」에 출연해서.

"검찰 개혁이 너무 절실해 (대통령이) 검사가 아닌 법률가를 선택했다. 나는 차차선이었지 최선은 아니었다."

　　— 강 장관, 2003년 3월 18일 국회 법사위에서 자신의 발탁 배경을 묻는 질문에 답하며.

"법무부 출신인 저를 검찰에서 '점령군'에 빗댄 것은 감정적으로 저를 받아들이기 어렵다는 뜻 아닙니까?"

　　— 강 장관, 2003년 3월 9일 대통령과 평검사 대화 중 '검찰 인사는 밀실 인사'라는 주장이 나왔을 때.

"저, 강금실인데요……."

　　— 강 장관, 2003년 3월 2일 전화를 받은 법무부 이춘성 공보관이 장관의 목소리를 알아듣지 못하고 "어 그래, 무슨 일이야?" 하고 되묻자.

"당신이 불편해질 것 같아 걱정이에요."

　　— 강 장관, 2003년 2월 27일 장관 취임 직후 이혼한 전 남편 김태경 씨에게 취임 사실을 알리며.

그의 말을 듣고 있다 보면 뭔가 비우기 위해 채워 넣는 사람 같았다. 말하자면 집을 짓는 게 아니라 길을 찾는 것, 그는 그런 태도를 종교적이라고 표현했다. 그렇게 보면 사위를 더 할수록 마음이 비워진다는 승무는 그의 삶을 압축하는 퍼포먼스처럼 보인다. 그는 앞으로 어느 길 위에서 춤을 출까?

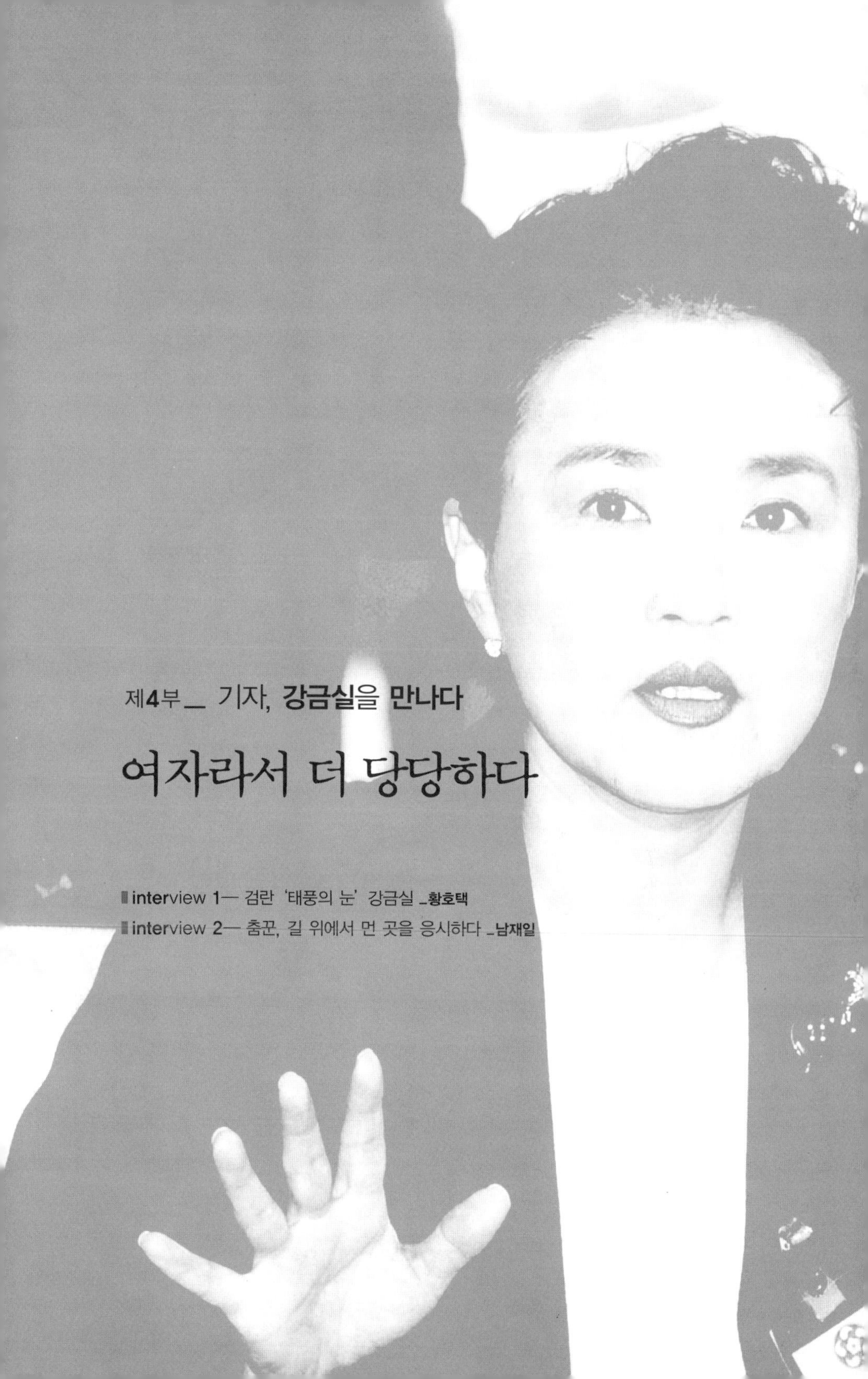

여자라서 더 당당하다

검란檢亂 '태풍의 눈' 강금실

황 호 택_『동아일보』논설위원

■검찰 꽉 쥐었다는 건 비공식적 표현일 것

■서열 파괴 인사 아니다

■이적표현물 소지 처벌 말아야

■여성이라서 검찰 중립화에 도움될 것

■감찰 기능 법무부로 이관 검토

■사생활 검증은 감수, 그러나 위장이혼 절대 아니다

노무현 정부 1기 내각에서 강금실(康錦實 · 46 · 사시 23회) 법무부 장관은 평검사와의 토론회 이후 20명 장관 중에서 단연 돋보이는 스타가 됐다. 인터넷에는 '강금실을 사랑하는 모임'(강사모) 사이트가 여섯 개나 생겼고 신문의 여성 페이지에는 화사한 '강금실 패션'에 대한 기사가 자주 실리고 있다.

법무부 장관은 검찰총장과 동기이거나 그보다 선배를 임명하는 관행이 오랫동안 지속됐다. 법원·검찰은 연공서열이 중시되는 보수적인 집단이다. 막강 검찰을 산하에 거느리는 법무부 장관 자리에 46세 여성 변호사가 임명되자 법조계는 강한 충격을 받은 모습이다.

검사장은 흔히 군대의 장성에 비유된다. 강 장관의 동기인 사법시험 23회 출신 검사들은 현재 검찰에서 지검 부장검사급이다. 군대 계급구조에 비유하면 중령쯤 된다고 할까. 신정치 서울고등법원장이 "여군 중령을 참모총장시킨 거예요"라고 사석에서 던진 농담을 그대로 전해 주었더니 강 장관은 크게 웃었다.

검사 경험이 없는 판사 출신 장관이지만 강 장관이 살아온 이력을 살펴보면 그렇게 녹록하지 않다.

첫 여성 형사단독판사, 첫 여성 로펌대표, 민주사회를 위한 변호사 모임(민변)의 첫 여성 부회장 등 남성 위주로 운영돼 온 조직을 뚫고 들어가 '첫' 자를 상용하다가 건국 이후 첫 여성 법무부 장관에 올랐으니 그 절정에 다다른 느낌이다.

말은 조용조용하지만 어조와 표정에서 강단剛斷과 결기가 드러난다. 인물탐구를 하는 의미에서 타임머신을 타고 1980년대 전두환 독재정권 치하의 어려웠던 시절로 돌아가보자.

1984년 서울대학교에서 학생 세 명이 시위를 하다가 경찰에 붙들려 즉결심판에 회부됐다. 그런데 놀랍게도 다음 날 그 세 명이 학교에 말짱한 모습으로 나타났다. 당시 복학생이었던 유시민 씨(개혁국민정당 전 대표)의 홈페이지에 올라 있는 글을 그대로 옮겨본다.

선배 어떻게 나왔나.

후배 훈방됐어요. 새벽에 즉심판사가 와서 돌 던졌냐고 묻기에 안 던졌다고 했죠. 서류를 보더니 증거가 없으니 나가라고 하더 군요.

선배 그 판사 이름이 뭐였냐.

후배 기억이 안 나요. 그런데 여자예요.

선배 혹시 생머리 길게 하고 예쁜 여자 아니었냐.

후배 맞아요.

선배 성이 강씨 아니더냐.

후배 맞아요. 강씨.

선배 강금실이지.

후배 맞아요 강금실.

선배 너네 운수 대통한 줄 알아라.

즉심에 넘어가 구류를 기다리던 서울대생 세 명은 운수가 대통해 '울랄랄라~' 했지만 1년차 초임판사는 법원에 돌아오자마자 호된 시련을 겪었다. 즉결 법정에 나와 있던 보안사와 안기부 직원들이 직방으로 보고해 법원이 발칵 뒤집혔던 것. 강 판사는 얼마 안 있다가 시국사건이 없는 가정법원으로 전출돼 이혼 사건 재판을 전담하게 된다.

노무현 대통령은 강 장관을 '철의 여인'이라고 치켜세운 적이 있다. '철의 여인'은 영국 언론이 마거릿 대처 전 총리에게 붙여준 별명이다. 대통령의 말 속에는 검찰 조직을 향해 40대 중반의 여성 장관이라고 간단하게 보지 말라는 의미가 담겨 있다. 강 장관은 철의 여인답게 일부 검사들의 반란을 잠재우고 과감한 발탁과 좌천으로 특징되는 인사를 마무리 짓는 데 성공했다. 물론 노 대통령이 직접 나서 엄호사격을 한 것이 결정적인 도움이 됐지만.

강 장관의 인사안에 반발하는 검사들의 항명사태는 수면 아래로 일단 잠복했으나 '총탄을 맞고 물러나는' 검찰 간부들은 퇴임의 변에서 '기수期數를 파괴한 밀실인사', '불공정하고 불투명한 인선'이라고 비판했다. 법무부 검찰국장에서 서울고검 차장으로 좌천되자 퇴임한 장윤석 검사장은 "후배들이 나의 전사戰死를 용퇴로 오해하지 말기 바란다"며 분루憤淚를 삼켰다.

노 대통령이 개혁추진 원칙 시달

—어떤 기준과 원칙에 의해 발탁을 하고 좌천을 시켰습니까.

"나는 서열 파괴 인사라는 평가에 동의 안 하거든요. 송광수 검찰총장 내정자가 사시 13회이고 바로 아래 사시 14회 중에서 신망이 두터운 김종빈 대검차장을 발탁했습니다. 15, 16회까지 고검장으로 승진시킨 인사가 큰 무리는 아니었다고 봅니다. 그래도 검찰에 있는 사람들은 이전에 비하면 파격적이라고 말하더군요.

노 대통령이 검찰인사에 앞서 '개혁 추진'이라는 대원칙을 내려주었습니다. 이에 따라 개혁성을 고려하면서도 가능하면 검찰 내부의 조직 안정을 위해 서열을 존중하려고 노력했습니다.

승진에서 누락되거나 좌천된 검사장이 많았던 것은 어쨌거나 지금 검찰이 국민으로부터 신뢰를 잃었기 때문입니다. 여러 게이트가 검찰의 신뢰를 결정적으로 손상시켰습니다. 이번 인사를 통해 지휘 감독하는 입장에 있었던 지도부를 문책하는 의미가 있었습니다.

인맥보다는 성실한 수사능력과 업무수행 태도에 의해 평가 받는 인사 기준을 만들려고 합니다. 이번에도 그러한 노력을 했지만 충분했다고 할 수는 없겠지요. 지난 정부에서 수사와 관련돼 다소 정당하지 않은 인사에 의해 좌천됐던 사람들을 복귀시켰습니다. 이런 인사 원칙을 지켜나갈 생각입니다."

부장검사 인사 때 위원회 열 것

—노 대통령과의 토론에서 평검사들이 '밀실인사'라는 주장을 하자 강 장관이 수십 명에게 자문을 했다고 답변하더군요. 자문한 사람들이 누구인지 밝힐 수 있습니까.

"나는 취임하자마자 지체돼 있던 검사장급 인사를 해야 했습니다. 법무부 장관이 검사장급 인사를 직접 하던 종전 방식대로 인사를 하겠다고 천명했습니다. 김각영 전 검찰총장과 인선에 관해 의논하는 과정에서 일부 승진 대상 내정자가 알려지자 검사들이 밀실인사라고 들고 일어섰습니다.

대검차장 등 승진 대상자를 정하는 데 내 의견이 충분히 반영됐던 것은 사실이죠. 그러나 그것을 밀실인사라고 하는 것은 정당하지 않습니다. 이전에도 인사위원회가 있었지만 검사장급 인사 때는 위원회를 열지 않았습니다. 인사위원회의 구성원들이 대부분 검사장이기 때문이지요. 따라서 검사장급 인사에서 인사위원회를 거치지 않았다는 발언은 적절한 지적이 아닙니다. 부장검사 인사에서는 인사위원회를 열 생각입니다.

검사들을 가장 잘 아는 것은 검사들이므로 내부 의견을 존중해 인사를 하겠습니다. 검사장급 인선을 하면서 많은 분들을 만났지만 지금 그 내용을 공표하기는 어렵습니다."

—노 대통령이 강 장관을 파격적으로 임명한 이유를 설명하면서 "법무부를 검찰청에서 독립시키려고 한다. 지금까지는 검찰이 법무부를 장악해 검찰 소속의 법무부였다"고 말했습니다. 이 말을 어떻게 해석해야 합니까. 노 대통령으로부터 이에 관해 구체적인 설명을 들은 일이 있는가요.

"법무부의 인사 라인을 통해 바깥에서 간섭이 있었다고 많은 분들이 지적하고 있습니다. 법무부 장관이 검찰 인사에서 외부의 부당한 영향력을 차단하라는 뜻입니다. 검사들이 소신껏 수사할 수 있는 분위기를 만들겠다는 뜻입니다.

노 대통령의 말은 수사의 독립을 보장하겠다는 의미이지 검찰청을 법무부에서 떼어 독립시키겠다는 뜻은 아닙니다. 개혁은 과거에 가던 방향이 잘못됐으니 반대 방향으로 가자는 것이 아닙니다. 법에 보장된 제도를 되살려놓자는 뜻입니다. 과거에 정치권의 외압이 있었으므로 정치권을 완전히 배제하자는 것도 아닙니다.

법무부와 검찰청의 관계, 대통령의 인사권 등은 모두 법에 정해져 있으니 이제 법대로 한번 해보자는 취지입니다. 소속기관인 검찰청의 검사들이 상급기관인 법무부에 들어와 실질적인 영향력을 행사하는 것은 잘못된 관행입니다. 법무부와 검찰의 구성은 상급기관과 하급기관으로 분리돼야 합니다. 법무부는 그 대신 검찰청법에 의해 검사들이 공익의 대표자로서 소신껏 수사할 수 있도록 보장해 줘야 합니다. 검찰 인사도 법무부 장관이 제청하고 대통령이 임명하되 검찰 내부의 의견을 존중해야 합니다.”

검찰이 인사권 가진 나라는 없다

—노 대통령과 강 장관이 이번은 이대로 하고 다음번 인사 때부터는 인사위원회를 만들어 투명하고 공정한 인사를 하겠다고 거듭 약속했는데요. 어떤 원칙에 의해, 어떤 방법으로 인사위원회를 만들 계획입니까.

“현재 인사위원회는 두 명의 외부 인사를 빼면 전부 검사장으로 구성돼 있습니다. 인사 기준에 대해서만 의견을 말하는 정도였지 실질적인 기능을 못 했습니다. 인사위원회의 심의기구화에 대해서는 검찰 내외부의 의견이 일치된 상황입니다. 검사의 직급에 따라 인사위원회가 두세 개 정도 필요합니다.

인사위원회에 앞서 기본 데이터를 제대로 작성하는 작업이 필요합니다. 공정한 평가자료가 갖춰져야 공정한 인사가 가능합니다. 인사위원회의 전 단계로 검찰총장은 물론 검사들의 의견을 수렴해야 합니다. 본인의 희망과 주변의 평가가 반영되는 제도를 만들어야 합니다.

근본적으로 검찰 인사는 검사들이 짤 수밖에 없어요. 외부 인사가 참여하더라도 검찰 내부 인사에 누구를 어디로 보내야 한다는 말을 하기는 어렵잖아요. 인사위원회는 인사안에 대해 어떤 원칙을 제시하거나, 이 인사는 곤란하지 않느냐는 식의 검증을 하는 기구가 돼야 합니다. 법무부 중심으로 검찰 내부 여론을 수렴해 만들 것이기 때문에 인사위원회가 어떤 모양이 될지에 대해 지금으로서는 예측하기 어렵습니다."

—TV 토론에서 평검사들은 현재 법무부 장관이 갖고 있는 인사제청권을 검찰총장에게 넘겨달라고 요구하더군요.

"검사들의 뜻은 충분히 이해합니다. 과거의 부정적인 현상을 고치기 위해 반대로 가자는 것이지요. 장관 라인을 통해 인사가 잘못됐다는 믿음을 갖고 있기 때문에 인사제청권을 총장에게 넘기라는 것이겠지요.

그러나 법무부가 감독기관으로서 인사제청권을 행사하지 않으면 무슨 수단으로 감독할 수 있을까요? 정부조직법과 검찰청법에 법무부 장관이 수사의 최고 지휘 감독자로서 책임을 지게 돼 있어요. 검찰에서 수사를 못 하면 최종 책임은 장관인 내가 지는 겁니다.

장관 보고 인사권 행사를 하지 말라는 주장은 합리적이지 않습니다. 세계적으로 검찰 스스로 인사권을 갖고 있는 나라는 없어요. 미국은 선거를 통해 검사를 임명하고요, 프랑스는 법원에, 독일과 일본은 법무부에 인사권이 있거든요."

—과거 독재정권은 물론이고 문민정부와 국민의 정부도 인사를 통해 검찰을 장악했습니다. 참여정부의 인적 청산이라는 것도 본질적으로 역대 정권의 검찰 장

악과 크게 다르지 않은 것 아닐까요.

"노 대통령은 여러 차례 절대로 검찰을 이용하지 않겠다고 천명했습니다. 국민에 대한 약속입니다. 나는 노 대통령이 반드시 이 약속을 지킬 것이라고 믿습니다. 법무부가 하려는 인사 개혁은 법무부를 통한 사건 개입을 차단하려는 노력입니다. 검찰총장이 인사권을 갖게 되면 오히려 권력의 개입이 더 쉬워질 수 있죠. 대통령이 검찰총장을 임명하거든요. 거기에 대한 보완장치가 없습니다. 법무부가 공정하게 인사권을 행사하고 총장이 수사를 책임지는 제도가 좋다고 생각합니다.

공정한 평가 자료를 만들어 의견을 수렴하고 외부 인사들이 참여하는 인사위원회를 만들면 사실상 장관의 인사권은 없는 거나 다름없습니다. 심의기구에서 지적한 인사에 대해 장관이 마음대로 하기는 매우 어렵죠. 엄청난 반발을 살 테니까. 장관도 아니고, 총장도 아니고, 제도로 가자는 것이 인사위원회입니다. 그렇게 되면 누구도 간섭하기가 어려워지죠."

강 장관은 사법부의 남성 판사들도 주저하는 일에 앞장선 일화가 많다. 모두에서 즉결심판 일화를 소개했지만, 1991년 서울지법 북부지원에 있을 때 데모 학생의 영장을 기각해 버렸다. 그러자 검찰은 새로운 혐의를 추가해 같은 법원의 다른 판사로부터 영장을 발부받았다.

"나는 판사로 있을 때 특별히 시국사건을 많이 맡지는 않았어요. 1983년 남부지원에서 6개월 당직판사를 했고, 북부지원에서는 영장

담당을 하다가 한두 번 그런 일이 있었지요. 주요 사건 재판을 맡았던 적은 없습니다.

전두환 정부 시절에는 학생 데모가 아주 많았지요. 화염병 시위는 일반화된 현상이었습니다. 판사들 사이에 양형量刑 기준을 놓고 고민이 많았죠. 시위에서 돌을 던져도 얼마나 던졌냐, 앞에 있었냐 뒤에 있었냐, 단순 가담이냐…… 이런 것을 판단해서 양형을 했습니다. 화염병 투척은 나쁘지만 몇백 명, 몇천 명이 화염병을 던지니까 모조리 구속시킬 수도 없었지요. 그러니 지휘부냐, 화염병을 몇 개나 던졌냐, 사람이 다쳤냐 등의 정황을 고려하지 않을 수가 없었습니다. 일부러 풀어주거나 무조건 풀어준 것은 아닙니다.”

비상한 기억력

—가정법원으로 쫓겨간 이야기가 흥미진진할 것 같아요.

“그때는 멋모르고 한 일입니다. 구류를 꼭 살려야 한다는 지침이 있는 것도 잘 몰랐죠. 원래 당시에 초임들이 사고를 잘 쳤어요. (웃음)

장관이 돼 인터뷰를 하면서 이런 이야기까지 해야 할지 모르지만 사법부에 부끄러운 역사가 있었습니다. 즉결 재판소에서 서울대 학생 세 명을 풀어주고 돌아오는 사이에 안기부·보안사 쪽에서 법원에 벌써 연락을 했더군요. 서울지방법원장이 남부지원장에게 ‘왜 풀어줬는지 알아보라’는 지시를 내려보냈습니다. 대법원에서도 조사를 나왔어요.

공안부 검사들이 우르르 법원에 몰려와 항의했습니다. 당장 장흥 지원으로 좌천시키라는 말까지 나왔던 것으로 압니다. 남부지원장이 초임 여성판사라고 감싸 가정법원으로 보내줬습니다. 가정법원 발령 날 때까지 6개월 동안 내가 즉결을 못 맡게끔 제도를 바꾸었어요.

그 일 이후 법원장이 판사들에게 데모 학생은 최소한 구류 10일 이상 살게 하라고 공개적으로 요구했습니다. 부끄러운 시대였습니다. 지금은 상상도 못 할 일이지만……."

5공화국의 사법부에서는 시국사건의 경우 각 법원의 형사 수석부 장판사들이 검찰·안기부와 협의해 형량을 정한 뒤 판사들에게 통보 했다. 이른바 '정찰제 판결'이었다. 학생들이 법정에서 '꼭두각시 판 사 물러가라'는 구호를 외치는 법정소란이 그치지 않았다. 암울한 시 대의 법정 풍경이었다.

강 장관은 인터뷰를 하면서 "서울가정법원 판사로 있을 때 김용준 가정법원장(나중에 헌법재판소장을 지냄) 방에서 황 위원과 처음 인사를 나눈 기억이 난다"고 말했다. 필자는 잊고 있었는데 비상한 기억력 이다. 무척 바쁜 시기에 인터뷰에 응해 준 강 장관의 세심한 마음씨 가 고맙다. 옛날 판사 시절에 법원장 방에서 스친 인연이 인터뷰를 성사시켰는지도 모르겠다.

강 장관은 1993년 김영삼 정부 때 서울민사지법 단독판사 40여 명 과 함께 평판사회의를 만들어 당시 김덕주 대법원장에게 사법개혁에 관한 건의서를 올렸다.

"법원에서 단독판사들도 뭔가 법원 개혁 문제에 대해 의견을 모아보라는 말이 있었죠. 평판사들은 어쨌거나 과거 사법부가 잘못한 것이 있다면 반성하고 용서를 빌자는 취지의 건의서를 만들었습니다. 사법시험 23기들이 대거 참여해 평판사회의체로 나가니까 법원에서 우려를 했죠."

검찰은 스스로 독립하라

—노 대통령과 평검사 토론회가 국민적인 화제가 됐는데요, 텔레비전으로 보니까 강 장관이 텔러제닉telegenic하더군요. 우리말로 옮기자면 텔레비전발이 잘 받는다고 할까요. (웃음) 노 대통령은 역시 토론 경험이 풍부한 토론의 달인이더군요. 그러나 일각에서는 대통령이 주요 사안마다 이번처럼 현장에 나와 토론을 해서는 곤란하지 않느냐는 의견이 있습니다. 주요 사안마다 대통령과 담판하려 하면 장관은 허수아비가 되지 않겠습니까.

"대통령이 인사권을 갖고 있는 공무원은 모든 부처에 다 있습니다. 인사권자로서 검사들을 직접 만나 토론하는 것은 검찰에 대한 또 다른 특혜라는 시각이 있었습니다. 법무부 장관으로서 그런 우려를 하면서도 검찰과 법무부의 개혁이 국민적 관심사이기 때문에 특별하게 이루어진 조치였습니다.

대통령이 현장에 나타나는 모든 문제를 토론을 통해 풀겠다는 뜻이 아닙니다. 나라의 중대사이고 상당한 의견차가 나타나는 상황이어서 특별한 방법으로 접근한 것이죠. 그 점에 관해서는 양해해 달라는 부탁의 말씀을 드리겠습니다.”

—평검사와의 토론에서 노 대통령이 “나도 검사들에 의해 기소돼 재판을 받았고, 언론인들도 검사들 손에 의해 기소돼 감옥에 가며 싸워 언론 자유를 쟁취했다. 그러한 과거가 오늘을 잉태했다”는 요지의 말을 해 미묘한 뉘앙스를 풍기더군요.

“검찰의 독립은 스스로 지켜야 한다는 원칙을 말한 것이라고 해석됩니다. 예컨대 어떤 사람이 어떤 자리에 있는데 누가 와서 막 밀어낸단 말이에요. 그러면 ‘너 왜 나 밀어내냐’고 하기 전에 내 자리를 지켰어야 된다는 의미겠지요. 자꾸 정치적 외압에 의해 검찰권이 왜곡됐다는 데 초점이 맞춰지다 보니까 반대로 이해하는 사람들이 있는 것 같아요. 노 대통령께서는 검사들도 외압을 물리치지 못한 데 대해서 반성해야 한다는 취지로 말했을 것 입니다.”

노 대통령은 비서실에서 써준 원고나 ‘말씀자료’를 읽는 대신에 즉흥적인 현장연설을 좋아한다. 감성에 호소하는 현장 화법에 능하고, 다변에다 원고를 보지 않고 말하니 활자로 대치해 놓으면 꼬투리 잡힐 일이 자주 생긴다.

검찰의 정치적 중립이 자리 잡기 위해서는 권력의 핵심부가 검찰을 놓아줘야 한다. 그러나 노 대통령은 한나라당 간부들과의 오찬 자리에서 “이번에 검찰을 꽉 쥐었다”고 말했다.

—검찰을 꽉 쥐었다는 말을 놓고 볼 때 인사를 통해 검찰을 장악한 것을 시인했다고 봐야겠지요.

"꽉 쥐었다는 표현은 비공식적인 표현이었을 것입니다. 노 대통령은 취임 전부터 국민이 원하는 검찰 개혁을 완수하려는 뜻을 갖고 있었습니다. 선거를 통해 그러한 권한을 위임받았습니다. 노 대통령이 나를 법무부 장관으로 보낸 것은 검찰을 개혁하려는 의지의 표현입니다. 검찰을 정치적으로 좌우하려는 것이 아니라 검찰을 개혁하려는 의도에서 나온 표현입니다. 장악 운운의 지적은 적절치 않다고 봅니다.

내가 장관으로 올 때도 과연 검찰 조직을 장악할 수 있겠느냐는 걱정을 많이 들었는데, '조직 장악'은 부정적 표현입니다. 정치 권력자가 자기 마음대로 검찰을 흔드는 것을 장악이라고 합니다. 검찰을 제대로 일하게 하면서 인사권자가 공정하게 권한을 행사하는 일이 어떻게 장악이 될 수 있습니까?"

호남 몰락의 원인

충격적인 인사의 여파로 검사들이 집단 반발을 하는 통에 주목받지 못했지만, 이번 인사를 지역 컬러로 분석해 보면 호남 검사들의 몰락과 PK 검사들의 부상이 눈에 띈다. 송광수 검찰총장 내정자는 청와대에서 돌아오면서 "호남 검사들이 울분을 느낄 것 같다"는 말을 했다. 승진자 13명 중에 PK 출신이 6명이고 호남은 2명이다. 좌천자 10명 중 호남 출신이 5명이다.

─숫자에서 확연히 나타나는 것처럼 특정 지역 출신이 불이익을 받은 현상이 두드러졌습니다. 이것을 어떻게 설명할 수 있겠습니까.

"아까 말한 것처럼 지휘감독의 자리에 있던 사람들한테는 어느 정도 문책성 인사가 불가피했습니다. 주요 사건의 수사 잘못과 관련한 문책에서는 전혀 지역을 고려하지 않았습니다."

강 장관은 여기서 배석한 이춘성 공보관에게 "유창종 검사장의 출신지역이 어디냐"고 물었다. 배석한 이 공보관이 '충청'이라고 말했다. 유 검사장은 이번에 '검찰의 꽃'이라는 서울지검장에서 대검 마약부장으로 좌천 인사를 당해 사법시험 한 기수 아래인 대검 차장 밑에서 일하게 됐다. 대검 중수부장 시절 이용호 게이트를 부실수사한 데 대한 문책성이라고 해석할 수 있다.

"우연의 일치일 수는 있지만 호남 배제 인사는 아니었습니다. 승진 인사에서는 최대한 지역 안배를 하려고 노력했어요. 사건 별로 고려하다보니까 그렇게 보이는 면이 있는 것 같아요. 우리 사회 실정상 지역을 고려하지 않을 수가 없지요. 대검 차장이나 고검장 인사에서 그 점을 충분히 고려했습니다. 지검장급은 후속 인사가 남아 있으니 끝까지 지켜보고 나서 평가해 주기 바랍니다."

김대중 정부 5년 동안 고위직에 오른 호남 출신 검사들이 각종 게이트에 연루된 사람이 많다. 검찰을 잘 아는 법조인들은 우호적인 정권의 덕으로 능력에 넘치는 자리를 받았던 사람이 있었다고 지적한다. 이번 인사에서 호남 검사들의 몰락을, 지난 정권에서 생긴 불균형을 시정하는 과정에서 나타난 일시적 현상으로 보는 시각도 있다.

―요직에 기용된 일부 호남 출신 검사들이 김대중 정부를 망쳐놨다는 견해를 가진 사람들이 민주당 쪽에도 있습니다.

"나는 그런 데 별 관심이 없어요. (웃음) 잘못돼 왔던 것을 지역에 연관시키고 싶은 의도가 없습니다. 객관적인 기준에 의해 사건 수사를 잘했느냐 못했느냐만 평가했습니다. 이 사람이 호남이냐 아니냐, 대통령과 어떤 관계였느냐, 망쳐놓았느냐, 이런 것은 관심 밖입니다. 나는 원칙만 고수하려고 합니다. 과거에 호남 출신 검사들이 득세했기 때문에 지금에 와서 상대적으로 많이 좌천당하지 않았느냐 하는 상실감이 있다면, 그런 것은 곧 치유될 것입니다. 왜냐하면 내가 그런 것을 고려하지 않고 인사를 하기 때문입니다. 다만 승진 발탁 인사에서 지역 안배는 하지 않을 수가 없습니다. 그러나 인맥을 고려하지는 않습니다. 어떻게 보면 내가 너무 정치적이지 못한 겁니다."

법무부로 감찰 기능 이관 검토

부패방지위원회에서 부처별로 부패지수를 평가했는데 검찰이 가장 높게 나왔다고 한다. 그러나 이 시기에 발표하면 '검찰 죽이기'라는 음모론이 제기될까봐 발표를 주저하고 있다는 소식이다. 민주화 이후 권부의 기관들이 검찰 견제 기능을 상실하면서 검찰을 사정할 수 있는 기관이 사라진 것과 관련이 있다는 해석이 있다. 검찰총장 부인의 옷로비 스캔들이나 검찰총장 동생이 사건과 관련해 금품을 수수한 것은 빙산의 일각이 드러난 것일 뿐이라는 시각이 있다.

—검찰의 부패를 막기 위해 어떤 방안을 생각하고 있습니까.

"대검에 설치된 감찰부가 감찰 기능을 제대로 행사하지 못하고 있다는 지적이 안팎에서 나오고 있습니다. 그래서 법무부로 감찰기능을 이관하는 방안을 개혁 과제로 마련해 놓고 있습니다. 상급 감독관청이자 인사권을 행사하는 장관으로서 당연히 그렇게 해야 될 것 같습니다. 감찰결과를 인사에 반영하는 것은 당연합니다.

검찰이 불신 받는 것은 꼭 권력형 비리를 잘못 수사해서만은 아닙니다. 수사 과정이나 검찰의 민원업무 처리에서 검사들이 인권을 보호해 주려고 애쓰는 느낌을 국민이 갖도록 해주어야 합니다. 부패지수가 왜 그렇게 나왔는지에 대해서는 한번 알아보겠습니다."

—대통령 친인척 혹은 권력형 비리, 고위 공무원에 대한 수사를 하기 위한 한시적 특검제에 대해서는 어떤 견해를 갖고 있습니까.

"검찰도 이미 동의한 사안이라서 지금 와서 의견을 바꾸기는 어렵지요. 한시적 특검제는 사건별 특검제가 아니고 수년 동안 특검을 설치할 수 있게끔 문을 열어놓자는 것입니다. 근본적으로 검찰이 빨리 신뢰를 회복하고 주요 사건을 공정하게 처리하는 모습을 보여주면 활동시한이 짧아질 수도 있겠지요. 대형 비리 의혹사건이 없는 사회가 되면 더 좋구요."

—대북송금 특검에 대해서는 개인적으로 어떤 의견을 갖고 있습니까.

"나는 대통령의 거부권 행사가 맞다고 생각합니다."

—그렇게 생각하는 이유는 무엇입니까.

"검찰에서 수사 유보를 결정한 이유는 북한과 관련된 부분이 노출돼 수습하기 어려운 결과를 가져올 것이라는 우려 때문이었습니다. 개인적인 소견으로는 국회에서 진실조사위원회 같은 기구를 만들어 국회의원뿐만 아니라 각계 인사들이 참여해 진실을 조사하고, 특검으로 해결해야 할 부분이 있으면 그 다음에 해야 한다고 생각합니다."

공익은 고려한다. 그러나……

경제사건을 전담하는 서울지검 형사 9부에서 벌인 SK그룹 수사의 파장이 너무 커 금융시장이 동요하고 있다.

국가신인도에도 나쁜 영향을 미치고 있다. 삼성·한화 등 다른 그룹으로 수사를 확대하려던 수사팀은 주춤하며 안팎의 따가운 눈총을 받고 있다.

서영제 신임 서울지검장은 '검사는 수사와 기소를 할 때 사건과 관련된 모든 정황을 고려해 국가경쟁력과 경제발전에 도움이 되는 방향으로 검찰권을 행사해야 한다'고 말했다. 한마디로 국가를 망하게 하는 수사를 해서는 안 된다는 이야기이다.

노 대통령도 수사의 속도조절론을 언급한 적이 있다. 경제를 걱정하는 이들은 "환부는 도려내야 하지만 환자의 건강상태를 살펴 집도해야 한다. 환자를 죽이는 수사를 해서는 안 된다"고 목소리를 높인다.

―수사에서 경제상황을 고려하지 않을 수 없겠지만 그렇다고 재벌의 비리를 눈감아주자고 할 수도 없는 노릇 아닙니까.

"수사권은 국민으로부터 위임받은 권한입니다. 검찰청법에 검사는 공익의 대표자로서 수사를 하게 돼 있거든요. 국민의 전체 이익을 위해 수사권을 행사하라는 위임이죠. 검찰권 행사에서는 공익을 계속적으로 고려할 필요가 있습니다.

무조건 수사만 하면 된다고 말할 수도 없고 두루두루 고려해 수사하지 말라고 할 수도 없습니다. 깊이 고민할 수밖에 없습니다. 대통령은 임명권자로서 공익을 고려해 달라는 말을 할 수 있습니다. 장관으로서 검찰총장과 어떤 방향이 옳은가에 대해 협의하겠습니다.

노 대통령은 SK수사의 경우 사전에 알지 못했고, 사후에 속도조절 문제를 말했습니다. 수사권 행사라는 공익도 중요하지만 다른 경제적인 공익과의 균형이 파괴될 정도로 불이익을 가져온 것은 아닌지에 대해 검토할 필요가 있습니다. 지금 경제상황이 많이 안 좋다는 이야기를 듣고 있습니다. 그렇다고 수사하면 안 된다고 할 수도 없고…… 어려운 문제입니다."

―항간에는 참여연대가 고발한 사건을 수사하면서 재벌개혁과 관련해 대통령직 인수위와 어떤 교감이 있지 않았나 하는 추측이 있었습니다.

"전혀 아닙니다. 형사부에서 소신껏 독자적으로 한 것으로 알고 있거든요."

―법무부 장관의 일반적 수사 지휘권이라는 것이 있지 않습니까. 나라 경제에 영향을 미치는 사건에 대해서는 수사 지휘를 할 수 있지 않습니까.

"그렇습니다. 최근에는 두산중공업 사태가 해결이 났잖아요. 검찰에 노사간 자율적인 해결을 존중하라는 지침이 내려가 있습니다."

강 장관이 입각한 데는 민변 쪽 천거가 결정적인 영향을 미친 것으로 알려지고 있다. 옷로비 특검을 지휘했던 최병모 변호사가 장관 제의를 고사하고 강 변호사를 밀었고, 여기에 문재인 민정수석비서관이 가세했다. 이에 노 당선자가 강 변호사를 만나 면접시험을 보고 사법개혁 의지를 확인한 뒤 일찌감치 움직일 수 없는 카드로 굳혔다. 강 장관은 한 인터뷰에서 "인맥이나 신세진 곳에 대한 부담이 없어 자신감이 넘치는 모습을 보면서 신뢰가 갔다"고 면접관을 만난 소감을 털어놓았다.

—노 대통령이 당선자 시절에 강금실 변호사를 법무부 장관 시켜서는 안 된다는 전화를 각계에서 수십 통 받았다고 공개한 일이 있습니다. 노 대통령이 고집스럽게 강 장관을 밀어붙인 이유는 뭘까요.

"판사 생활을 13년 해봤는데 조직 생활을 오래 하면 조직을 사랑하고 존경하게 돼요. 내가 와서 보니 검사들도 검찰 조직을 사랑하고 명예를 중요시하더군요. 검찰의 아픈 부분을 도려내야 하는 상황에서 검사들은 아픈 마음부터 앞서지 않겠습니까.

안에서 보는 검찰과 밖에서 보는 검찰의 간극이 커서, 나는 안에서 보는 검찰을 존중하되 밖의 시각으로 고쳐나가고자 합니다. 안에 있던 분은 그런 개혁이 어려울 겁니다. 밖에서 온 사람은 차라리 과감하게 할 수 있습니다. 나는 그런 취지에서 대통령이 상당한 위험 부담을 무릅쓰고 결단을 내렸다고 봅니다. 물론 최상의 선택은 아니었습니다. 비검사 출신에서 찾다보니까 나한테 차례가 온 것 같습니다. 좋게 봐서, 차선 정도입니다.”

―너무 겸손하게 말하네요.

“여성인 내가 검찰의 중립화에 기여할 거라고 판단합니다. 장관은 정무직입니다. 검찰 내부의 위계 질서와는 관계 없는 여성이 장관을 맡았기 때문에 장관이 간섭하기가 불가능해졌지 않습니까. 과거에 검찰에서 있던 분들이 오면 (법무장관은) 대통령을 보좌해야 하는 동시에 검찰의 선배로 미묘한 자리가 되었습니다. 과거보다 더 낫지 않을까요. 어떻게 보세요?”

강 장관 외에도 민변 출신으로 노무현 정부에 참여한 인사들이 많다. 문재인 민정수석, 박주현 국민참여수석, 이석태 공직기강비서관, 양인석 사정비서관, 최은순 국민제안비서관 등이다. 민변이 참여정부에 개혁 어젠더(의제:議題)를 제공하고 결과적으로 인력 공급원이 됐다.

단독부장검사제 도입 검토

―노 대통령은 언제 처음 만났습니까? 민변 활동을 하면서 가까워졌습니까?

“가까이 지낸 일이 없습니다. 내가 민변에 들어간 것은 1996년이고 노 대통령은 민변에 소속돼 있었지만 정치인이라 바빠서……. 내가 1988년 부산지방법원에 근무할 때 판사실로 찾아와서 한번 인사한 적이 있습니다. 노 대통령은 기억 못 하더라구요."

—민변에서 법무부·검찰 개혁 방안에 관한 견해를 많이 발표했던 것으로 알고 있는데, 법무부 장관이 됐으니 민변에서 부르짖었던 개혁 방안을 추진해야 하지 않겠습니까.

"민변이 검찰 개혁 방안에 관해 올 2월에 워크숍을 했습니다. 검찰개혁에 관해 2년 전 것을 언급하는 사람들이 있는데 그것은 수정됐습니다. 검찰 내부의 의견, 인수위에서 제기한 방안과 함께 민변의 의견도 참고자료가 되겠지요. 민변 소속 변호사였던 것과 장관으로서의 직무 수행과는 별개 문제죠."

—검찰 개혁은 어떤 방향으로 진행됩니까.

"대통령직인수위와 대검의 개혁안에 차이가 별로 없어요. 검사들의 신분보장 문제가 중요합니다. 인사를 공정하게 함으로써 자리에 연연하지 않고 소신껏 일할 수 있는 분위기를 만들어줘야 합니다. 새로 임용한 검사들이 능력을 보완할 수 있는 교육이 좀더 강화될 필요가 있어요. 퇴직 후에도 명예롭게 일할 수 있는 여건이 만들어져야 합니다."

강 장관의 동기생인 사시 23회는 지검 부장검사급으로, 현재 55명이나 검찰에 몸담고 있다. 사시 22회나 24회보다 20~30명이 많아 갈 수 있는 자리가 모자란다. 강 장관은 이 문제를 해결하기 위해 동기생인 서울지검 한상대 형사1부장과 차동민 특수2부장 등 동기대표 5명과 만나 의견을 들었다.

―동기생들을 어떻게 할 작정인가요.

"전문부장 제도를 검토하고 있습니다. 각 청별로 있는 특별한 업무를 부장검사가 단독으로 연구하고 수사 역량을 집중할 수 있겠지요. 밑에 부하 검사가 없는 부장입니다. 경우에 따라서는 영장 전담 검사를 시킬 수도 있습니다. 법원에서는 부장판사들이 영장 전담 판사를 맡거든요. 전문화가 해결책입니다."

―강 장관은 취임할 때 소수자 인권 보호에 관심을 두겠다고 말했는데요.

"미국에서는 전체의 20%가 안 되면 보통 소수자로 분류합니다. 그런 의미로 볼 때 여성은 소수자입니다. 검찰청에 대한 제도 개혁과 검찰 인사가 끝나면 법무행정에 치중하고 싶어요. 법무부 예산의 절반을 차지하는 게 교도행정이에요."

―'대한변협'이 발간한 월간 『인권과 정의』 1990년 10월호에 국가보안법 제7조 5항에 대한 헌법재판소 합헌 결정을 비판하는 논문을 썼더군요. 국가보안법 개폐논의에 대해서 어떤 견해를 갖고 있습니까.

"그 논문은 이적표현물 소지죄에 관한 내용이었습니다. 책 갖고 있다고 처벌하는 것 말입니다. 책을 읽는 행위를 처벌해서는 안 됩니다. (그 조항은) 아직도 살아 있잖아요. 국가보안법의 다른 조항에 대해 개인적으로 특별한 소견이 있는 것은 아닙니다. 남북관계가 이중적이잖아요. 한편으로는 협력자 관계로 정상회담도 하지만 법적으로는 휴전상태에 있습니다."

검사들도 북한 가보았으면……

—교수 또는 연구원, 기자들이 연구 목적으로 갖고 있는 것은 괜찮다는 대법원 판례가 있지요.

"어떻게 보면 법적 차별입니다. 교수는 괜찮고, 포장마차 하는 사람이 읽으면 이적이 됩니다. 차별적 처벌 우려가 있죠. 황 위원은 어떻게 생각합니까?"

인터뷰를 하다가 인터뷰어로부터 질문을 당하는 사례는 흔하지 않다. 그렇다고 굳이 피해가야 할 만큼 복잡한 질문도 아니다.

—우리의 의식 수준이 서적에 대해서는 풀어줘도 별 문제가 없을 정도에 올라섰다고 봅니다. 나도 평양에 갔다 오면서 김일성 주석의 회고록 '세기와 더불어'를 사왔습니다. 김 주석을 모르고 북한을 안다고 할 수는 없지 않습니까. 그래도 인천공항에 내려 세관을 지날 때 찜찜하더군요. 연구목적이면 무죄라지만, 신고하고 허가받아야 하는 것 아닌가 하는 생각도 들고…….

"아, 평양 다녀오셨어요? 검사들도 북한에 갈 일이 있으면 좋겠어요."

강 장관이 서적에 대해 이렇게 관심이 있는 것은 개인의 특별한 경험 때문이기도 할 것이다. 강 장관은 학창시절 자주 찾던 광화문 '민중문화사' 서점 주인의 소개로 긴급조치 위반으로 구속과 제적을 겪은 서울대 철학과 출신 김태경 씨를 만나 4년 열애 끝에 결혼했다.

필자도 학창시절에 민중문화사에 가본 적이 있는데 주로 금서를 파는 서점이었다. 한쪽 벽에는 남미의 좌익 혁명가 에르네스토 체 게바라의 초상이 붙어 있었다. 지금 기준에서 보면 별것도 아닌 책들이 당시에는 금서로 묶여 있었다. 김태경 씨는 강 장관이 부산지법 판사로 있을 때 '이론과 실천'이라는 출판사를 경영하며 칼 마르크스의 『자본론』을 번역 출간했다가 국가보안법 위반으로 구속 기소돼 재판을 받았다. 강 장관은 옥살이를 하는 남편을 헌신적으로 뒷바라지했다.

—남편을 재판하는 재판부에 장문의 의견서를 제출했다고 들었습니다.

"노태우 대통령 취임 후 민주화가 꽤 이행됐거든요. 책이 나오고 1년 넘은 무렵에 구속이 됐어요. 1년 동안 공개적으로 사고 팔고 했거든요. 책 광고도 냈습니다. 1년 동안 몇만 명이 사봤는데 갑자기 이적표현물이 됐어요. '이 정도는 받아들이는 사회가 됐구나' 하고 안심했는데, 1년이 넘은 시점에 갑자기 그 책을 문제삼아 구속시키니까 구속이 적절하지 않다고 봤어요. 판사 남편이 도망을 하겠어요? 그렇지만 국가보안법 위반 사건은 구속상태의 수사와 재판이 원칙이었어요. 피의자 가족의 입장에서 의견을 적어낸 것이지 판사로서의 활동은 아닙니다."

공인은 사생활에 대한 검증을 감수해야 하는 자리이다. 강 장관은 임명되기에 앞서 두 가지 문제에 관해 집중적으로 인사검증을 받았다. 첫째는 전 남편 김태경 씨와 위장이혼했다는 소문이고 둘째는 부채였다.

"사생활 검증은 감수하겠지만 위장이혼설은 뜻밖의 곤경이었어요. 위장이혼은 보통 부채가 많을 때 이를 모면하기 위해서 하잖아요. 내 경우는 남편 빚을 모면하기 위해서 이혼한 것이 아닙니다. 남편의 부채를 안고 갚아나가다 너무 힘들어진 것이 결정적인 이유였어요. 이혼을 한 후에도 나한테 넘어온 빚이 그냥 있거든요."

지난 7년, 정말 힘들었다

강 장관은 남편 회사가 부도난 후 5년을 버티다 각자 재기하기로 합의하고 헤어졌다. 1984년 결혼해 15년 만에 이혼하고 지금은 그냥 친구로 지낸다. 둘 사이에 자녀는 없다. 강 장관은 지인들에게 "사랑을 끝까지 지키지 못해 가슴 아픈데 위장이혼설이 퍼져 전 남편의 명예를 해치는 것 같아 가슴 아프다"고 말했다.

—전남편으로부터 넘어온 부채가 얼마나 됩니까.

"구체적인 것은 재산 등록할 때 다 공개하겠습니다. 이혼 당시 8억 원 정도 됐는데 지금은 한 3억 원 갚고 5억 원 정도 남았어요."

—사생활에 관해서 묻자니 묻는 사람도 겸연쩍네요. 악의로 물어보는 것은 아니니까 거북하면 대답을 안 해도 괜찮습니다. 강 장관이 남편과 학창시절부터 '순애보 사랑'을 했다고 법조인들에게서 들었습니다. 희생도 엄청나게 했고……. 그런데 헤어졌으니 믿기지 않아서 위장이혼이라는 이야기가 나오는 것은 아닐까요?

"엄청 힘들었어요. 전 남편도 고통을 많이 겪었지만, 나도 1995년 전남편의 사업(출판사)이 부도나고 지금까지 7년 동안 개인적으로 가장 힘든 시기였죠. 절망했던 시간도 있었습니다. 심지어 파산신청을 할까 생각도 했습니다. 그런 시간들이 나한테 도움이 됐던 것 같아요. 힘든 일을 겪으면서 철이 든 시기였습니다. 지금은 고맙게 생각하지요."

인터뷰 한답시고 공연히 아픈 곳을 들쑤셔 울적하게 한 것 같아서 강 장관이 기분 좋아할 이야기를 하나 꺼냈다. 각 언론사 별로 노무현 정부 1기 내각 검증팀을 만들어 가동했다. 『동아일보』법조기자들이 강 장관 뒤를 다 파봤는데 깨끗하게 살려고 노력한 흔적을 확인할 수 있었다고 한다.

—한총련에 대해서는 강령에 따라 기수별로 이적단체라는 대법원 판결이 내려져 있습니다. 민변에서는 한총련 합법화 주장을 편 것으로 아는데 법무부 장관으로서는 어떤 생각을 가지고 있습니까.

"이적단체로 인정받은 것들(강령)이 고쳐져야 합법화가 가능하지 않을까요. 기수별로 해마다 강령이 나오는데 이적단체로 인정된 기수도 있고 안 된 기수도 있어요. 한총련이 종전의 이적단체 주장을 담은 강령을 바꾼다면 다른 법적 판단이 가능해지겠지요. 지금 상태에서 합법화해 줄 일은 아니라고 봅니다. 한총련은 국민들이 그렇지 않다는 것을 믿을 만큼 모습을 바꿔야 합니다."

—여성 판검사 수가 급격하게 늘어나고 있는데요. 여성 판검사들이 사법부와 검찰의 중견이 되면 법조계 모습이 지금과는 달라질 것으로 판단됩니다.

"국민이 공감하기 어려운 권위주의 또는 폐쇄성 때문에 법조계가 비판을 받기도 합니다. 법조 문화를 민주적·개방적으로 만들기 위해 여성들이 할 역할이 있습니다. 여성의 사회 진출은 거역할 수 없는 시대의 흐름입니다. 이러한 현상을 막으려 해서는 안 되고 어떻게 대처할 것이냐를 두고 고민해야죠.

일부 선진국에서는 여성 법조인이 전체 법조인의 50%가 넘는다고 하더군요. 그래도 큰 문제 없어요. 우리처럼 특검으로 넘겨야 하는 큰 사건들도 없어요."

1980년대 초 조배숙(현 민주당 의원)·임숙경 씨가 검사를 잠시 하다가 적성에 안 맞아 판사로 전업한 일이 있다. 일반적으로 범법자를 다루는 수사는 여성에 잘 맞지 않는다는 시각도 있다. 언론계에서도 여기자가 정치부를 하기에는 핸디캡이 있다는 시각이 있다. 취재를 하려면 정치인들과 사우나에 같이 가야 할 때도 있다. 검사가 피의자들과 사우나를 할 필요는 없겠지만.

"지금은 여검사들이 강력부에서도 일하고 있습니다. 이번에 새로 임명한 검사들까지 합하여 여성검사가 87명이나 됩니다."

독일 연수를 다녀온 이춘성 공보관은 "독일에는 여성 검사장이 흔하다"고 거들었다.

—동료 변호사와 함께 2001년 '호주제 폐지를 위한 법적 접근'이라는 논문을 발표한 적이 있는데…….

"호주제는 위헌입니다. 법률적으로 위헌이 아니라는 의견을 내기가 어려워요. 현실적으로는 호주제 폐지에 반대하는 사람이 많지만 법리적으로 보면 명백한 위헌입니다.

가족의 구성과 조화를 위해 헌법 기본권 조항에 양성兩性 평등이 규정돼 있습니다. 그런데 호주제는 호주를 남자로만 하게 돼 있어요. 양성 평등 조항과 맞질 않아요. 남자 또는 여자 아무나 할 수 있게 하든지 부부 공동으로 할 수 있어야 정상인데, 호주를 남자로 제한한 것은 헌법에 배치됩니다. 법률가로서는 호주제 위헌론에 반론을 표시하기 어렵습니다."

음란물 판단기준 애매

장정일의 소설 『내게 거짓말을 해봐』는 여고생과 중년 기혼남성의 성행위를 다룬 소설이다. 묘사가 노골적이고 변태적인 성행위를 다룬 음란문서라는 사법적 결론이 내려졌다. 강 장관은 당시 장정일 피고인의 변호인이었다.

—변호인으로서 당연히 무죄 주장을 폈겠지만 어떤 논리를 폈습니까.

"음란물 여부에 관한 판단 기준이 때로는 애매해요. 미국에서는 예술적 가치가 있는 작품은 음란물이라고 보지 않습니다. 독일의 경우에는 사회적 가치에 의해 포르노에 해당되는지를 따집니다. 나는 독일 기준으로 장정일 씨의 소설이 사회적 가치가 있다는 주장을 폈습니다. 독일에서는 포르노 소설도 음란물에서 배제합니다. 한국에서도 보수적인 풍토에 변화가 생겨 요즈음에는 무죄 판결도 나옵니다. 이 작품을 영화화한 「거짓말」은 검찰에서 불기소 처분했습니다.”

지금은 고전이 된 영국작가 D. H. 로렌스의 『채털리 부인의 사랑』도 나라와 시기에 따라 금서가 되기도 하고 안 되기도 했다. 『장정일 화두, 혹은 코드』(행복한 책 읽기)에는 강 장관이 쓴 「장정일을 위한 변론」이 들어 있다.

마음이 음란해지는 것은 마음의 주인이 책임져야 할 일이지 장정일의 책임이 아니다.

강 장관은 예술을 좋아하고 예술인과의 교류를 즐긴다. 대학 다닐 때 서울대 학생회관 1층 고전음악 감상실에서 D.J.를 했다. 가면극 연구회에 들어가 강령탈춤을 멋지게 소화할 정도의 춤솜씨를 익히기도 했다.

—어느 계열의 음악을 좋아합니까.
“클래식을 많이 듣는데 우리 국악도 좋아해요. 특히 실내악을 좋아합니다. 국악 중에서는 서도민요를 좋아해요.”
—자주 어울리는 문화인들의 면면을 소개해 줄 수 있나요.
“고종석 한국일보 논설위원, 김진석 인하대 철학과 교수, 황인숙 시인, 화가 이현이 가장 친한 친구예요.”

강 장관은 경북 경주에서 태어났지만 제주도와 연고가 깊다. 부친이 제주농고 교감으로 재직하다가 4·3 사건의 갈등을 겪은 후, 경주공고 교감으로 전근해 경주에서 강 장관을 낳았다.

그러나 제주에 집안 친척이 많아 제주 언론은 강 장관을 '제주의 딸'이라고 부른다.

정부는 2000년 '4·3 진상규명 및 희생자 명예회복에 관한 특별법'을 만들어 4·3 희생자들에게 명예회복의 길을 열어놓았다. 강 장관의 부친은 그 혼란했던 시절에 우익 입장에 가까웠다고 한다.

로펌 대표 때부터 외모에 신경

강 장관이 매스컴을 통해 뜨면서 '강 법무 패션'이 시중의 화제가 되고 있다. 여성 공직자들은 어두운 색상에 발목 가까이 내려오는 긴 치마를 입는 것이 일반적이지만 강 장관은 이런 틀을 깨고 밝은색 정장에 귀고리 등 액세서리를 과감히 착용한다. 평검사 토론회에서는 짧은 치마를 입은 장관 앞에 탁자를 갖추어놓지 않는 바람에 시종 다리를 꼬고 앉아 있는 모습이 눈길을 끌었다.

—'강사모' 사이트에 들어가봤습니까.

"인터넷에 들어갈 시간이 없어요. 밤늦게까지 움직여야 일정을 소화할 수 있어요. 검찰인사 준비하느라고 새벽에 나오고 밤늦게 들어갔습니다. 이번 주말에 한번 들어가 보려고 합니다. 저 개인에 대한 사랑이라기보다는 검찰이 바뀌기를 원하는 네티즌들의 마음이 그런 사이트를 만들었다고 생각합니다.”

—예뻐서 그런 것 아닐까요? (웃음)

“내가 외모에 신경을 쓰게 된 것은 로펌 대표를 하면서부터입니다. 사무실 대표로 외부 인사들을 자주 만나야 하니 신경을 쓰지 않을 수가 없었습니다.”

—화장하는 데는 몇 분이나 걸립니까.

“한 10분 정도. 여성이 진짜 멋 부리려면 시간이 많이 걸려요. 그런데 옷 사러 갈 시간도 없어요.”

법무법인 ‘지평’은 변호사 수 24명으로 현재 업계 9위. 강 장관은 정부에 참여하면서 ‘지평’ 대표직을 사임했다.

—전 대표가 장관이 됐으니 지평의 인기가 올라가지 않을까요?

“별로 그런 것 같지 않아요. 변호사들이 조심하기 때문에.”

—장관이라는 자리는 강한 체력을 요구하는 힘든 자리 아닙니까.

“2주 됐는데 몇 달 된 것 같아요. 힘들더라고요. 조찬이 있는 날은 새벽 6시에 나와 밤늦게 들어갑니다. 밤에 늦게 자는 습관을 고치지 못해 일찍 잠자리에 들지 못합니다. 규칙적인 생활을 하며 건강 관리 해야죠.”

—어떤 요리를 잘합니까.

“제가 집안일을 못 하고 살아서요. 하면 잘할 자신 있는데……. 잘하는 요리라고 내세울 만한 게 없어요. 라면 전골 같은 것은 잘해요. 밝히기가 창피하다, 이것은.” (웃음)

"뭐든지 다 좋아해요."

—특히 좋아하는 요리를 꼽자면…….

"두부, 콩요리는 다 좋아해요."

—장시간 인터뷰에 응해 주셔서 고맙습니다. 이 얘기는 꼭 하고 싶었는데, 빼놓은 것이 있는지 생각해 보세요.

"너무 많이 물었어요. 묻고 대답한 지 두 시간이나 됐어요. 말을 무지무지 많이 해서……."

황 호 택_ 『동아일보』 논설위원

고려대 영어영문학과와 연세대 언론홍보대학원에서 저널리즘을 전공했다. 미국 캘리포니아주립 버클리대 방문연구원을 지냈고, 현재는 『동아일보』 논설위원이다. 저서로 『황호택 기자가 만난 사람 1, 2』, 『북조선 인민들 이렇게 살디요』, 『법에 사는 사람들』, 『뉴욕타임스로 논술을 잡아라』 등이 있다.

춤꾼, 길 위에서 먼 곳을 응시하다

남 재 일_ 문화평론가

소녀적 순정으로 사람을 좋아하는 강금실

강금실 법무장관을 처음 본 것은 대략 10년 전이다. 문화판 사람들의 모임이었는데, 처음 보는 사람이어서 그 자리의 좌장격인 분에게 누구시냐고 물었더니, "살풀이춤 추는 사람"이라고 했다. 나는 그 자리가 끝날 때까지 그냥 국악 계통에서 일하는 사람이거니 생각했다.

그는 말이 거의 없었고, 남 애기를 열심히 듣는 편이었다. 간혹 말을 할 때도 분위기가 정말 살풀이춤 추는 사람 같은 느낌을 주었다. 그 자리가 파할 때까지 그가 변호사라는 사실을 나는 몰랐다. 사람마다 다르겠지만, 변호사란 직업은 내게 구체적인 것에 대한 관심과 약간은 논쟁적인 어투를 연상시켰다. 그는 목소리부터가 '논論'을 펼치기에는 가늘고 뜨겁고 습했다. 처연하게 깊은 사연을 읊조리면 어울릴 것처럼 보였다. 대화의 주제도 대개는 가까이 있는 사물보다 멀리 있는 이미지나 관념에 조준돼 있었다. 그런데, 변호사? 변호사라니!

이런 불균형 때문에 그는 질문을 하고 싶게 만든다. 저 사람은 무슨 생각을 하고 살까? 이런 경우 저 사람은 어떤 반응을 보일까?

이런저런 자리에서 얘기를 많이 나누게 되면서, 나는 그가 사람을 심심하지 않도록 만드는 재주가 있다는 걸 알게 됐다. 별로 수다를 떨지 않아도 그는 사람을 대화에 집중시키는 묘한 능력이 있다. 그건 그가 빈말을 거의 하지 않기 때문이다. 그는 두 가지 유형의 얘기는 절대로 안 한다.

첫째는, 자기 일 얘기를 먼저 꺼내는 법이 없다. 물으면 마지못해 "오늘 저녁에 민변(민주사회를 위한 변호사 모임) 모임이 있다"고 얘기하지, "민변에서 국가보안법 폐지 관련 모임이 있는데 발제를 해야 한다"고 말하지 않는다. 또 하나, 그가 꺼리는 것은 자리에 없는 사람에 대해 얘기하는 거다. 그는 비난이든 칭찬이든 남의 말을 꺼내면 무심하게 듣고 있다가, 길어지면 "짧은 인생 남 말 하고 살 필요 있느냐"며 핀잔을 주기도 한다. 나는 나중에야 남달라 보이던 그의 대화 습관이 하나의 지향을 갖고 있음을 알게 됐다. 그가 자주 쓰는 표현을 빌리자면, "밀도"에 대한 집착이다.

'밀도'를 중시한다는 것은 결국은 사람 자체에 대한 관심이 많다는 얘기다. 그는 사람 사이를 매개하는 격格과 식式에 도착돼 있는 저

밀도의 상태를 심심해하는 체질이다. 예술 작품을 감상할 때도 그의 상상력은 문체와 미장센(프랑스어로 '연출'을 의미. 무대에서의 등장인물 배치나 동작, 도구, 조명 등에 관한 종합적인 설계) 너머의 인물에 대한 호기심으로 곧잘 발전하곤 한다. "이런 문체를 가진 사람은 어떤 사람일까?", "저 영화감독은 도대체 무슨 생각을 할까?" 이런 식으로 그는 상상 속에서 한동안 르 끌레지오를 만나고, 기형도를 떠나보내고, 혼자서 연애하기를 수십 회, 급기야 요즘은 오래전에 고인이 된 예수님과 문무왕까지 호명하기 시작했다. 누군가는 이걸 '소녀 취향'이라고 표현했다. 확실히 그가 사람을 대하는 태도에는 소녀적인 순정이 있다. 그런데, 굳이 다른 게 있다면 그는 정작 소녀들이 좋아하는 인물에는 별로 관심이 없다는 거다.

창가의 겨울 햇빛 같은 여자

언젠가 철학을 하는 지인 한 분이 '온화한 열정'이란 표현으로 그를 요약했다. 한 소설가는 "햇빛에 데워진 냇가의 조약돌 같다"고 했다. 또 다른 누군가는 "창가의 겨울 햇빛"이라고 말하기도 했다. 그 어떤 말이든 그가 동파된 수도꼭지처럼 사방으로 침을 튀기거나, 기차 화통처럼 요란하게 열을 뿜어내지는 않는다는 의미를 내포하고 있다.

내가 보기에도 그는 선천적으로 에너지가 넘치는 사람이라기보다는 평범한 에너지를 돋보기처럼 하나의 초점에 집중시키는 쪽이다. 그리고 그 초점은 언제나 미세한 경계에 맞춰져 있다. 그는 격식을 싫어하지만 격식 자체를 싫어하는 아나키anarchy적 캐릭터는 아니다. 그는 격식이 위계를 구분 짓는 권력의 확인 과정으로 동원되는 그 사용 맥락을 싫어할 뿐, 인간관계에서 격식이 갖는 효용을 무시하지는 않는다.

말하자면, 그는 위장과 화장을 구분하는 데 초점을 맞춘다. 화장을 빙자한 위장이 만연한 위선적인 문화에서 이런 구분에 대한 열정은 언제나 저주받은 회색이 되기 쉽다. 그래도 그는 개의하지 않는 듯 보인다. 장관에 취임하기 일 년 전쯤, 평소 친한 소설가가 신촌에 카페를 개업해 인사차 함께 간 적이 있었다. 대개 이런 경우 적당히 술을 팔아주고 덕담을 하는 게 보통이지만, 그는 신촌 로터리에서 차를 세워 꽃집에 들렀다. 나는 그냥 가도 된다고 우겼지만, 그는 기어코 노란 장미 한 다발을 사 갖고 갔다.

그리고 일 년 뒤에 TV에서 그가 법무장관에 임명됐다는 뉴스를 통해 그의 소식을 접할 수 있었다. 주변 사람들은 대개 놀라워했고, 조금은 걱정도 했던 듯하다. 전혀 정치적이지 않은데 어떻게 그 자리를 견딜까 하고. 나는 한편으로는 호기심도 조금 있었던 것 같다. 저런 캐릭터의 사람은 그 자리에 가면 어떻게 행동하고 어떻게 변할까, 하고 말이다. 그런 호기심 때문에 이 인터뷰를 하게 된 건지도 모르겠다.

10개월 사이 그는 대중적인 인기인이 됐고, 뉴스 메이커가 됐다. 파격적이라고 말하는 행동 양식들이 그래도 대중들에게는 호의적으로 보이는 모양이었다. 강효리. 강효리라고 하지 않는가. 그는 참 이상한 스타고, 그를 지켜보는 대중들도 특이한 관중이다. 스타가 한 시대의 대중적 욕망을 대변하는 기호라면, 아마도 우리 사회에서 미처 수면으로 떠오르지 않았던 어떤 힘들이 그를 통해 분출되고 있는 건지도 모르겠다.

인터뷰는 2003년 12월 3일 저녁 6시부터 10시까지 강 장관의 삼성동 자택에서 진행됐다. 실내는 심플하게 필요한 가구만 제자리에 놓여 있었다. 벽 여기저기에 걸린 초현실주의풍 그림들이 눈에 확 들어왔다. 서가에 빼곡히 꽂힌 책들이 주로 무거운 사상 서적들이 많은 것도 인상적이었다. 그는 업무에 시달린 탓인지, 다소 피곤해 보였지만, 장시간의 인터뷰에도 지치지 않고 대답해 주었다. 그리고 다소 껄끄러운 질문도 별 주저 없이 유머를 섞어가면서 되도록이면 직설적으로 말했다.

필자 요즘 팬클럽도 생기고 지난번 서울대 강의에서는 사인 공세를 받는 등 인기가 절정입니다. 그리고 공직에 나가기 전에도 주변 사람들에게 인기가 많았다고 들었습니다. 인기 비결이 뭐라고 생각하십니까?

강금실 글쎄요. 인기의 비결이 뭘까요? 저도 왜 그런지 잘 모르겠어요. 긴장을 안 해서? 무장을 해제하고 있어서? 그건 사실 내가 물어봐야 하는 질문 아닌가요?

필자 최근 언론에서 강효리란 별명을 사용해서 불쾌한 감정을 표시했다고 신문에서 봤습니다. 아마도, 이효리의 인기에 빗대어 그런 것 같은데, 굳이 불쾌해할 이유가 있습니까. 혹시 연예인에 비유한 것 자체가 마음에 안 드셨나요?

강금실 그 이야기는 상당히 와전됐어요. 전혀 불쾌하지 않아요. 이름 자체도 강금실보다는 강효리가 더 마음에 들고…… 젊고 아름다운 스타에 비유되는 게 불쾌할 이유가 없지요. 오히려 영광 아닌가요? 공보관이 종합일간지에서 법무부 장관의 이름을 강효리란 별명으로 표현하는 게 부적절한 게 아니냐는 공식적 입장을 밝혔는데, 그런 식으로 전달된 거죠.

검사장 간담회 같은 공식 일정을 강효리가 했다고 표현하는 것은 온당치 않죠. 그것도 본문 정도면 이해가 되는데, 제목에서 그렇게 표현한 것은 저 역시 적절하지 못했다고 봐요. 저 개인적으로는 뭐라고 불리든 별로 신경이 안 가요. 인기가 있는지 없는지도 피부로 체감이 잘 안 되고, 멀리서 일어나는 어떤 일을 구경하는 느낌이 들어요. '굳세어라 금순아'라고 불러도 마찬가지일 것 같고. 원래 그런데 대해서는 상당히 무감각해요.

그런데, 연예계에는 관심이 좀 있었죠. 장관하기 전에는 스포츠 신문 보는 거 좋아했는데, 요즘은 바빠서 신문도 스크랩해 주는 것만 봐요. 그러니 신곡 개발을 못 해서 회식 자리에서 맨날 김광석 아니면 김추자만 부르죠.

걷는 속도에서 보는 사물이 가장 아름다워

필자 강 장관님의 인기에는 여성적 외모나 행동양식도 한몫한다고 생각됩니다. 요즘은 영상시대라서 외모도 상당히 중요하다고들 합니다. 사람을 볼 때 외모를 많이 보시는 편인가요?

강금실 외모를 보는 편은 아니고요, 주로 느낌을 읽는 편이죠. 잘생긴 이목구비에는 별로 관심이 없어요. 그냥 사람이 풍기는 전체적인 느낌을 읽어요. 책에서 문체를 느끼거나 그림에서 어떤 화풍을 느끼듯이 사람에게도 그런 게 있어요. 지금의 나이가 되니까 사람이 살아온 과거의 경험이 외모를 통해 드러난다는 걸 알게 되더라고요. 전 눈빛하고 목소리를 주로 많이 봐요. 말버릇 같은 것도 무의식적으로 인격을 드러내는 부분이고요. 맑은 사람은 눈빛이 곧아서 사물을 쳐다볼 때 똑바로 쳐다봐요. 목소리는 한마디로 표현하기 어려운데…… 말투나 말꼬리 흐리는 대목, 그런 걸 보면 그 사람을 짐작할 수가 있어요.

사람들은 대개 자신도 모르는 사이에 자신이 원하는 얘기를, 자신이 살아온 방식대로 하는 것 같아요. 정치에 관심이 있는 사람은 술자리에서도 어느 순간 정치 얘기를 꺼내요. 얘기가 무르익으면 자신의 말버릇이 나오죠.

내가 좋아하는 사람은 맑은 사람들이에요. 영혼이 맑은 느낌을 주는 사람들.

필자 사인 공세를 받으면 기분이 어떤가요? 스스로 스타 기질이 있다고 보십니까?

강금실 왜 해달라고 하는지 잘 모르겠는데……. 열심히 해줘요. 사람들이 즐거워하면 못 해줄 게 뭐 있겠어요? 나는 별로 잃어버리는 것이 없는데 남이 즐거워하면 좋잖아요.

스타 기질이 뭔지는 모르겠고, 그냥 선천적으로 무대 체질은 아닌 것 같아요. 초등학교 때 무대에서 떨어진 경험이 있어서 약간은 무대 공포증도 있는 것 같아요. 6학년 때 상 받으러 단상에 올라갔다가 내려올 때 굴러 떨어졌는데, 전교생이 다 박장대소했던 기억이 아직도 선명하거든. 그 이후로는 무대 올라갈 때마다 그 생각이 났는데, 왜 이렇게 인생이 반전됐는지 나도 이해가 안 돼요.

사람하고 폭넓게 교제하는 건 로펌 대표할 때밖에 없어요. 그때는 하기 싫어도 업무상 해야 하니까 한 거죠. 솔직히, 제가 공식적인 세계에 관심이 별로 없었어요. 신문 읽어도 문화면과 만화만 열심히 보고, 정치면은 대충 이슈가 있을 때 훑어보는 정도였어요. 장관에 임용됐을 때도 노 대통령의 측근이 누구인지도 자세히 모르는 상태였거든요. 변호사였으니까 문재인 수석만 아는 정도였고, 그랬어요.

필자 지난번 국회에서 차도까지 걸어가시는 걸 봤다고 누가 그러던데요, 차편을 이용하지 않는 특별한 이유라도 있습니까?

강금실 운동 삼아 가능하면 많이 걸어다니려고 그래요. 하루에 20분씩 걷거나, 훌라후프라도 하려고 하죠. 요즘엔 회식 약속이 많아서 많이 먹고, 신경은 늘 곤두서 있고, 운동은 안 하고 그런 상태의 연속이죠. 체중도 늘고 피로감도 심하고 해서, 체력 관리를 위해 운동을 하려고 해요. 오늘도 총리공관에서 경복궁역까지 20분 걸었어요. 걷고 있는 시간만은 주변을 구경하느라 정신을 빼앗기니까 휴식이 되거든요.

전 원래 걷는 속도로 사물을 구경하는 걸 좋아해요. 천천히 걷는 속도에서 보는 사물이 가장 아름답거든요. 오늘도 삼청동을 걸어 나오는데 눈길을 끄는 가게도 많고 갤러리도 아름답고 그렇더라구요.

가방 파는 가게에서 낙엽을 수북이 쌓아서 가방을 전시하고 있어서 한참이나 쳐다보고 있었어요.

필자 직무 이외의 시간은 어떻게 보내십니까? 문화생활에 관심이 많으셨는데, 요즘은 바쁜 와중에 어떻게 문화생활을 하시는지요? 그리고, 평소 어떤 장르에 특별히 관심이 많으셨는지…….

강금실 요즘은 일정이 불규칙해서 문화생활은 거의 못하죠. 맥주나 와인 한잔 마시고 쉬는 게 전부죠. 체력이 달려서 술도 못 마시겠어요. 문화예술에서 특별히 장르를 가리지는 않아요. 대신 취향이 좀 강한 편이죠. 음악도 그렇고 글도 그렇고, 맞는 것만 편식하는 편이죠. 어떤 장르든 예술 작품을 대할 때 작품에 있는 어떤 걸 내 안으로 끌어오기보다는, 내 안에 있는 걸 작품에서 찾아가는 방식으로 대해요. 다른 사람들도 그렇겠죠? 그러니까 취향이라는 게 생기는 거 아니겠어요?

필자 구체적으로 그 취향이 어떠신지 궁금한데요……. 최근에는 인상적인 작품으로 어떤 게 있었는지요?

강금실 밀도가 빡빡한 게 좋죠. 최근에 김기덕 감독의 「섬」이란 영화가 참 좋았어요. 뭔가 치열하고 진실에 접근하는 것 같은 인상을 받았어요. 사실 그런 치열함은 관객에게 불편함을 줄 수도 있겠죠. 사회적 권력 관계로 엉킨 공간에서 그런 걸 걷어내 버리면 각질을 벗겨낼 때처럼 아프지 않겠어요?

필자 사람들이 승무 실력에 대해 관심이 많습니다. 요즘도 춤을 추시는지요? 전통춤의 어떤 면이 좋아서 배우셨는지……, 그리고 그것도 어떤 행위의 밀도와 관계가 있습니까?

강금실 춤은 그냥 추고 싶어서 배웠죠. 승무 인간문화재이던 한영숙 선생 제자한테 배웠어요. 1985년부터 1988년까지 부산에서 근무할 때 김수악 선생에게 살풀이와 굿거리를 배웠고요. 원래 춤추는 거 좋아해서 '막춤'도 추고 그래요.

전통춤을 좋아하게 된 것은 정신이 깊이 몰입되지 않으면 안 되는 춤이어서 거기에 끌렸어요. 오래 추면 호흡도 깊어지고 명상하는 것과 비슷한 상태가 돼요. 몰입이라기보다는 모든 걸 잊고 빠져야 하죠.

필자 법무장관에 임용됐을 때 다들 의외의 인사라고 놀라는 분위기였습니다. 젊은 여성이 권력 관계가 복잡하게 얽힌 법무장관이라는 자리에 간다는 사실 자체가 낯설었던 모양입니다. 이런 반응은 주변 사람들도 마찬가지였던 걸로 알고 있는데, 그건 평소 정치나 권력에 별로 뜻이 없는 인물로 알고 있다가 갑자기 그런 자리로 직행했기 때문이 아닌가 싶습니다. 장관직을 맡은 지 10개월 정도 지났는데, 장관직에 대한 소감이 어떠신지요?

강금실 법무장관직은 제가 살아오면서 한 일 중에 가장 격무예요. 신경 써야 할 게 너무 많아서 새벽부터 밤까지 머리에서 일을 놓아버릴 수가 없어요. 특히 한번에 여러 가지 생각을 동시에 해야 하는 게 가장 힘들어요. 저는 원래 게으른 사람인데, 법무장관직은 나의 한계 이상을 요구하는 자리죠. 그런데, 이 자리가 저랑 딱 맞는 것도 있어요. 장관은 글을 안 쓰고, 말만 하면 되잖아요. 판결문이나 변론을 안 써도 되거든요.

필자 법무장관 자리가 원래 권력 관계가 복잡하고, 특히 이번 정권은 개혁이란 과제를 안고 출범해서 어려운 자리라는 건 예측이 됐을 것 같습니다. 그런데, 평소 본인이 원하던 삶의 방향도 아닌데, 굳이 법무장관 제의를 받았을 때 응한 이유랄까, 개인적인 동기는 어떤 것이었는지 궁금합니다. 사회에 대한 개혁의지 때문인가요?

강금실 원론적인 이유는 법 전공자니까 법무부 장관 자리도 전문가 영역 안에 있다는 생각 때문이었어요. 그런데 그때 상황은 주변에서 다 반대하고 대통령만 지원하는 그런 상태라서, 그만큼 힘들 수밖에 없는 자리였죠.

그런데 왜 갔느냐? 이런 게 기사화되면 좋을지 모르겠는데…… 나 자신을 던지고 싶은 심리, 어떤 극한 체험의 유혹 같은 게 있었어요. 고민이 많이 됐지만, 어떤 직관적인 느낌이 가라고 등을 밀었어요. 왜 이런 거 있죠. 미지의 땅을 밟을 때 원시인들이 가장 공포를 느끼는데, 그 공포에도 불구하고 등을 떠미는 유혹 때문에 발걸음을 옮겨버리는 것, 그런 거랑 비슷해요. 처음에는 엄두가 안 나고 자신 없고, 마음 밑바닥에 있는 모든 것이 고민과 근심으로 한꺼번에 올라왔어요. 어떻게 낙마할지 모르기 때문에 죽으러 가는 심정이었는데 어떤 직관이 가라고 등을 밀었어요. 자기를 다 던지고 가는 어떤 체험에 대한 열망 같은 게 있지 않았나 싶어요.

그런데 막상 와보니 처음에만 일기도 못 쓸 정도로 긴장의 연속이 었지, 좀 지나서 익숙해지니까 그 이전의 나로 다시 돌아와 있더라고요. 다시 같은 문제로 고민하고, 같은 기억과 관계 속에 있고……. 인생의 바닥부터 완전히 새롭게 뒤집어보고 싶은 마음이 있었는데, 그건 아닌 거 같아요. 그래도 이전보다 마음이 훨씬 편해졌어요. 간혹

무모해지는 것도 나쁜 건 아닌 것 같아요.

도취와 도착 만연한 한국의 정치 상황

필자 법무장관으로서 일에 대한 자세나 고위 공직자로서 자기 관리의 비결이 있다면 어떤 것입니까?

강금실 법무부 장관 자리를 저는 전문가 영역으로 생각하고 갔어요. 그런데, 그 자리는 현실적으로 민감한 정치적 자리라는 사실을 새삼 실감했죠. 말하자면 권력이 집중된 자리인데, 저는 권력이 집중돼 있다기보다 역할이 집중돼 있다고 봐요. 정치권력이란 게 원래 대리자 역할을 하는 거고, 그 사실에 충실할 때 정치가 투명해질 수 있다는 생각이죠. 자리를 역할이 아니고 권력이라고 생각하면 그건 도취盜取이자 도착倒着이죠. 한국의 정치 상황은 그런 도취와 도착이 아직도 만연해 있어요. 어느 조직이나 사회가 위임해 준 권력을 자기 권력으로 전유해서 영속화하려는 속성이 있는데, 가장 적나라하게 나타나는 곳이 정치의 장이죠. 그 사실을 뒤집어 보면 정치가 그만큼 사회적 소통에서 의미가 집중된다는 뜻이기도 하고, 그런 이유 때문에 사회 운용을 위해 가장 잘 돌아가야 하는 장이죠.

그런데 사실은 진실이 가장 막혀 있는 곳이 정치라는 생각을 해요. 사람들의 진의가 서로 통하는 게 진실된 상황이라면, 예술이나 학문이 거기에 좀 가깝게 가려고 하는 것 같은데, 그 안에서도 그런 도취와 도착은 어느 정도 있죠.

전 요즘 가장 지혜로운 그룹이 그냥 일상적인 국민들 같아요. 어떤 이해관계로 묶이지 않고, 집단으로 조직화되지 않은 평범한 사람들에서 가장 진실된 의사소통이 이루어지는 것 같아요. 아마 생활에서 우러나오기 때문에 그렇지 않나 싶은데, 이런 의견들을 체계적으로 수렴하는 작업이 정치의 선진화 작업이라고 생각해요. 고위 공직자로서 자기 관리 비결도 그냥 이런 원칙을 지키는 거죠. 이 자리가 내 것이 아니고 남의 것, 잠시 빌려온 것이라는 말짱한 정신을 유지하는 거죠.

필자 검사들에게 보낸 이메일이 한때 화제가 되기도 했습니다. 거기 보면 검사들에 대한 애정이 많은 것처럼 보였는데, 장관직을 맡기 전과 맡은 후의 검찰을 보는 시각이 어떻게 달라졌습니까?

강금실 시각의 변화라기보다는 정서의 변화가 있었죠. 검찰 조직 전체를 보는 시각은 변화가 없어요. 여전히 개혁의 과제들이 많고 그걸 추진해야 한다는 생각에는 변함이 없는데, 검사 개개인을 보는 정서는 애틋해졌어요. 검사들은 정치 권력이 검찰을 왜곡시켰다는 깊은 피해 의식 같은 게 있었어요. 밖에 있을 땐 그걸 이해 못 했는데, 지금은 왜 그런지 사정이 이해가 돼요. 제가 온 이후 수사 검사들이 정치 권력에 대해 제대로 수사를 하려고 안간힘을 쓰는 모습을 보여주고 있어요. 그 이유가 뭐겠어요. 정치 권력에 휘둘리면서 강력한 권력기관 역할을 하던 과거에서 벗어나, 자기 본래의 모습을 회복하려고 하는 것 아니겠어요?

필자 야당 총재도 칭찬을 한 바가 있지만, 대체로 직무수행능력에 후한 점수를 받고 있는 것 같습니다. 한 주간지에서는 참여정부 장관들의 성적표를 매기면서 장관께 A학점을 주었더군요. 검찰 개혁의 총대를 멘 사령탑으로서 개혁의 성과에 대한 스스로의 평가는 어떻습니까?

강금실 아직 한 번도 스스로 평가한 적은 없어요. 그건 왜냐하면 아직 평가할 시점이 아니라는 생각 때문이죠. 개혁에 대해 한국 사회는 아주 심한 조급증에 걸려 있어요. 일본만 해도 사법 개혁 하면 2~3년에 걸쳐 준비하고, 그 후로도 추진하는 데 적어도 5년은 잡는데, 한국은 아무 준비 없이 장관 한 명이 들어와서 밀어붙이면 되는 것처럼 생각해요.

검찰 개혁은 기본적으로 몇 년이 걸리는 일이라고 생각해요. 검찰 스스로 개혁해 나갈 수 있도록 정서를 이해하고 분위기를 맞춰주면서 해나갈 때 내실 있는 개혁이 된다고 생각해요. 그런데, 취임 석 달 지나서 '검찰 개혁 물 건너갔다' 같은 기사를 보면 한심해요.

우선 보기 좋게 강압적으로 밀어붙여서 외과적으로 뭔가 하는 시늉을 개혁과 동일시하는 그런 발상 자체를 바꿔야 해요. 저는 기본적으로 개혁이 실효가 있으려면 문화가 바뀌어야 한다는 생각이기 때문에 그런 외과적인 것보다 내부의 변화를 중요하게 고려해요. 어쨌거나, 내년 3월까지 검찰 내에서 개혁 과제들이 결정되면 개혁이 가시적으로 속도를 더할 거라고 기대하고 있어요. 다행히 검찰 내부에서 기대 이상으로 개혁 방향에 대한 합의가 모아지고, 문제의식도 있는 것 같아서 낙관적으로 보고 있어요.

필자 개혁하면서 검찰의 저항도 만만찮았던 걸로 알고 있습니다. 개혁하면서 검찰 조직과의 관계에서 가장 힘들었던 점은 어떤 부분입니까?

강금실 젊은 여성이고 검찰 경험도 없고 해서 처음에는 조직 전체가 거부하는 듯한 분위기였어요. 그런데, 지금은 준사법기관으로의 지위 회복을 목표로 하는 개혁 방향에 대해서는 일단 과반수 이상의 지지를 받고 있다고 생각해요. 평검사부터 검사장까지 두루 모임을 가졌는데, 의견이 잘 모아지고 있다고 봐요. 내년 상반기 중에는 상당한 성과가 있을 것이고요.

그런데 처음에는 왜 그렇게 뭔가 안 풀렸을까? 저 스스로 이런 생각을 해봤어요. 나중에 알게 된 것인데, 나의 등장을 상당히 오해하는 것 같아요. 다시 정치 권력이 검찰을 흔들려 하는 게 아니냐는 의심과 불신으로 관계를 시작했던 거죠. 나중에서야 진의가 전달되면서 점차 신뢰가 쌓여가는 느낌을 받았어요.

필자 검찰이 달라졌다는 평가가 나오고 있습니다. 스스로 변화를 가장 실감하는 것은 어떤 부분입니까?

강금실 수사를 자율적으로 열심히 하니까 밖에서 보기에는 달라진 것처럼 보이는데, 사실 수사검사는 원래 그랬어요. 그게 겉으로 나타나지 않고 수뇌부의 정치적 모습만 드러나서 오해를 받았던 거죠. 이런 분위기 때문에 일선 수사검사들이 정치권에 대해서 피해 의식과 반발심이 있었어요.

검찰이 밑에서부터 왜곡돼 있었다면, 이렇게 빠른 시간에 신뢰 회복이 불가능했겠죠. 일반적으로 검찰 문화 속에는 애국심도 강하고 열정적이고 헌신적으로 일하는 문화가 잠재해 있었어요. 문제는 조직 전체의 권력구조가 그걸 보장해 줄 수 있는 구조가 아니었다는 거죠.

　토론회 때 보여준 장관 인사에 대한 불신의 표현도 정치권의 개입에 대한 피해 의식 때문이었죠. 과거에 소신수사를 했다가 좌천당한 사례가 비일비재했거든요. 수사를 열심히 하는 검사들이 성공을 못하고 상처 받고 떠나거나 좌천당하는 구조였다고 할 수 있죠. 심재륜 전 고검장도 그런 사례로 볼 수 있고요. 인사권자라면 최소한 소신 있는 수사검사를 보호하는 것 정도는 해야 하지 않나 싶어요.

필자　변호사 시절 국가보안법폐지 운동에도 참여하신 걸로 알고 있는데, 우리 사회에서 폐지돼야 할 악법이 있다면 어떤 거라고 생각하십니까?

강금실　현재 가장 관심 있는 분야는 형사시스템이에요. 특별법이 양산돼 있어서 형법이 사문화되는 경향이 있죠. 기본법에 의해서 대부분의 통치가 이루어져야 정상적이고 안정된 사회죠. 특별법이 많다는 건 사회가 정상적으로 작동하지 않으니까 그런 건데, 그래도 기본법 중심으로 나갈 때 안정적인 법치가 이루어진다고 봐요. 그리고 지금 당장 가장 중요한 것은 정치가 투명해져서 국민들의 목소리가 잘 반영되도록 정치 관련 법안들을 고치는 거라고 생각해요.

필자　좀 다른 얘기입니다만, 얼마 전에 『한겨레신문』에 부산성인오락실 기사가 났습니다. 조직폭력배들이 불법임이 분명한데도 버젓이 영업을 해서 막대한 폭리를 취하는 것은 관련 사법기관의 묵인이 없으면 불가능하다고 봅니다. 서울의 경우도 부산과 그리 다르지 않을 것 같습니다. 검찰의 정치적 독립도 중요하지만, 일선 수사기관으로서 부패에서 독립하는 도덕적 독립도 중요할 것 같습니다. 사실 일반 서민들 삶에는 정치적 독립보다 이런 문제들이 더 절실하지 않나 싶습니다. 그런데 이런 문제들이 워낙 만연해서 그런지, 폼이 안 나는 문제여서 그런지, 아무도 문제 제기를 하지 않는 것 같습니다. 이 문제에 대해 개혁할 방안은 없다고 보십니까?

강금실 그런 사회구조적인 부패는 검찰의 개혁만 갖고 해결될 문제는 아니라고 봐요. 다른 그룹도 개혁돼야 해결될 문제가 아닌가 싶어요. 검찰과 관련해서만 얘기하면, 검찰이 그런 비리에 노출되는 것도 지나치게 일차 수사기관으로서의 역할이 강하기 때문이라는 지적도 있어요. 준사법기관으로 거듭나서 그런 비리의 사슬에서 독립된 위치에 있어야 일차 수사기관의 비리 연루에 대해서도 소신을 갖고 수사를 할 수 있지 않을까 싶네요. 비단 오락실 사건뿐만 아니라 사회 전체의 비리를 근절하는 방법은 기본적으로 권력을 분산해서 상호 견제하는 장치를 정교하게 만드는 거라고 생각해요. 어떤 명분으로도 권력이 집중되는 것은 비리의 온상이 된다고 봐요. 누가 그랬죠? 권력은 본질적으로 남용되기 위해 존재하는 거라고.

세상이 가깝게 있다는 느낌이 중요

필자 장관께서는 현 국무위원 중에서 가장 재산이 적은 것으로 알려져 있습니다. 내막을 모르는 사람들은 상식적으로 이해를 잘 못합니다. 이 참에 간단하게 그 얘기를 좀 해주시죠. 그리고 평소 돈에 대해서는 어떤 철학을 갖고 계시는지요?

강금실 재산이 없고 빚이 많은 건 집안 사정이고요. 이미 알려진 대로 전 결혼에서 남편의 사업 실패로 인한 빚 때문이죠.

돈에 대해서는 평소에 철학이라고 할 만한 게 없어요. 일단 돈에 대한 깊은 관심이 없었어요. 특별히 어려웠던 적도 없었고 해서 그냥 판사 월급 받으면 그 안에서 쓰는 정도였어요. 재테크는 전혀 할 줄 모르고, 관심도 없었어요. 친한 사람과 금전거래 하지 말라는 말에 대해서는 이해는 하지만 전적으로 동의는 안 해요. 정말 친하면 돈을 빌려주는 게 아니라 줄 수 있어야 된다고 생각해요. 돈 쓰는 재미보다 돈 버는 재미가 좋다는 건 경험하지 못했지만, 빚이 생기고부터 빚 갚는 재미가 돈 버는 재미의 열 배라는 건 알겠데요. 빚 없이 적당히 생활할 수 있는 상태가 사람에게 좋은 거라고 봐요. 너무 넘쳐도…… 글쎄요, 독이 될 수도 있겠죠.

필자 그럼, 법조인의 길을 선택한 것은 어릴 때부터의 꿈이었습니까?

강금실 어릴 때는 특별한 꿈이 없었어요. 딱히 꿈이라고 할 만한 게…… 커서도 뭐가 돼야지, 이런 꿈은 없었던 것 같아요. 흘러가는 대로 살았다는 게 맞는 것 같아요.

그런데, 어떻게 살아야지, 이런 건 있었어요. 세상을 많이 이해하려고 노력했어요. 학교에 가면 학교가 뭐 하는 곳인지, 법원에 가면 법원은 왜 이렇게 돌아가나, 이런 생각 많이 했어요. 그것도 사실 어떻게 해야지, 이런 생각에서보다는 그냥 체질적인 반응이었던 것 같아요. 제가 생각하고 느끼고 이러는 걸 좋아하거든요. 세상이 내게 가깝게 있다는 그런 느낌이 참 소중했어요.

필자 대통령 하겠다는 꿈보다 그냥 세상이 가깝게 있다는 느낌을 갖겠다는 게 어찌 보면 더 어려운 것일 수도 있을 것 같습니다. 변호사 시절도 남다른 점이 있었을 것 같은데…… 가장 인상적인 수임사건은 어떤 것이었습니까?

강금실 형사단독 판사를 할 때 사기죄로 실형 선고 받았다는 사람이 변호사할 때 연락을 했어요. 필로폰 투약으로 구속됐는데, 변론을 맡아달라고. 그래서 변론을 맡았는데, 재판 받고 석방된 뒤에 몇 번 전화가 오더니 시간이 지난 뒤에 여동생이 찾아와서 죽었다고 하더군요. 한 여름 밀실에서 필로폰을 투약하다 죽었어요. 실연의 상처도 있고, 삶에 대해 좌절해서 번민이 깊었다고 그랬어요. 그 소식 듣고 순간적으로 그 사람이 죽음의 순간에 겪었을 번뇌 같은 게 연상됐어요. 그 사람이 사기도 치고, 깡패짓 하면서 평생 범죄와 가까이 산 사람인데, 그런 사람도 죽는 순간에는 어떤 순정성이 올라오는구나, 이런 인상을 받았거든요. 범죄자들의 평소 행동 양식은 비열하기 이를 데 없는데, 그런 사람도 마음 한구석에는 순정성이 있어요. 하지만 자신이 그걸 발견했을 때는 이미 이런저런 현실적인 상황 때문에 돌아가지는 못하게 되죠. 그 돌파구로 죽음을 찾아간 사람이었는데, 말하자면 부조리를 깨닫게 해준 사람이죠. 다 알면서 안 되는 상황, 그게 부조리잖아요.

필자 살면서 어떤 순간에 그런 부조리를 느끼셨는지 궁금하군요. 좀 다른 얘기입니다만, 얼마 전 신촌의 '섬언니(1980년대 운동권과 문화판 사람들이 자주 찾았던 신촌의 카페 「섬」의 주인)'가 돌아가셨습니다. 두 분이 각별히 친한 사이였고, 「섬」을 자주 찾으셨던 것으로 알고 있는데, 그 얘기 좀 해주시죠.

강금실 향숙이가 매우 위중하다는 소식을 접했을 때는 이미 사망하고 난 다음이었어요. 상가에 가서 한참 울다가 왔는데…… 향숙이는 영혼이 맑고 자존심이 곧아서 남한테 신세 안 지고 자신의 삶의 조건을 혼자 감당하려 했던 사람이죠. 최근 몇 년은 자주 보지도 못했고, 해마다 12월 31일이 돼서야 보고 그랬어요. 저는 저대로 인생이 힘들고, 나는 빚 때문에 고생하고…… 서로 여유 없이 지내다보니, 그냥 매년 마지막 날 약속한 듯 찾게 되는 거죠. 마음으로 가장 가까운 친구였는데, 그 친구는 자신이 세상을 혼자 감당하려다 외형적 삶에서 행복을 누리지 못하고 꺾였고, 나는 타고나기를 공부 잘하게 타고나서, 어떤 흐름 때문에 이 자리까지 왔고 마음은 같은데 결과가 너무 대조적이잖아요. 허무하죠. 도대체 뭐가 진실이냐, 마음의 순정성이 지켜낸 삶이 뭐냐, 이런 생각이 들었어요. 마음이 복잡해져서 사진 두 장 얻어 갖고 왔어요. 지금도 향숙이 생각하면 가슴이 답답해요.

필자 장관께서는 사람 사귀는 폭이라고 할까요, 그게 참 넓은 분으로 알려져 있습니다. 많이 사귄다는 의미가 아니고요, 사귀는 사람들의 사회적 지위나 성향이 참 다양하다는 의미에서 그렇다는 겁니다. 사람 사귀는 원칙이랄까 스타일은 어떤 거지요? 혹자는 가까운 듯 멀고 먼 듯 가까운 사람이라고 하던데…….

강금실 일로 만나는 경우 외에는 마음으로 묶어주는 사람과만 친해요. 일할 때도 되도록이면 마음으로 호흡이 맞는 사람과 일하길 희망하죠. 이성은 세상을 움직이는 데 필요하지만, 사람을 움직이는 건 정서인 거 같아요. 마음이 맑은 사람, 자기를 지켜내는 사람을 좋아하죠.

　하지만 자기를 지키려는 사람은 어느 측면에선가 좌절하게 돼 있는 것 같아요. 그래서 욕심 부릴 이유가 없는 것 같다는 생각이 들어요. 내가 좋아하는 사람이 뭔가 대단히 많이 가진 사람이 아닌데, 나도 대단히 많이 가질 필요가 없잖아요. 요즘은 어디에 올라간다, 이런 말 자체가 낯설게 받아들여져요. 사람이 올라갈 데가 어디 있어요. 그냥 그 자리에서 나 자신을 잘 지키면서 살고 그런 사람들 만나는 게 행복이죠.

필자 그런 관점에서 보면 남녀간의 사랑에 대한 시각도 재미있을 것 같습니다. 장관께서 생각하는 남녀간의 사랑의 조건은 무엇입니까?

강금실 저는 스스로 사랑주의자라고 생각하면서 살았어요. 사랑에 대해서는 절망감을 많이 느꼈는데, 그럴수록 사랑을 갈망했어요. 연애를 하고 싶다는 건 아니고, 사랑으로 살아야 한다는 근원적인 질문 같은 것이었어요. 젊을 땐 남녀간의 사랑을 통해 그런 걸 상상하게 돼죠.

　그런데 사랑이란 가치에 나머지 가치를 다 던지는 사람은 별로 없어 보였어요. 사람이라는 존재가 다 제 피해에 취해서, 돈 버는 데 몰입하면 가치는 관심 없고 운동가는 운동가대로 이념에 몰입하고, 출세하는 사람은 성취에 취하고 그러는 것 같아요. 자기들이 갖고 있는 가치를 어떤 형태로든 사랑을 위해 양보할 수 있는 사람은 그리 많지 않아 보여요. 개인이 가진 순정성을 지킬 수 있는 유일한 방식이 사랑이 아닌가 싶은데⋯⋯. 요즘은 기본적으로 인간은 고독한 존재이고 최선의 사랑을 만났을 때도 각자의 고독을 유지해야 그 사랑을 지킬 수 있다는 생각을 하게 돼요.

필자 요즘도 사랑에 대해 생각을 많이 하십니까? 좀 어려운 질문입니다만, 결혼은 다시 안 하실 겁니까?

강금실 사랑에 대해서는 전에도 오래 생각을 해서 언제 시간이 나면 나중에 글로 쓰고 싶은 생각이 있어요……. 그런데 생각을 너무 많이 해서 내가 사랑에 실패한건가? 적당히 사랑하고, 사랑은 기본적으로 지나가는 거다, 이렇게 생각을 해야 이루어지는 건데…… 요즘은 일 외에 생각할 틈이 없어요.

어느 신부님이 강연하시는데, 그런 말씀을 하셨대요. 어제는 히스토리고, 오늘은 축복이고, 미래는 미스터리라고요. 미래에 내가 결혼할지 안 할지는 미스터리죠. 지금 생각으로는 결혼은 별로 내키지 않아요.

간혹 사랑을 대하는 자세에 대해서는 생각했어요. 사람이 마음에 있는 걸 다 비워버리면 뭐가 남나, 고독한 공간이 남지, 그걸 채워줄 수 있는 게 뭐가 있을까? 사랑밖에 없는데, 그게 없으면 불안한 상태가 되니까 인간으로 실존한다는 것은 무엇을 채워도 늘 불안하지 않을까? 그래서, 사랑이 지나가는 거라면 찾아오는 순간에 충실해야 하지 않을까, 축복으로 받아들여야 하지 않을까, 그런 생각을 하죠. 사람들이 다들 그렇게 자문해 보면 좋겠어요.

필자 사랑에 대한 생각이 종교적인 어떤 생각과 맞닿아 있는 것 같습니다. 사랑한다는 게 사람 사이에 뭐가 통하는 거라는 말씀인지, 좀 구체적으로 말씀해 주시면 좋겠습니다.

강금실 전 남녀간의 사랑과 다른 사랑이 본질적으로 다르다고 보지 않아요. 사랑은 사회적 관계 속에서 벗어나 개인이 가진 고유하고 고독한 영혼들이 부딪치는 거라고 봐요. 사랑을 하면 가장 좋은 것이 영혼이 드러나는 느낌을 받잖아요, 이건 사회적 지위나 학벌, 남녀, 이런 조건들이랑 관계없는 거죠. 그냥 진심이 받아들여지는 상태가 아닌가 싶어요.

너무 평범한 것이 정치판에선 오히려 파격

필자 장관께서는 예술작품 속의 인물이나 역사 속의 인물을 마치 연애하듯 상상하는 데 대가로 알고 있습니다. 제가 들은 계보는 르 클레지오, 기형도, 김기덕까지입니다. 그 다음이 누군지 궁금합니다.

강금실 문무왕이 궁금했어요. 대왕암에 여행 갔다가 죽어서 바다에 묻히고 싶다는 남자가 도대체 어떤 인물인지 만나고 싶었지만, 시간이 우리를 갈라놓았잖아요. 작년에는 『불안의 개념』이란 책을 읽다가 키에르케고르에 반했는데, 요즘은 예수님 생애에 관심이 많아요. 얼마 전에 모스크바에 갔을 때 갤러리에서 컴컴한 곳에 엎드려 기도하는 남자 그림을 봤는데, 누구냐고 물어보니까 예수님이라고 그러더군요. 아주 인상적이었어요.

그리고 이건 말해도 되는 건지 모르겠는데, 얼마 전에 머리가 복잡해서 『뚱딴지 명탐정』 만화책을 빌려서 읽고 있는데, 만화의 수준이 우리 어릴 때하고는 차원이 다르더군요.

필자 사람들의 관심사 중에 하나가 앞으로 정치할 의사가 있는가 하는 겁니다. 열린우리당에서 열심히 러브콜을 보낸다는 소문도 있습니다. 정치 하실 생각은 없으신지요?

강금실 한마디로 말해서 없어요. 몇 번이나 의사를 밝혔는데 자꾸 이 질문을 받는 이유를 모르겠어요. 기자들에게 물어보니까, 좀 이름이 난다 싶으면 다들 정치 하는 게 일반적인 경향이어서 그런다고들 하대요. 한국 사회가 어떤 조급증이 있지 않나 싶어요. 사회 각계의 층이 얇아서 자체적인 볼륨이 없으니까 권력이 몰린 곳으로 다들 쏠리기 때문에 그런 현상이 벌어지는 것 같은데, 저는 개인적으로 정치도 정치적 역량을 쌓으면서 전문가 정치를 해야 된다고 봐요.

그리고 개인적으로 저는 그만 나가고 싶어요. 장관까지 갔는데, 그만 나가고 싶어요. 오히려 한참 뒤로 후진하고 싶어요. 살고 싶은 방향하고 정치하곤 잘 안 맞아요.

필자 대중적인 인기가 급부상해서 그런 얘기들이 많이 나오는 게 아닌가 싶습니다. 그리고 여성 진출이 두드러진 사회 분위기가 여성 정치인이나 지도자에 대한 요구로 이어지는 것도 한몫하는 것 같습니다. 여성 정치 지도자 상에 대한 생각은 어떠신지요? 또 혹시 주변에서 대권 이야기가 나오면 어떤 생각을 하시는지요?

강금실 여성들의 사회 진출은 시대의 대세니까, 당연히 앞으로 여성 정치인들이 많이 나와야겠죠. 정치인뿐만 아니라 사회 각계에서 여성들의 자리가 마련돼야 하겠지요. 여성 정치인은 많이 나올수록 좋다고 봐요. 지금 제가 법무부 장관을 하는 게 사회적 화제가 되는 것은 변화의 과도기여서 희소성 때문에 그런 거고, 앞으로는 여성 법무부 장관도 평범한 일상이 돼야겠지요. 그런데 사랑은 아무나 할 수 있고, 장관도 노력하면 업무를 잘해 나갈 수 있는 자리지만, 대통령은 아무나 하는 자리는 아니라고 봐요. 제가 확신하는 건, 난 아니라는 거지요.

신기한 건, 그렇게 짧은 시간 안에 어떻게 그런 상상의 비약이 가능한가 하는 점이에요. 사회가 풍요로워지려면 상상력이 다양해야 하는데 그렇게 과민하게 정치적으로만 상상하는 걸 보면, 확실히 한국 사회는 상상력 자체가 정치밖에 없는 나라처럼 보여요. 사람들이 법무부 장관 되니까 정치로 갈 생각하고 수락한 게 아닌가 생각하는데, 전혀 아니에요. 아까도 말했듯이, 나는 장관직을 수락할 때 나를 툭 던지는 심정으로 했기 때문에, 전혀 그런 세상의 말들이 내 마음의 반응을 일으키지 않아요. 지금도 별 반응이 없는데 앞으로라고 달라지겠어요. 나이도 들었는데, 내가 살고 싶은 대로 살아봐야 하지 않겠어요.

필자 장관께서 대중적 인기를 얻게 된 비결 중에는 파격적인 행동 양식도 한몫한 것 같습니다. 대체로 엄격한 관습이 적용되는 곳에서 파격은 마이너스로 작용할 공산이 큰데, 장관의 경우는 결과적으로 플러스로 작용한 것 같습니다. 어떤 기자들은 그게 고도로 계산된 정치적 행동이라고 말하기도 하던데요…….

강금실 제가 들은 말 중에 한편으로 가장 희망적이고 즐거운 말이 그 말이었어요. 전 체질적으로 어떤 사안이든 고도의 계산을 못하는 지진아 기질이 있어서, 오히려 그 말이 위안이 됐어요. 그냥, 제 생각에는 과도기에 젊은 여자가 장관을 하니까 그 덕을 본 거라고 생각해요. 좀 관대하게 봐주려는 그런 기운이 있었던 것 같거든요.

제가 일부러 파격을 구사한 건 전혀 아니고요, 아주 평범하지 않은 동네에서 평범한 행동을 하니 그게 파격이 된 거 같아요. 첫날 귀고리를 한 게 사람들 눈에 이상하게 보일지는 전혀 몰랐어요. 나로서는 정성들여 귀고리를 했거든요. 검사장 회의할 때 현악 4중주를 들었는데 흔히 있을 수 있는 일인데, 신문에 난 걸 보고 놀랐어요. 검사와의 대화 때 대통령 앞에서 다리 꼰 것도 이상하다고 그러는데, 여자들이 치마 입고 취할 수 있는 자세가 그것밖에 없지 않나요. 경험이 있었다면 바지를 입고 갔겠죠. 국회 출석 때 웃은 것은 그 광경이 우스워서 나도 모르게 실소한 거고, 국회 답변 때 '이런 얘기 들었냐'고 물어봐서, '지금 들었다'고 대답한 것도 그냥 솔직하게 답한 건데 이상하게 보인 것 같았어요. 법무장관이 세상 얘기 미리 다 들어야 되는 자리는 아니잖아요. 그리고, 옷소매 긴 거 입으면 그것도 왜 그러는지 의미 부여를 하려고 해요. 그런데 아무 의미 없어요. 체구가 작고 옷이 커서 그렇죠. 마음에 드는데 딱 맞는 사이즈가 없으면 그 중 가장 맞는 사이즈로 택해서 옷을 사잖아요. 그러면 소매가 좀 길수도 있지 않나요. 정치라는 특수한 상황에서 너무 평범한 행동을 하니까 그게 튀어 보이는가봐요.

장관 끝나면 자유로운 개인생활 할 것

필자 지금 말씀하신 오해들이 다 주목받는 자리에 있어서 그런 게 아닌가 싶습니다. 과거의 삶 역시 주목받는 자리의 연속이 아니었구요.

경기여고 수석, 서울법대, 사법고시 패스, 여성 로펌 대표, 법무장관……. 이런 과정이 화려한 만큼 피곤할 거라는 생각도 듭니다. 살면서 다른 인생에 대한 가능성을 생각해 본 적은 없으신지요?

강금실 두 번 정도 진지하게 인생을 바꿔볼까 생각해 봤어요. 언제 어떤 방식인지는 말하기 그렇고요, 판사 할 때 다시 무용과나 불교철학과에 갈까 한때 고민했던 적이 있어요. 그런 고민들이 갖고 있는 점은 생각하고 느끼고 조용히 살 수 있는 삶을 막연히 꿈꾸었다는 거예요. 그런데 앞은 언제나 캄캄해서 안 보이고, 늘 방황으로 끝났죠. 그런데 지금 이 자리에 와서 이런저런 일 겪다 보니 앞으로 어떻게 살아야 할지, 그런게 오히려 선명하게 다가와요. 뭔가 구체적인 감이 잡히고, 미래도 비교적 선명하게 상상이 돼요.

필자 그러면 장관 그만두고 어떤 일을 하실 계획이신지요?

강금실 장관 그만두면 일단 휴식을 좀 취하고 싶어요. 그리고 자유롭게 개인생활하면서 살고 싶어요. 빚을 갚아야 하니까 열심히 벌어서 갚아야 할 거고……. 그게 어느 정도 정리되면, 소소한 개인생활하면서 내가 감당할 수 있는 소소한 봉사활동도 하고 싶어요. 출퇴근하는 직업 안 하고, 집에서 놀면서 글쓰기 할 생각도 좀 있고, 여기에 와서 장관일 하면서 내가 진짜 하고 싶은 게 이런 거라는 생각이 선명해졌어요. 지금까지는 끌려오면서 살았는데, 앞으로는 그렇게 안 살려고……. 직업은 정말 갖고 싶지 않아요. 원래 제가 건달 끼가 좀 있어요. 저혈압이라서 늦잠 자고 운동 조금만 하고 많이 안 먹고 이래야 하는데, 지금은 그 반대로 새벽부터 움직이고 많이 먹고 운동은 여전히 안 하고 그러잖아요. 솔직히 말하면 사회생활을 안 하고 싶어요.

하지만 너무 안 하면 안 되니까 봉사활동을 좀 하고……. 다른 사람
도 그렇게 살고 싶어 하지 않나요?

　나는 이 질문에 대답을 하지 못했다. 다른 사람들도 그렇게 살고
싶은 꿈은 꾸겠지만, 아마도 대부분은 실천하지 않을 것 같았다. 그
가 법무장관직을 그만둘 때 어디로 튈지는 아무도 모를 일이다. 내일
은 미스터리이기 때문이다. 강 장관의 파격을 고도로 계산된 정치적
행보로 보는 사람들의 예측대로 정치를 할 수도 있을 것이다. 만약
그렇다 해도, 지금 이 말들이 미리 계산된 정치적 행보는 아닌 것 같
았다. 사람은 바뀐다. 강 장관도 그 사실을 누구보다 잘 안다. 그래
도, 그냥 정치 안 한다고 명확한 태도를 보이는 것은 현재 그가 그렇
고 앞으로도 별로 달라질 게 없다는 어떤 확신 때문은 아닐까?
　현재 그가 관심을 두는 건 총선이 아니라, 건강관리, 검찰 개혁,
춤, 연말에 열리는 전인권과 한영애의 콘서트 같은 것이다. 그리고
법무장관 그만두게 되면 여행부터 실컷 하고 싶다고 했다. 그는 나이
마흔이 될 때까지 그 흔한 해외여행을 한 번도 안 했던 사람이다. 내
가 들은 건, 몇 년 전에 네팔에 다녀온 게 첫 해외나들이였다. 왜 하
필 첫 여행지가 히말라야였을까?
　나는 그게 궁금했다. 그의 말을 듣고 있다 보면 뭔가 비우기 위해
채워 넣는 사람 같았다. 말하자면 집을 짓는 게 아니라 길을 찾는 것,
그는 그런 태도를 종교적이라고 표현했다. 그렇게 보면 사위를 더할
수록 마음이 비워진다는 승무는 그의 삶을 압축하는 퍼포먼스처럼
보인다. 그는 앞으로 어느 길 위에서 춤을 출까?

＊이 글은 『월간중앙』 2004년 1월호 및 인터넷 매거진 『PRESSIAN』 2003년 12월호에 실린 기사입니다.

남 재 일_ 문화평론가

1964년 대구에서 출생했고, 고려대 언론학부에서 박사과정을 수료했다. 『중앙일보』 문화부 기자를 지냈고, 현재는 고려대에 출강하고 있다.